rowohlt
BERLIN

Werner
Biermann

Sommer 39

Rowohlt · Berlin

TV-Sendetitel und Logo

Agentur: WDR mediagroup licensing GmbH
Verantwortliche Redakteurin: Gudrun Wolter

Fotonachweis:
akg-images: 6, 218
picture alliance: 18, 66, 162, 194
United States Holocaust Memorial Museum: 94

1. Auflage Juli 2009

Mitarbeit: Armin D. Steuer
Gesamtherstellung CPI – Clausen & Bosse, Leck
Printed in Germany
ISBN 978 3 87134 627 9

Inhalt

Freitag, 10. März 1939 Niemand ist eine Insel 7

Erstes Kapitel Die Iden des März 19

Zweites Kapitel Teufelstrank 67

Drittes Kapitel Der Mai ist ferne 95

Viertes Kapitel Nervenkrieg 163

Fünftes Kapitel Marschmusik 195

Sechstes Kapitel C'est la guerre! 219

Anmerkungen 274

Quellen und Literatur 279

Straßencafé in Paris, Frühjahr 1939

Freitag, 10. März 1939

Niemand ist eine Insel

No man is an island, entire of itself;
every man is a piece of the continent,
a part of the main …
(JOHN DONNE)

In Moskau, das von tagelangem Schneetreiben heimgesucht wird, eröffnet der Generalsekretär der Kommunistischen Partei den XVIII. Parteitag. Josef W. Stalin erklärt, seit einiger Zeit habe ein Krieg um die Neuaufteilung der Welt begonnen. Die Aggressorstaaten seien Japan, Italien und das Deutsche Reich, ihre Gegner die USA, Frankreich und Großbritannien. Diese Staaten wichen allerdings vor der Bedrohung zurück. Sie versuchten, durch die Opferung Chinas, Spaniens, Äthiopiens, Österreichs und des Sudetenlandes die Aggressoren zu besänftigen. Das, so Stalin, «wird zu einem ernsthaften Fiasko führen».

Viel weiter im Osten, in Sibirien, arbeitet der Sträfling Fjodor Danilowitsch Toroptschenko mit seiner Holzfäller-Kolonne wie jeden Tag im Wald. Die Männer des Agul-Lagers ziehen die am Vortag geschlagenen und entlaubten Stämme durch den tiefen Schnee. Sie stöhnen dabei, und beim Ausatmen entsteht jedes Mal eine kleine frostige Fahne vor dem Mund. Jenseits des Agul geht schon die blasse Sonne unter, während in New York der Tag noch nicht einmal begonnen hat. Der Agul ist ein Nebenfluss des Kungus, der weiter nördlich in den Kan fließt; es sind Namen, die in New York oder Europa keiner kennt. In Moskau flüstert man sie mit ängstlichem Unterton. Fjodor wird übrigens einer der ganz wenigen Menschen sein, für die sich durch den Krieg nichts ändern wird, gar nichts. Er wird bis 1947 im GULAG inhaftiert sein und Zwangsarbeit leisten.

In Warschau geht der Pianist Władysław Szpilman mit hochgeschlagenem Kragen die Marszalkowska-Straße entlang. Er trägt dicke Fausthandschuhe, um seine Finger nicht zu kalt werden zu lassen; in einer halben Stunde wird er im Studio des Warschauer Senders am Flügel sitzen und Chopin spielen. Der junge Pianist komponiert aber auch selbst, nicht nur anspruchsvolle symphonische Musik, sondern ebenso Stücke der ganz leichten Muse. In Polen kennen alle jungen Leute seine Schlager, die von der Sehnsucht und der Liebe handeln, von der Sehnsucht nach der Liebe. In weniger als sechs Monaten, am 1. September 1939, wird ein deutsches Artilleriegeschoss in den polnischen Sender einschlagen und das Chopin-Spiel von Władysław Szpilman jäh unterbrechen.

Auch in Mitteleuropa ist es seit dem Morgen plötzlich wieder sehr kalt geworden; mit Schnee und Eis ist der Winter zurückgekommen. In Prag sitzt Max Brod, Redakteur des «Prager Tagblatts», an seinem Schreibtisch in der Redaktion und schaut die neuesten Manuskripte durch. Es sind überwiegend Artikel von deutschsprachigen Autoren, die aus dem Reich oder der Ostmark, wie das annektierte Österreich jetzt heißt, emigriert sind und sich in Prag durchzuschlagen versuchen. Das «Prager Tagblatt» ist eines der letzten deutschsprachigen Blätter auf der Welt, in denen man noch freie Informationen und Meinungen lesen kann. Brod hilft vielen Schriftstellern zu überleben; er nimmt zumeist viel mehr Artikel an, als er veröffentlichen kann, und er bezahlt dann auch die nicht publizierten. Den ganzen Tag sind Leute in die Redaktion gekommen, alle diskutieren heftig, es gibt Truppenbewegungen, die Stadt ist in Aufregung. Max Brod spürt die Tragweite der Ereignisse. Aber er kann sich nicht vorstellen, dass er schon in fünf Tagen sein Prager Leben gänzlich aufgeben muss, dass er alles zurücklassen und nach Palästina flüchten wird …

Prag ist tatsächlich in Aufruhr. An diesem Morgen hat der Staatspräsident der Tschechoslowakei, Emil Hácha, den eigenartigen Befehl gegeben, Pressburg und einige andere slowakische Städte militärisch zu besetzen – durch tschechische Truppen. Den Ministerpräsidenten des slowakischen Teilstaates der Č.S.R., Jozef Tiso, erklärt Hácha für abgesetzt. Der Staatspräsident will auf diese Weise die drohende Ablösung der Slowakei verhindern.

Um die Mittagszeit an diesem Tag bittet Adolf Hitler in der Neuen Reichskanzlei an der Voßstraße in Berlin seine Sekretärin, Minister Joseph Goebbels anzurufen; er soll schleunigst zu einer Besprechung kommen. Die Sekretärin hat den Eindruck, der *Führer* sei plötzlich ungeheuer aufgeregt und tatendurstig. Der tschechisch-slowakische Krach ist für Hitler offenbar außerordentlich inspirierend.

Im Konzentrationslager Sachsenhausen bei Berlin wird in diesen Augenblicken die Mittagssuppe ausgeteilt; die Häftlinge haben sich in langen Schlangen vor den Kesseln aufgestellt. Der neunzehnjährige Bernhard Wicki wartet geduldig in der Reihe. Er denkt an die aufregende Zeit vor seiner Verhaftung und sieht wieder seinen Lehrer, den Schauspieler Gustaf Gründgens, vor sich, wie er den Schülern eine bestimmte Bewegung demonstriert. Unwillkürlich ahmt Bernhard Wicki die Geste nach.

Im Vatikan laufen die letzten Vorbereitungen für eines der größten Feste der katholischen Kirche, die Amtseinführung eines neuen Papstes, am kommenden Sonntag, übermorgen. Vor einer Woche wurde Eugenio Pacelli zum neuen Papst gewählt; als Pius XII. wird er das Oberhaupt der Katholiken in aller Welt. Unter den Tausenden von Gästen und Zehntausenden Pilgern ist auch, als Vertreter des US-Präsidenten Roosevelt, der Katholik Joseph P. Kennedy, er ist amerikanischer Botschafter in London. Kennedy ist mit einigen seiner Kinder hier, darunter dem einundzwanzigjährigen John Fitzgerald, den sie Jack nennen, dessen Schwester Eunice und dem jüngsten Kennedy-Sohn, Edward (Teddy). Teddy wird morgen in einer privaten Messe aus der Hand des Papstes seine erste Kommunion empfangen, und an Joseph, Jack und Eunice wird der Heilige Vater das Sakrament austeilen. Für Joe Kennedy, den Multimillionär aus Boston, ist es einer der Höhepunkte in seinem lebenslangen Kampf um die endgültige gesellschaftliche Anerkennung.

In Siegburg sitzt ein zwanzigjähriges Mädchen im Wohnzimmer und hört Radio. Ilse Fröhlich schreibt dabei einen Brief an ihren Freund Rudi, den sie leidenschaftlich liebt, der aber viel zu weit weg ist, in Greifswald, wo er als Soldat dient. Im Radio singt Zarah Leander mit rauchiger Stimme «Kann denn Liebe Sünde sein?». Ja, vielleicht. Jedenfalls ist das, was Ilse mit Rudi macht und wonach sie sich sehnt, verboten und kann mit Zuchthaus bestraft werden.

Im Palais Rothschild in Wien brütet der Sachbearbeiter für die jüdische Auswanderung, SS-Hauptsturmführer Adolf Eichmann, über seinen Statistiken. Eichmann wird von seinen Vorgesetzten als äußerst tüchtig geschätzt: Seit er vor einem Jahr, nach dem *Anschluss* Österreichs an das Deutsche Reich, seinen Posten in Wien antrat, sind mindestens 120 000 österreichische Juden *ausgewandert*. Auswanderung ist die amtliche Bezeichnung für die Vertreibung der Juden. Mit dem Krieg wird das Auswandern so gut wie unmöglich werden, und Eichmanns *Sachgebiet* wird sich gänzlich verändern.

In Berlin-Kreuzberg ist der arbeitslose Ingenieur André Hoevel unterwegs zu einem Freund, genauer gesagt zu einem alten Genossen, der ihm vielleicht eine Stelle beschaffen kann. Es wird schwer sein, weil Hoevel keine ordentlichen Papiere besitzt. Erst vor kurzem ist er aus dem KZ entlassen worden, wo er jahrelang wegen «Agitation für die verbotene Kommunistische Partei» eingesperrt war. Auch seine Frau Anneliese ist seit zwanzig Monaten in «Schutzhaft» im KZ, nachdem sie zuvor bereits drei Jahre Zuchthaus abgebüßt hat. Die Hoevels sind leidenschaftliche und leidensbereite Kommunisten, die fest an den Sieg der Revolution glauben. Sie sind überzeugt davon, dass diese Epoche entscheidend ist für den Kampf der *antagonistischen* Ideologien, Faschismus und Bolschewismus.

In Leipzig hält im Gesundheitsamt der Amtsarzt Dr. Horst Schumann eine kleine Ansprache für seine Mitarbeiter. In der kommenden Woche werden wieder einige junge Frauen und Männer auf Schumanns Anordnung hin sterilisiert werden. Meistens wehren sich die Patienten, und dann muss man ein bisschen Gewalt anwenden. Das ist manchmal unangenehm. Schumann, der nicht nur ein brillanter Mediziner, sondern auch ein guter Chef ist, möchte gern, dass die Mitarbeiter wissen, um was für eine wichtige Aufgabe es sich bei diesen kleinen Eingriffen handelt. Letztlich geht es darum, das deutsche Volk durch Volksgesundheit und *Rassereinheit* für den unvermeidlichen Kampf der Völker gegeneinander fit zu machen.

Im Londoner Vorort Hampstead starrt ein alter *glaubensloser* Jude aus dem Fenster in den Garten. Vormittags schien einen Moment die Sonne, jetzt treibt wieder der Nieselregen vorbei. Sigmund Freud macht sich keine Illusionen über seine Krebskrankheit. Viermal ist er schon operiert worden, es hat nicht dauerhaft geholfen. Manchmal empfängt er noch Patienten, die sich auf die aus Wien gerettete Couch legen und ihm von sich erzählen. In diesen Tagen denkt Freud wieder viel über den Aggressions- und Destruktionstrieb nach. Einmal, vor ein paar Jahren, hat der pazifistische Psychoanalytiker Freud den pazifistischen Physiker Albert Einstein gefragt: Wie lange müssen wir noch warten, bis auch die anderen Pazifisten werden?

Auf seinem Landsitz Chartwell im englischen Kent hat sich der abgehalfterte Politiker Winston Churchill zum Malen in sein Atelier zurückgezogen. Der Vierundsechzigjährige hat eine große politische Karriere hinter sich, aber jetzt will niemand mehr auf ihn hören, denn jetzt sind die Chamberlains und Daladiers an der Macht, die *Appeasement*-Politiker, die der aus Deutschland drohenden Gefahr feige ausweichen und diesem *Bastard* von Berchtesgaden nach und nach alles zugestehen, was er verlangt: eine irrwitzige Aufrüstung, die Annexion Österreichs vor einem Jahr, die teilweise Besetzung tschechoslowakischen Territoriums im letzten Herbst. *Peace in our time*, wie Chamberlain versprochen hat, nein, daran kann Churchill, der Mann in seinen *Wilderness Years*, seinem langen inneren Exil, nicht glauben. Er hat recht, und in sechs Monaten wird er Minister in einem Kriegskabinett sein.

Algier ist in das blendende Licht der Frühlingssonne getaucht. Der stellungslose Philosophie-Lehrer Albert Camus fährt mit der Straßenbahn ins Arbeiterviertel Belcourt, um seine Mutter zu besuchen. Der sechsundzwanzigjährige Camus beschäftigt sich seit Wochen mit Kafka; er will einen Essay über das *Absurde* schreiben, über Sisyphos, den die zürnenden Götter dazu verurteilt haben, einen Fels immer wieder neu den Berg hochzurollen. Seiner Mutter kann er davon nichts erzählen; sie hat nie ein Buch gelesen, da sie weder lesen noch schreiben kann. Immerhin kann er erzählen, dass er einen Job in Aussicht hat, als Journalist beim *Alger républicain*. Algerien gehört zu Frankreich, und alles, was Frankreich betrifft, berührt auch die Kolonie.

In seinem kleinen Zimmer über dem Café Tournon in der gleichnamigen Rue Tournon in Paris liegt der Dichter Joseph Roth betrunken auf seinem Bett. Er hat versucht zu schreiben, doch es ist ihm nicht gelungen, es gelingt ihm kaum noch etwas. Dabei weiß er selbst, dass er zu den bedeutendsten Schriftstellern seiner Epoche zählt. Doch sein Leben ist nur noch ein langer Weg hinab, seit er am 31. Januar 1933, dem Tag von Hitlers Ernennung zum Reichskanzler, Deutschland verlassen hat. Damals schrieb er an seinen Freund Stefan Zweig: *Abgesehen von den privaten Katastrophen – unsere literarische und materielle Existenz ist ja vernichtet – führt das Ganze zum neuen Krieg. Es ist gelungen, die Barbarei regieren zu lassen. Machen Sie sich keine Illusionen, die Hölle regiert*. Seitdem hat ihn eine Serie von Katastrophen niedergedrückt, das Schicksal seiner unheilbar kranken Frau, die in einem österreichischen Spital lebt; die verzweifelten Versuche neuer Liebschaften, die schnell an seinen eifersüchtigen Besitzansprüchen scheiterten; die schwierige Lage als Emigrant, das Abgeschnittensein von den alten Verlagen und Lesern, der sinnlose Aufenthalt in Ländern, in denen sich niemand für deutsche Texte interessiert; schließlich die Alkohol-Exzesse, die Verzweiflung.

Ein paar Straßen weiter, im Café de Flore, sitzt eine junge Lehrerin ganz nah beim warmen Ofen und schreibt rasend schnell einen Text in ein Notizbuch. Simone de Beauvoir arbeitet an einem Roman, den sie «L'invitée» nennt, einer Geschichte über ein *Trio*, wie sie es gerade mit ihrem Freund Jean-Paul Sartre und einem jungen Mädchen, Olga, erlebt hat. Beauvoir und Sartre bestehen darauf, ein *von Politik und Geschichte unabhängiges*, selbstbestimmtes Leben zu führen, Herren ihres Schicksals zu bleiben. Was die Gefahr eines Krieges angeht, so glaubt Simone, dass *alles, auch die grausamste Ungerechtigkeit*, besser sei als der Krieg.

An seinem provisorischen Regierungssitz im kastilischen Burgos prüft Francisco Franco gegen Abend die Berichte des Tages. Der General, der vor dreiunddreißig Monaten gegen die legale demokratische Regierung Spaniens erfolglos geputscht hat, dann aber den misslungenen Putsch mit Hitlers und Mussolinis Hilfe in einen langen Bürgerkrieg verwandeln konnte, kann jetzt in Ruhe zusehen, wie das *rote Madrid* an sich selbst, an seinen eigenen Widersprüchen, zugrunde geht. Denn die Verteidiger der Hauptstadt sind zerstritten. Innerhalb der republikanischen Führung gibt es heftige Auseinandersetzungen. Der vor zwei Wochen nach Frankreich geflohene Ministerpräsident Juan Negrín ist zurückgekommen, um den Widerstand gegen die Faschisten noch einmal neu zu organisieren. Dagegen richtet sich aber eine Gruppe, die von Oberst Segismundo Casado angeführt wird und die für Friedensverhandlungen plädiert. Bis auf die Kommunisten schließen sich alle Parteien an. Negrín gibt endgültig auf und geht nach Frankreich. Und jetzt, in einem letzten verzweifelten Kampf um die Macht, putschen die Kommunisten gegen Casado. Fünf Tage dauern die Kämpfe in den Straßen des belagerten Madrid, zweitausend Menschen sterben. Jetzt hat Casado den kommunistischen Aufstand niedergeschlagen. Er bietet Franco Friedensverhandlungen an, doch Franco will nur eine bedingungslose Kapitulation der Republikaner akzeptieren.

Georg Elser ist an diesem Abend in Königsbronn auf der Schwäbischen Alb in seine Dorfkneipe gegangen, Karten spielen. Elser spielt eigentlich sehr gut, er ist sogar gefürchtet, doch seit einiger Zeit ist er wie verwandelt. *Bist einfach nicht mehr richtig bei der Sache*, sagen seine Freunde. Manchmal ist er in Versuchung, mit anderen Leuten, seinem Bruder zum Beispiel, über die Pläne zu reden, die ihn seit dem vergangenen Herbst beschäftigen. Sie beschäftigen ihn Tag und Nacht. Aber er darf dieser Versuchung niemals nachgeben. Georg Elser hat beschlossen, den Krieg, den er kommen sieht, zu verhindern. Er hat deshalb beschlossen, den Mann zu töten, von dem er weiß, dass er den Krieg herbeiführen will.

In Europa ist es Nacht geworden; auf New York geht ein ganz leichter Nachmittagsregen nieder. Trotzdem sieht man von den oberen Stockwerken der Wolkenkratzer, etwa vom Empire State Building, in zehn Kilometer Entfernung das Wahrzeichen der New York World's Fair, den zweihundertzehn Meter hohen «Trylon», eine schlanke Pyramide mit dreieckiger Grundfläche. Sie ragt in den frühlingshaften Himmel über Long Island. Mehr als sechzig Nationen bereiten sich auf die Eröffnung der Weltausstellung vor, um den mehr als zwanzig Millionen Besuchern, die erwartet werden, ihre Vorstellungen von der «Welt von morgen» zu präsentieren – etwa in der «Halle des Friedens» am «See der Nationen». Die Welt von morgen kann nur schön und lebenswert werden. Mit spektakulären Hallen und Pavillons sind nicht nur die Länder vertreten, sondern auch Großunternehmen wie die Ford Motor Company, die U.S. Steel oder General Motors. Eine kleine Eisenbahn – vor allem für die Kinder der Besucher –

wird durch eine globale Miniaturstadt mit verkleinerten Nachbildungen weltberühmter Gebäude fahren. Was aber Jung und Alt gleichermaßen begeistern wird, ist der Roboter «Electro», der gehen und sprechen kann, und sein niedlicher kleiner Roboterhund «Sparko».

Der Schriftsteller Thomas Mann und seine Frau Katia verlassen in dieser Stunde das Hotel Bedford, in dem sie stets in New York übernachten, um mit dem Taxi zur Pennsylvania Station zu fahren. Thomas Mann kauft noch rasch ein paar gute Zigarren. Um halb sieben geht der Zug nach Detroit. *Dinner im Zug, Clubwagen,* notiert er später. Thomas Mann lebt seit einigen Monaten in Princeton, Massachusetts, befindet sich aber seit Tagen auf einer großen Vortragsreise durch die USA. Der aus Deutschland emigrierte Nobelpreisträger und Autor weltbekannter Werke («Die Buddenbrooks») setzt sein ganzes Prestige und seine Prominenz ein, um gegen das Hitler-Regime in seiner Heimat zu kämpfen; er verspricht den unvermeidlichen Sieg der Demokratie über Hitler. Für den morgigen Samstag ist ein Auftritt im riesigen Opernhaus von Detroit geplant, fünftausend Zuhörer werden erwartet.

Thomas und Katia Mann ziehen sich nach dem ausgezeichneten Dinner im Speisewagen recht früh in ihr Abteil zurück.

Dieser Freitag, der 10. März 1939, ist der Tag, an dem der Krieg möglich wird. Und damit auch wahrscheinlich. Alle diese Menschen, die jetzt noch kaum etwas miteinander zu tun haben – und mit ihnen Millionen andere in Europa –, werden in einen Strudel gerissen, dem sie nicht entkommen können. Der Krieg wird jeden Einzelnen erfassen und in ein kollektives Schicksal zwingen; Millionen wird man trennen, die Männer zum Töten und Sterben schicken; viele Menschen wird man verfolgen, verhaften, einsperren, foltern, manche unter das Fallbeil legen; Millionen wird man in Güterwaggons treiben und in den fabrikmäßigen Tod. Und am Ende, in sechs Jahren, wird sich die Welt vollkommen verändert haben. Nur wenige

Deutsche werden vom Krieg so begeistert sein wie ihre Eltern 1914, aber viele, sogar die allermeisten, werden mitmachen; manche werden aufsteigen wie Eichmann, werden Verbrecher-Karrieren einschlagen, wie sie an diesem 10. März noch unvorstellbar sind.

Denn während Thomas Mann noch im Speisewagen diniert, etwa um acht Uhr abends Ortszeit, sitzen Hitler und Goebbels in Berlin tief in der Nacht in dem riesigen, halbdunklen «Arbeitssaal des Führers» in der Neuen Staatskanzlei zusammen. Am Abend war der Führer auf Anraten seines Propaganda-Ministers im «Theater des Volkes» – *um das Gesicht zu wahren.* Er hat sich sehr amüsiert, und jeder konnte es sehen. Wer entspannt im Theater sitzt, kann nichts Böses planen. Doch Hitler plant seit den Mittagsstunden den Überfall auf die Tschechoslowakei und damit auch, falls man ihm die vorgesehene Beute nicht kampflos überlässt, den Krieg. Der Konflikt zwischen Tschechen und Slowaken, so hat er Goebbels erklärt, «ist das Sprungbrett», der richtige Augenblick, um zuzuschlagen.

Im vergangenen Herbst, als die westlichen Politiker ihm in einer hochdramatischen Situation die von Deutschen bewohnten Gebiete des Sudetenlandes zugestanden haben, hat Hitler zwar versprochen, damit seien *nunmehr alle meine Ansprüche erfüllt.* In Wahrheit aber war er geradezu empört über das unerwartete Entgegenkommen Chamberlains und Daladiers, das es ihm unmöglich machte, sich *Prag zu holen.* Dafür glaubt er jetzt das *Sprungbrett* gefunden zu haben. Es kommt nur darauf an, die slowakischen Politiker so weit zu bringen, dass sie Deutschland um Beistand gegen die Tschechen bitten. Zumindest muss er einen Moment lang behaupten können, dass es so sei.

In zwei, drei Tagen wird er eine Dynamik in Gang setzen, die es ihm binnen weniger Monate erlaubt, einen Krieg zu entfesseln. Nicht dass dieser Krieg unvermeidlich wäre, aber der Mann, der tief in dieser Nacht vor dem erschöpften Goebbels monologisiert, wird alles daransetzen, dass es so kommt. Denn er plant den Krieg schon lange, schon seit fünfzehn Jahren. Den großen Krieg mit dem Osten, den er aus *unwiderlegbaren Gründen* nicht nur für unvermeidlich hält, sondern für historisch notwendig. *Den Krieg*, so hat er 1933 bekräftigt, *führe ich bestimmt. Das ist meine Aufgabe.*

Morgen, übermorgen wird er die Chance ergreifen, um den entscheidenden Schritt in Richtung Prag zu tun ... Er wird den Krieg bekommen, allerdings wird es ein Krieg sein, den er in dieser Form niemals wollte: Er wird nicht gegen Stalin, sondern gegen Churchill kämpfen müssen; später sogar gegen beide.

Einmarsch deutscher Truppen in Prag, 15. März 1939

Erstes Kapitel

Die Iden des März

Sonntag, 12. März 1939, Paris. Gegen Mittag kommt die Sonne hervor, eine blasse unentschlossene Wintersonne. Einige ältere Damen sitzen auf den Bänken im Jardin du Luxembourg, wie zur Probe für den Frühling, der bald kommen muss. Ein alter Mann und sein kleiner Enkel füttern Tauben und Spatzen, die um sie herumflattern, mit Brotkrumen. Die Bilder sonntäglicher Ruhe ähneln sich überall in Frankreich und Westeuropa, in den Parks, auf den Straßen, in den Wintergärten der Cafés, wo die Palmen in ihren Kübeln wie ein Versprechen sind auf die kommende schöne Jahreszeit.

In den Auslagen der großen Modegeschäfte auf den Boulevards kann man bereits bewundern, was in diesem Frühling getragen werden soll: nabelfreie Abendkleider und weit geschwungene, das Knie umspielende Swing-Röcke, recht gewagt, obendrein mit Unterröcken aus steifem Pikee (die erst nach dem Krieg ihren Triumphzug als Petticoats antreten werden), Coco Chanel stellt ihre Kollektion der bunten «Zigeunerkleider» vor, und für den Tag könnte vielleicht ein schmales Kleid mit Bolero und breiter Taillenschärpe genau das Richtige für die Pariser Dame sein.

Bei Pelzen werden Ozelot, Seal, Fuchs, Karakulschaf, Otter und Skunk bevorzugt, Schuhe und Handtaschen aus Haifischhaut liegen im Trend. Was die praktische Hauskleidung angeht, erfreuen sich seit der vergangenen Saison weite Damenhosen mit enger Taille großer Beliebtheit, sogar in Deutschland, obwohl sie die dortige Presse als unschicklich für *die deutsche Frau* denunziert.

In der Herrenmode hingegen gilt die deutsche Spezialität der kurzen alpinen Lederhose als Innovation, so wie sie der Führer und

Reichskanzler Adolf Hitler an Sommertagen auf dem Obersalzberg zu tragen pflegt – selbst bei offiziellen Anlässen. Ansonsten dominieren Knickerbocker, Norfolk-Jacken oder einfache Sportsakkos mit Strickkrawatte.

Insgesamt ist die deutsche Mode aber dabei, sich von der internationalen Strömung des Glamour und Chic abzuwenden. Die nationalsozialistische Ideologie greift auch in diesen Bereich kontrollierend ein und versucht vorzuschreiben, was die deutsche Frau zu tragen hat. Die Titelbilder der Frauenzeitschriften verdeutlichen es: hier die dralle Blonde im Dirndl und mit Schürze, die auf einer idyllischen Frühlingswiese sitzt und vom Töchterchen Blumen geschenkt bekommt («Deutsche Illustrierte»), dort ein von Salvador Dalí entworfenes Cover, ganz auf der Höhe der zeitgenössischen Kunst («Vogue»), oder die eleganten, künstlerisch gestalteten Titel von «Harper's Bazaar».

Ähnliches gilt für die Reklame. Schöne Gesichter selbstbewusster Frauen rücken überall großflächig ins Zentrum der Werbung. Während in England eine verführerisch schöne Frau lasziv an der Leichtrauch-Zigarette Craven-A zieht *(will not affect your throat)* oder ein französisches Modell *verheißungsvolle Momente* mit Cognac Martell verspricht, existiert die deutsche Frau in der Werbung nur noch als Kameradin und Mutter, die nicht raucht, nicht trinkt, sich möglichst nicht schminkt, dafür aber Sport treibt oder zumindest gern wandert.

Die früher weltberühmte Berliner Modekonfektion ist nahezu verschwunden: Von den im Jahr 1933 bestehenden 176 jüdischen Damenbekleidungsbetrieben gibt es keinen einzigen mehr. Sie sind liquidiert oder «arisiert», ihre jüdischen Besitzer vom Staat enteignet worden.

Montag, 13. März, Berlin. Gestern, am Sonntagabend, ist Minister Joseph Goebbels mit seinem Führer *zur Tarnung* ins Berliner Theater am Nollendorfplatz gegangen. *Entzückende Operette und sehr geistreich herausgebracht …*, notiert er in seinem Tagebuch. Anschließend trafen sie sich in Hitlers riesigem Arbeitssaal in der Neuen Reichskanzlei, wo sie im Halbdunkel bei Tee und flackerndem Licht bis drei Uhr nachts debattierten. Debattieren heißt, der Führer monologisiert, und Goebbels hilft gelegentlich mit Stichworten weiter. Was Hitler in dieser Nacht, nach der entzückenden Operette, vor Goebbels entwickelt, ist der Plan der Vernichtung eines ganzen Staates, diesmal des tschechoslowakischen.

Vor drei Tagen, am vergangenen Freitag, hatte Hitler Goebbels mittags zu sich zitiert. Der deutsche Führer war in heller Aufregung und schon *ganz in Aktion*. In Prag hatte an diesem Tag der Präsident der Č.S.R., Emil Hácha, die Regierung der Slowakei, des zweiten Teilstaates der Republik, abgesetzt und die slowakische Hauptstadt Bratislava von rein tschechischen Truppen besetzen lassen. *Jetzt beginnt die große Politik*, notiert Goebbels. Denn *Prag ist gegen die Slowaken vorgegangen und hat die Regierung Tiso*, die einen autonomen (und vermutlich faschistischen) Staat unter deutschem Schutz schaffen wollte, *verhaften lassen. Das ist ein Sprungbrett. Jetzt kann man die Frage, die wir im Oktober nur halb lösen konnten* [er denkt an die Annexion des Sudetenlands], *endlich ganz lösen.*

Am vergangenen Freitag, als auch noch Ribbentrop und Keitel dazustießen, hat die Führung des Deutschen Reiches beschlossen: Am kommenden Mittwoch, dem 15. März, *wird einmarschiert und das ganze tschechoslowakische Zwittergebilde zerschlagen. Auch Prag muss in unseren Besitz kommen, bis zu den Karpaten muss unsere Grenze gehen* [Goebbels meint: bis an die Sowjetunion, um für den unvermeidlich kommenden Angriff eine bessere Ausgangsposition zu haben].

Die Iden des März.

Den ganzen restlichen Freitagnachmittag hat sich Goebbels, der Propagandaspezialist, zurückgezogen, um seinen *Schlachtplan* auszuarbeiten, die Erfindung von Übergriffen gegen Deutsche in Prag, die Organisation des Propagandageschreis in der deutschen Presse. Er notiert: *Ich glaube, es wird wieder einmal ein Meisterstück der Strategie und Diplomatie.*

Zu Goebbels' Schlachtplan gehört die Idee einer Pressemeldung, der zufolge die slowakische Regierung Tiso sich kurz vor ihrer Verhaftung noch einmal in einer dringenden Note an die deutsche Reichsregierung gewandt habe mit der Bitte um politische und militärische Hilfe ... Der *Führer* war am Freitag bereits von Goebbels ins Theater geschickt worden, *um das Gesicht zu wahren.* Und danach saßen sie wieder *bis 4h nachts beim Führer.* Jozef Tiso in Bratislava wollte zwar ärgerlicherweise den von Hitler geäußerten Wunsch nach sofortiger Hilfe nicht unterschreiben. *Aber egal,* notiert Goebbels, *den Grund* [für den Einmarsch] *werden wir uns noch suchen. Die Diplomatie ist immer für Ruhe und Ordnung. Wir aber wollen Krach, um etwas zu erben.*

Der gestrige Sonntag verging in ungewöhnlicher Ruhe, jedenfalls in Prag. Die Tschechen reagierten auf keine Provokation, auch nicht auf die lärmenden Lügen in der deutschen Presse. *Dabei geht unser militärischer Aufmarsch in ziemlicher Offenheit weiter,* schreibt Goebbels erstaunt. *Wir suchen weiter Gründe ... Bis Mittwoch müssen wir die Sache so weit haben ...* In Bratislava allerdings versammelten sich gestern ein paar tausend slowakische Separatisten zu einer Kundgebung. Anschließend ging man, aufgeheizt von den nationalistischen Reden und gemeinsam mit Deutschen, gegen jüdische und tschechische Geschäfte in der slowakischen Metropole vor. Fenster wurden demoliert, es kam zu Plünderungen. Vor allem Anhänger der faschistischen Slowakischen Volkspartei taten sich dabei hervor.

Und jetzt, an diesem Montag, ist Goebbels trotz der langen Nacht bereits mittags, nachdem Hitler gerade aufgestanden ist, *beim Führer.* Am Nachmittag kommen der abgesetzte, aber nicht verhaftete Jozef Tiso und sein ebenfalls gefeuerter Minister Ferdinand Ďurčanský nach Berlin. Hitler verlangt von ihnen die Ausrufung der slowakischen Unabhängigkeit. *Es herrscht Hochspannung. Aber im Volk bleibt noch alles ruhig. Bis die Nachmittagsblätter kommen. Die Blätter schreien mit voller Lungenstärke ihre Empörung heraus. Nun ist die Katze aus dem Sack gelassen. London und Paris lassen sehr deutlich ihr gänzliches Desinteressement an der tschechischen Frage erklären. Wir sind fast schon aus der Gefahrenzone.*

Er irrt. Sie sind mittendrin.

Die internationale Presse – die deutsche ist gleichgeschaltet – spekuliert in diesen Tagen wieder einmal über Hitler, diesen rätselhaften Mann. Ist er ein Kriegstreiber, ein Patriot, ein inferiorer Spinner mit einem teutonischen Großmachtstraum, ein Messias oder ein Verrückter? Dieser deutsche *Führer* ist der paradoxe Fall eines Politikers, über dessen letzte Ziele kaum jemand etwas weiß, obwohl er sie bereits vor fünfzehn Jahren in einem Buch, einem Bestseller obendrein, unmissverständlich offengelegt hat. Viele haben diese pseudowissenschaftlichen Weltbeglückungs- und Weltvernichtungsphantasien von 1924 für die geschmacklos überzogene Politrhetorik eines Mannes gehalten, dessen dürftige Bildung auf der berüchtigten Traktatliteratur des ausgehenden 19. Jahrhunderts basiert («Meise geht zu Meise, Storch zu Storch»). Hitler jedoch meint es bitterernst, Wort für Wort. Er ist dadurch zu einer Art von radikalem Gesinnungsethiker geworden, der die *arische Rasse* vor der *rassehygienischen Vermischung*, vor ihrem Untergang retten will. Zugleich will er ihr den *Raum* erobern, ohne den er für diese arische Rasse keine Zukunft sieht. Nur deshalb ist er Politiker geworden.

Für diese letzten Ziele, die selbst engste Mitarbeiter wie Goebbels nicht wirklich verstehen und ernst nehmen, für seine Rasse- und Vernichtungspolitik, seine völkische Errettungsvision, braucht er den Krieg, den Krieg gegen den Osten, gegen die *rassisch minderwertigen* Slawen. Dennoch ist er bis jetzt, bis zur Entfesselung dieses Krieges, auf den er ebenfalls seit mindestens fünfzehn Jahren hinarbeitet, ein erfolgreicher deutscher Politiker. Man kann in ihm sogar einen deutschen Patrioten sehen – und viele tun das –, der die Folgen des «Versailler Diktats» Schritt für Schritt revidiert hat: Er hat die Wehrmacht aufgebaut und die Wehrpflicht eingeführt, ist aus dem Völkerbund ausgetreten, hat das Rheinland zurückgewonnen, das Saargebiet eingegliedert, dann, im vergangenen Jahr, Österreich annektiert, schließlich das Sudetenland. Obwohl das bereits völkerrechtswidrige Aktionen waren, so konnte man doch dahinter vielleicht noch eine patriotische Absicht erkennen. Im vergangenen November hat er zum ersten Mal gezeigt, wie ernst es ihm mit der *Ausmerzung* der Juden aus dem *deutschen Volkskörper* ist; und auch dafür braucht er für weiter gehende Schritte unbedingt den Krieg. Mit der Zerschlagung der Tschechoslowakei und der Errichtung des «Protektorats Böhmen und Mähren» wird er seine vorläufig letzte Grenze überschreiten.

Dienstag, 14. März, Bratislava. Jozef Tiso ist von Berlin nach Bratislava zurückgekehrt, und er *bearbeitet*, wie Hitler und Goebbels ihm dringend empfohlen haben, *den slowakischen Landtag*. Die von Goebbels losgelassene Presse gibt ihm Flankenschutz mit Schauergeschichten über gewaltsame Angriffe von Tschechen auf deutsche und slowakische Bürger. In der nationalistischen Aufwallung dieser Tage kann Tiso leicht die geplante Unabhängigkeitserklärung der Slowaken durchsetzen, nicht aber das von Goebbels geplante dringende Hilfegesuch nach Berlin, das als Vorwand für den deutschen Einmarsch dienen soll. *Sie wollen keine deutschen Truppen. Aber wir haben noch ein paar Eisen im Feuer. Unsere Presse randaliert wie im September.*

Mittags wieder beim Führer. Sie sprechen bereits das neue Statut für Böhmen und Mähren – so soll das eroberte Land in Zukunft heißen – durch: Die beiden Provinzen werden unter Reichsprotektorat gestellt. *Die Tschechen werden nicht germanisiert, genießen aber den Schutz des Reiches ... der Führer zielt darauf hinaus, das Ganze ohne einen Schuss zu erreichen.*

14. März. Joseph Goebbels in seinem Tagebuch: «Wie ich vorausgesagt habe, melden sich mittags die Tschechen. Hácha wird in Prag im Sonderzug abgeholt. Unterdes lassen wir schon die Truppen in tschechisches Gebiet einrücken. Damit Hácha merkt, was los ist. Um 10 h morgen früh wollen wir schon in Prag sein ... Der Führer ist ganz ruhig und überglücklich ... Ich ordne an, dass der Name Tschechoslowakei nicht mehr gebraucht wird. Wir reden nur noch von Böhmen und Mähren als urdeutschen Gebieten.

Abends beim Führer. Göring ist aus seinem Urlaub zurückgekommen. Er ist ganz Feuer und Aktivität. Der Führer gespannte Energie. Hácha und Chvalkovský kommen in Berlin an … Die Verhandlungen werden mit roher Erbitterung geführt.»

Mittwoch, 15. März, Berlin. Der ältere Herr muss in dem schwachbeleuchteten Gang lange warten, zermürbende Stunden vor Hitlers Arbeitssaal in der Neuen Reichskanzlei. Es ist ein Uhr morgens. Vor drei Stunden sind Emil Hácha, der tschechische Staatspräsident, und sein Außenminister, František Chvalkovský, mit dem Zug aus Prag in Berlin angekommen, wo sie mit allen protokollarischen Ehren empfangen und dann zur Neuen Reichskanzlei geleitet wurden. Aber seitdem sitzen sie in Hitlers Amtssitz und warten. Vergebens fragen sie wiederholt die sie betreuenden deutschen Beamten, worüber denn verhandelt werden solle.

Dabei wissen sie es doch genau.

Jetzt werden sie über spärlich beleuchtete, lange Gänge zum Führer geleitet. Emil Hácha ist ein 66 Jahre alter, gesundheitlich angeschlagener Mann. Tschechischer Präsident ist er erst seit vier Monaten, und er ist es ohne Begeisterung, viel lieber hätte er sein früheres Amt als Präsident des Obersten Verwaltungsgerichtshofes behalten. Zusammen mit Chvalkovský betritt er das riesige Arbeitszimmer von Adolf Hitler – vierhundert Quadratmeter groß und mit einer Deckenhöhe von zehn Metern. Einen Moment lang sehen sie gar nichts. Der vollständig mit Marmor ausgekleidete Saal wird von bronzenen Stehlampen beleuchtet. Die Drohkulisse wird vervollständigt durch die riesige Statur von Wilhelm Keitel, dem Chef des Oberkommandos der Wehrmacht, und den bedrohlich blickenden Hermann Göring, die neben ihrem Führer stehen.

Hácha wirft sich vor dem Diktator sofort in den Staub, eine Demutsgeste: *Er habe seit langem den Wunsch gehabt, den Mann kennenzulernen, dessen wunderbare Ideen er oft gelesen und verfolgt habe …* Dann schmeichelt er noch seinem Gastgeber, er wisse, *dass das Schicksal der Tschechoslowakei in den Händen des Führers gut aufgehoben sei.* Er bitte allerdings den Führer, seinem, Háchas, Volk das Recht auf eine eigene nationale Existenz *zu gewähren.*

Hitler hebt an zu einer wortreichen Erwiderung, einem großen Lamento über seine unendliche Friedfertigkeit, die jedoch immer wieder von den Tschechen missbraucht werde, all diese Feindseligkeit der Tschechen gegenüber Deutschen, die Schutzlosigkeit der dort lebenden deutschen Volksgruppe, für die jetzt er, Hitler, entschlossen sei, die Verantwortung und den Schutz zu übernehmen. Mit seiner Geduld sei es nun vorbei: «Um sechs Uhr früh, in wenigen Stunden, wird von allen Seiten her die deutsche Armee in Tschechien einrücken, und die deutsche Luftwaffe wird die Flughäfen besetzen.»

Nun gäbe es zwei Möglichkeiten, und er, Hácha, müsse darüber entscheiden: Entweder es komme zu Kampfhandlungen – mit all den schlimmen Folgen, man kann sich das ja vorstellen –, oder der Einmarsch der deutschen Truppen spiele sich *in erträglicher Form* ab. Dann könne man später den Tschechen auch ein *großzügiges Eigenleben* zugestehen. «Deshalb habe ich Sie hierhergebeten, dies ist der letzte gute Dienst, den ich dem tschechischen Volk erweisen kann.»

Hácha hat bereits die Fassung verloren und fragt nur noch, wie, um Himmels willen, er innerhalb von drei Stunden das tschechische Volk davon abhalten soll, dem deutschen Einmarsch zu widerstehen. Hitler erwidert, die rollende deutsche Militärmaschine lasse sich nicht mehr aufhalten, und sein Entschluss sei auch unwiderruflich, man wisse ja zur Genüge, was ein Entschluss des Führers bedeute. Der deutsche Dolmetscher, Paul Schmidt, erinnert sich später: «Hácha und Chvalkovský saßen wie versteinert in ihren Sesseln, nur ihre Augen verrieten, dass sie noch am Leben waren. Für beide musste es ein großer Schock gewesen sein, von Hitler zu erfahren, dass das Ende ihres Landes gekommen war.»

Der tschechische Präsident und sein Außenminister werden aus Hitlers Arbeitssaal in einen Nebenraum geführt. Von hier aus versuchen sie, telefonischen Kontakt zu ihren Regierungsstellen in Prag zu bekommen. Zwischendurch kommt noch einmal Hermann Göring herein, um mit gutgespielter Besorgnis, aber unmissverständlich die Bombardierung Prags zu schildern, wie sie notgedrungen stattfinden müsse, wobei er mit grausamen Details nicht spart. Hácha erleidet einen Herzanfall, wird aber sofort vom bereitstehenden Leibarzt Hitlers, Dr. Theodor Morell, versorgt. Der Präsident erholt sich, und es gelingt ihm schließlich, seine Anweisungen, dem deutschen Einmarsch keine Gegenwehr zu leisten, telefonisch nach Prag durchzugeben. Dann werden er und sein Minister Chvalkovský erneut zu Hitler geführt, wo sie um 3.55 Uhr morgens die Unterwerfung unterschreiben: «Bei der Zusammenkunft ist die durch die Vorgänge der letzten Wochen auf dem bisherigen tschechoslowakischen Staatsgebiet entstandene ernste Lage in voller Offenheit einer Prüfung unterzogen worden. Auf beiden Seiten ist übereinstimmend die Überzeugung zum Ausdruck gebracht worden, dass das Ziel aller Bemühungen die Sicherung von Ruhe, Ordnung und Frieden in diesem Teile Mitteleuropas sein müsse. Der tschechoslowakische Staatspräsident hat erklärt, dass er, um dieses Ziel zu erreichen, das Schicksal des tschechischen Volkes und Landes vertrauensvoll in die Hände des Führers des Deutschen Reiches legt. Der Führer hat diese Erklärung angenommen und seinem Entschluss Ausdruck gegeben, dass er das tschechische Volk unter den Schutz des Deutschen Reiches nehmen [...] wird.»

Kaum haben Hácha und Chvalkovský sichtlich erschüttert den Arbeitssaal verlassen, stürmt Hitler in das Nebenzimmer zu seinen Sekretärinnen und jubelt: «Kinder, der Hácha hat unterschrieben. Das ist der größte Tag meines Lebens. Gebt mir jeder ein Küsschen. Ich werde als der größte Deutsche in die Geschichte eingehen.» (Hitler wird derartige Erpressungsmanöver in Zukunft «háchaisieren» nennen.)

Dann diktiert er rasch noch eine Proklamation an das deutsche Volk, Goebbels redigiert sie und eilt hinaus. Als er den Rundfunk erreicht, graut schon der Morgen. «Ich verlese alles um 6 h im Rundfunk. Und dann todmüde ins Bett. Der Führer ist überglücklich. Das größte politische Geniestück aller Zeiten.»

15. März, Schweinschied in der Nordpfalz. *Rauhes Winterwetter mit Schnee,* notiert Lina Paulus. Das Dörfchen Schweinschied, südlich des Hunsrücks in der Nähe von Meisenheim, liegt noch wie im Winterschlaf. Es ist viel zu kalt, die Aussaat des Weizens verzögert sich in diesem Jahr um viele Tage. Die Paulus sind eine Bauernfamilie mit einem recht stattlichen Hof. Ein paar Pferde für die Feldarbeit, Milchkühe, etliche Schweine, die morgens dem Dorfhirten überlassen werden, der sie in die Eichenwälder treibt und abends zurückbringt. Auf den Feldern die übliche Fruchtfolge. Lina, ihr Bruder Wilhelm, dessen Frau und der achtzehnjährige Sohn Willy bewirtschaften den Hof. Robert, der fünfundzwanzigjährige ältere Sohn, hat es abgelehnt, Bauer zu werden, er ist Berufssoldat. *Fremde Hilfe kann man keine bekommen,* schreibt Lina, *in der Landwirtschaft will schon keiner mehr arbeiten.* Allerdings haben sie noch ein Dienstmädchen, *sehr fleißig, hat sich in alle Arbeiten eingelebt.*

Lina sitzt in der großen Küche am blankgescheuerten Tisch, trinkt Kaffee und schreibt einen Brief an die Verlobte von Robert, an Sophie, die in Bonn lebt, wo sie als Sekretärin im Kaufhof arbeitet. Das mit dem schlechten Wetter ist eigentlich günstig, sagt Lina, denn Willy besucht ja noch die Schule – die *Winterschule,* eine Art Fachschule für Bauernsöhne –, und die ist erst am 24. März zu Ende. Ohne Willy wäre der Vater, Wilhelm, jetzt *doch ganz allein bei der Frühjahrssaat.* Und dann fällt ihr ein: *Bei uns ist wieder Kriegsgeschwätz. Im Osten sieht es ja nicht rosig aus. Möge uns doch der liebe Gott den langen Frieden, den uns Hitler versprochen hat, erhalten.*

15. März, Hotel Bedford, New York. *Europa, letzte, schamloseste Auslieferung der Č.S.R. Brünn und Bratislava vom Teufel geholt.* Seit einem halben Jahr lebt Klaus Mann in New York. Er liest und schreibt, er veröffentlicht Analysen und Pamphlete, er hält Vorträge. Seit das Deutsche Reich Klaus Mann vor einigen Jahren ausgebürgert hat, ist er, wie fast die gesamte Familie Mann, tschechoslowakischer Staatsbürger (nur seine Schwester Erika ist mit einem ihrer Freunde, dem schwulen englischen Dichter W. H. Auden, verheiratet und deshalb als Untertanin der britischen Krone einigermaßen geschützt).

Klaus Mann hat sich ganz auf das Exilantenleben eingelassen, mutig und leidenschaftlich, traurig und verzweifelt. Er will leben, ohne irgendetwas auf die Zukunft zu verschieben, auf «die Zeit nach Hitler» ... *Das Abenteuer hat sich stabilisiert, das Provisorium ist zum Alltag geworden, und der Alltag versteht keinen Spaß.* Er lebt in schäbigen Hotels, in Pullman-Zügen, manchmal auch ein paar Tage im luxuriösen Haus seiner Eltern im nahen Princeton. Er hält Reden über *the very famous family*, die berühmte Familie Mann, Auftritte, die er benutzt, um über den europäischen Faschismus zu sprechen. Dutzende von Vorträgen in Provinzturnhallen vor überwiegend verständnislosen Leuten, die in Hitler einen großen Mann sehen wollen. Die amerikanischen Medien erkennen in Klaus Mann allerdings einen wichtigen Sprecher der deutschsprachigen Exilanten. Daneben das eigentliche, das private Leben: die schwierige Arbeit an einem neuen Roman («Der Vulkan»), die tragische Liebe zu Thomas Quinn Curtiss – einem amerikanischen Literaturwissenschaftler –, der sich ihm offenbar immer mehr entzieht; dafür kurze zufällige, leidenschaftliche Begegnungen mit anderen Männern, Nächte im Drogenrausch.

Und dennoch eine übergroße, luzide Klarheit. Er notiert seine Lektüren wie seine Treffen: In «Esquire» hat er eine Novelle von Hemingway gelesen, «Night Before Battle». *Eindrucksvoll. Seltsam hoffnungslos ... atmosphärisch dicht.* Er hat Hemingway und dessen neue Freundin Martha Gellhorn in Spanien kennengelernt, letztes Jahr im Sommer, als er drei Wochen lang als Reporter für die «Pariser Tageszeitung» in den Kampfgebieten des Bürgerkriegs war. Schon damals waren die Republikaner fast überall auf dem Rückzug. Jetzt gibt es seit Wochen wirre Nachrichten aus Madrid. *Casado, den wir kennen, setzt Negrín ab und beschimpft ihn. Was bedeutet es? Wahrscheinlich die Vollendung des unvermeidlichen Zusammenbruchs* ... Die Faschisten scheinen überall auf dem Vormarsch, in Spanien, Italien, Deutschland. Das mit den Faschisten verbündete Japan ist zur östlichen Hegemonialmacht geworden und führt seit zwei Jahren Krieg gegen China, man hört Geschichten von einem ungeheuren Massaker in Nanking ...

Ein Treffen mit Ernst Bloch, ein Streit mit Max Horkheimer – *der fatale Prof. Horkheimer* – über Marxismus, ein Cocktail mit Stefan Zweig, Gespräche mit Albert Einstein, dem Nachbarn der Eltern in Princeton. Auch ein Abendessen mit Ernst Toller, der schon seit 1933 in den USA lebt, *mit ihm allein chez «Tony's». Toller sehr niedergeschlagen, auch finanziell bedrängt.*

Am nächsten Tag, auf dem Weg nach Princeton, liest er im Zug die neuen Zeitungen. Im Tagebuch notiert er: *Die Besetzung Prags. Übermaß neuen Leidens. Und wie grauenvoll geschwind alles geht. Und wie glatt! – Golo und ich in wirklich fataler Situation (Pass). Komische Vorstellung, vielleicht Kubaner zu werden* (er weiß, dass er mit Hitlers Einmarsch in Prag seine tschechoslowakische Staatsbürgerschaft verlieren wird). *Endlich Nervosität in Paris und London. Sicher zunächst nicht viel zu erwarten.* Und dann notiert er, sehr hellsichtig: *Habe trotzdem das gute Gefühl, dieses war sein erster schwerer Fehler.*

Er hört in diesen Tagen viel Musik, Rachmaninow, Sibelius, Tschaikowsky, Grieg und Smetanas «Moldau», *rührend, gerade jetzt.* Manchmal schreibt er ins Tagebuch das Wort *hoffnungsvoll.* Damit meint er allerdings eine politische Zuspitzung, eine unmittelbar drohende Kriegsgefahr, die vielleicht zu Hitlers Sturz führt. Notfalls der Krieg, der Hitler hinwegfegen wird. *Kann sich aber alles nochmals beruhigen.*

15. März, Prag. Um sechs Uhr morgens beginnt der deutsche Einmarsch in die Tschechoslowakei. Am Vorabend, noch bevor Hitler mit Hácha «verhandelte», hatten bereits deutsche Truppen die deutsch-tschechische Grenze überschritten. Anders als 1938 in Österreich und im Sudetenland stehen diesmal keine jubelnden Menschenmengen am Straßenrand, nur die volksdeutschen Gruppen feiern die Ankunft der deutschen Soldaten als «Befreier».

Bereits um neun Uhr erreichen die ersten deutschen Truppen die

Prager Innenstadt. Währenddessen proklamiert Hitler in Berlin die Vereinigung von Böhmen und Mähren mit dem Deutschen Reich. Er behauptet: «Seit Sonntag finden in vielen Orten wüste Exzesse statt, denen ... zahlreiche Deutsche zum Opfer fielen. Stündlich mehren sich die Hilferufe der Betroffenen und Verfolgten. Um diese Friedensbedrohung nunmehr endgültig zu beseitigen, habe ich mich entschlossen, mit dem heutigen Tage deutsche Truppen nach Böhmen und Mähren einmarschieren zu lassen.» Damit hat die Tschechoslowakei aufgehört zu existieren ... Am Abend ist Hitler selbst in Prag und bezieht seine Residenz in der Burg auf dem Hradschin, dem Amtssitz von Emil Hácha. Diesem ist er damit zuvorgekommen, denn Háchas Zug war in Berlin von den deutschen Behörden wegen angeblicher technischer Schwierigkeiten stundenlang aufgehalten worden.

15. März, Cincinnati. Zum zweiten Mal unternimmt der deutsche Schriftsteller Thomas Mann eine große Vortragsreise durch die USA; im vergangenen Jahr ist er in fünfzehn großen Städten aufgetreten, und immer vor ausverkauftem Haus. Diesmal soll die *Lecture-Tour* noch viel länger dauern. Hier in Cincinnati waren es mehr als fünftausend Menschen, die ihm zuhörten. Der dreiundsechzigjährige Nobelpreisträger für Literatur setzt sein ganzes internationales Prestige ein, um die amerikanische Öffentlichkeit von der Gefährlichkeit Hitlers zu überzeugen. Die aktuellen Nachrichten aus Europa belegen, wie sehr Thomas Mann damit recht hat.

In diesen Stunden denkt Thomas Mann an viele Freunde, die in Prag leben. Er ist sehr besorgt um sie. Hier in Cincinnati hat er zumindest für einen von ihnen etwas tun können. Katia und er wurden von Rabbi Heller abgeholt, einem Professor am Hebrew Union College. Und nach der üblichen Pressekonferenz mit anschließender Autogrammstunde hat Heller, wie Thomas Mann erleichtert im Tagebuch notiert, erklärt, dass die Berufung von Max Brod an das Hebrew Union College beschlossene Sache sei. Sie können nicht wissen, dass der Dichter Max Brod, Redakteur beim «Prager Tagblatt», genau in diesen europäischen Nachtstunden die notdürftigsten Habseligkeiten packt, um mit seiner Frau die Flucht aus Prag zu versuchen, die Ausreise nach Palästina. Ungefähr dreizehntausend deutsche Emigranten, die in Prag Asyl gefunden haben, und mindestens zwanzigtausend jüdische Flüchtlinge sind jetzt abermals bedroht. Viele versuchen noch in derselben Nacht die Flucht. Deutsche Sicherheitskräfte kontrollieren bereits die Bahnhöfe, um sie abzufangen – wie vor einem Jahr in Wien.

Thomas Mann ahnt allerdings, was in Prag geschieht: *Der ganze Tag beschattet von den politischen Nachrichten, neue deutsche Gewaltsamkeiten im Osten.* Hitlers unerfüllbares Ultimatum, jetzt die Auflösung der Tschechoslowakei. *Niederschlagende Wirkung vorausgesehener Dinge, aber deren Affekt ist doch jedes Mal schlimmer als erwartet.*

Nachmittags treffen Thomas und Katia Mann ihre Tochter Erika am Bahnhof zur gemeinsamen Abreise. *Drei Uhr, Privatabteil.* Erika, die perfekt Englisch spricht, hilft ihrem Vater bei den Reden und Interviews. *Abendessen im Speisewagen.* Nach sechs Stunden kommen sie in Chicago an. Neuerliche Interviews, Autogramme, Fototermine, dann ins Hotel Drake, *bequeme Wohnung.* Ein gutes Bier im Wohnzimmer, dazu dann aber wieder die neuesten Zeitungen: *Kompletter Erfolg Hitlers im Osten. Okkupation Prags. England und Frankreich ohne Regung. Russland – eine Sphinx.* Telefonisch wird ihm mitgeteilt, der ehemalige, im vergangenen Herbst zurückgetretene Staatspräsident der Tschechoslowakei, Edvard Beneš, der sich in Chicago aufhält, lädt ihn für den kommenden Vormittag zu einem Gespräch ein.

Donnerstag, 16. März. Joseph Goebbels in seinem Tagebuch: «Unser Prestige ist ungeheuerlich angewachsen. Wir sind nun wenigstens moralisch schon die Herren Europas. (Gestern) abends ausgegangen. Ich habe so eine Sehnsucht nach Menschen. Zarah Leanders Geburtstag. Kleine Gesellschaft. Es ist sehr nett und gemütlich, alle sind glücklich über unseren großen geschichtlichen Erfolg ...»

16. März, Berlin. Das Erwachen ist schwer, besonders an einem solchen Morgen nach einem rauschenden Fest. Gestern ist Sara Stina Hedberg zweiunddreißig geworden. Seit drei Jahren lebt und arbeitet die schwedische Sängerin und Schauspielerin unter dem Künstlernamen Zarah Leander in Deutschland und Österreich, das jetzt als «Ostmark» ein Teil des «Großdeutschen Reiches» geworden ist. Die Ufa, ihr Arbeitgeber, hat den gestrigen Abend für sie gestaltet, einige handverlesene prominente und einflussreiche Leute waren da, eine kleine Gesellschaft, und gegen Mitternacht, zwischen zwei wichtigen Besprechungen, war sogar noch Minister Goebbels gekommen, um persönlich zu gratulieren, mit Blumen und Handkuss und allem. Charmant kann er ja sein, der Doktor Goebbels.

Durch ihn wurde plötzlich auch die große Politik zum Thema. «Der Führer ist nach Prag unterwegs, wo er auf dem Hradschin wohnen wird, stellt euch vor, das klingt fast wie ein Märchen und ist doch wahr. In welch einer großen Zeit leben wir!»

Die Sache mit der großen Zeit, da ist sich die junge Schwedin nicht so sicher. Sie ist zwar keine Jüdin, aber sicherheitshalber hat sie ihren Vornamen Sara, der jetzt in Deutschland allein den jüdischen Frauen vorbehalten ist, in Zarah umgewandelt. Leander heißt sie nach ihrem ersten Mann, dem Schauspieler Nils Leander, von dem sie schon seit Jahren geschieden ist. Zweifel an den großen Zeiten, wenn auch nur leise Zweifel, hat sie auch, weil sie «vor dem Anschluss» in Wien gearbeitet hat, dort im Theater an der Wien ihren ersten Triumph feierte – mit der Operette «Axel an der Himmelstür». Und damals waren beinahe alle, die an dieser Inszenierung beteiligt waren, auch der Texter Hans Weigel und der Regisseur Arthur Hellmer, zuvor aus Deutschland weggegangen, weil sie dort keine Arbeitsmöglichkeiten mehr hatten – als Juden oder als Sozialisten. Einige von ihnen leben nun schon seit einem Jahr, seit dem «Anschluss» Österreichs, in Prag im Exil, und wenn jetzt die Tschechoslowakei praktisch deutsch wird und der Führer auf dem Hradschin *Wohnung nimmt*, wie Goebbels gesagt hat, dann sind diese alten Freunde und Kollegen wahrscheinlich auch bereits wieder auf der Flucht, wer weiß wohin?

Von Wien aus hat Zarah Leander damals gleich nach dem Operettenerfolg den Vertrag mit der Berliner Ufa unterzeichnet, einen ganz außergewöhnlichen Vertrag, der ihr nicht nur das Recht einräumt, die Drehbücher selbst auszuwählen, sondern auch festlegt, dass sie den größten Teil der hohen Gagen (53 Prozent) in schwedischen Kronen ausgezahlt bekommt. Inzwischen hat sie schon in etlichen Filmen gespielt, «Zu neuen Ufern», «La Habanera» und «Heimat». Sie ist dabei, der höchstbezahlte Filmstar des Dritten Reiches zu werden. Und das Schönste ist, dass diese Filme, in denen sie immer ein paar Lieder singt, sich nebenbei noch ganz anders bezahlt machen: Die Tantiemen aus den Plattenverkäufen übersteigen seit einiger Zeit die hohen Filmgagen bei weitem.

Film und Gesang, ihr Gesicht und ihre Stimme, das ist es, was sie so erfolgreich macht; dieses sehnsuchtsvolle Gesicht mit dem tiefen, verführerischen Blick und dem leicht arroganten, unnahbaren Ausdruck; eine selbstsichere, unabhängige Femme fatale, deren Lächeln aber zugleich viel von ihrer Lust zur Hingabe verrät, *rätselhaft*, sagen die Kritiker. Und dazu die Stimme, eine sehr dunkle Altstimme, genau genommen ein Kontraalt, fast wie ein Bariton, von männlicher Färbung und dunklem Timbre, eine Stimme, mit der sie flüstern und schluchzen und Gefühle ausdrücken kann *wie ein tiefer warmer Strom*, dann aber auch heftig sein kann, *wuchtig wie der Ton einer großen Orgel*. Und so steht sie vor der Kamera Franz Weihmayrs, der alle ihre Ufa-Filme dreht, und sie singt direkt in die Kamera und in das Herz eines jedes einzelnen Kinobesuchers.

«Der Wind hat mir ein Lied erzählt», das ist einer der Schlager der Saison.

Letzte Woche hat sie die Dreharbeiten zu ihrem neuen Film abgeschlossen, «Es war eine rauschende Ballnacht», eine frei erfundene Geschichte um den Komponisten Peter Tschaikowsky, natürlich wieder mit viel Musik. Jetzt hat sie Urlaub, und in drei Tagen, am kommenden Sonntag, wird Zarah Leander nach Schweden reisen. Sie wird den größten Teil ihres im Dritten Reich verdienten Geldes nehmen und in der Nähe von Stockholm ein riesiges Landgut kaufen,

Lönö, ein großes zweistöckiges Haus mit zweiundzwanzig Zimmern, inmitten einer sechzigtausend Quadratmeter umfassenden Fläche mit Äckern, Wäldern und großen Seen mit zweiundzwanzig Inseln.

Eine Rückversicherung für alle Fälle.

Dann wird die «schwedische Nachtigall» ins deutsche Erwerbsleben zurückkehren, um vertragsgemäß einen neuen Film zu drehen, «Das Lied der Wüste».

16. März, Thalau bei Fulda. Wenn der Rundfunk Nachrichten bringt, stürzen sie jedes Mal zum Lautsprecher. Das geht seit Tagen so. Der fünfundvierzigjährige Dorfschullehrer Wilm Hosenfeld und seine Frau Annemarie verfolgen die politische Entwicklung äußerst besorgt, genau wie im letzten Herbst, im September, während der Sudetenkrise. «Annemarie ist so niedergeschlagen, dass sie bei der geringsten Gemütsbewegung weint. Wir befürchten, dass es Krieg gibt», schreibt Hosenfeld ins Tagebuch.

Hosenfeld war mit dem nationalsozialistischen «Aufbruch» ab 1933 nicht nur einverstanden, er hat ihn freudig begrüßt. Als Soldat des Ersten Weltkriegs glaubte er fest daran, dass die deutsche Armee 1918 «im Felde unbesiegt» geblieben, dann aber verraten worden sei, er war ein Verfechter der «Dolchstoß-Theorie», der tiefe Ressentiments gegen das «morsche Weimarer System» hegte. In Hitler sah er den Retter Deutschlands.

Zugleich ist Hosenfeld aber auch von den reformpädagogischen Ideen der zwanziger Jahre beeinflusst. Der Lehrer, besonders der Dorfschullehrer, so glaubt er, sollte der «kulturelle Mittelpunkt des Dorfes» sein, muss Orientierung auch außerhalb der Schule bieten. Also organisiert Hosenfeld seit Jahren die Feiern und Feste, spricht zur Eröffnung der Kirmes, hält eine große Rede zum Erntedankfest, vertritt auch mal den Pfarrer bei einer Prozession. Er engagiert sich, durchaus sendungsbewusst, denn er sieht das Dorf als Mikrokosmos der großen «Volksgemeinschaft». Auch die «politischen Gottesdienste» der Partei, «Führers Geburtstag» (20. April), den «Heldengedenktag» (13. Mai) und den «Tag der Bewegung» (9. November), feiert er begeistert mit. Ergriffen sitzt er vor dem Radio und verfolgt die «mythischen Rituale», obendrein führt er solche Feiern, in verkleinertem Maßstab, auch in Thalau durch. *Volkstumsarbeit*. Er will die Menschen seines Dorfes «aus ihrer Dumpfheit aufrütteln». Selbstverständlich leitet er auch den Männergesangverein Thalau. Er ist seit 1933 Mitglied der SA und seit 1935 der NSDAP, lange Zeit ist er zu den Gemeinschaftsabenden gegangen, auch zum Exerzieren und Geländesport, weil er die alte soldatische Gemeinschaft und Kameradschaft gesucht hat. Er findet aber zusehends weniger Gefallen an seinen Gefährten, sie sind «beschränkt, fanatisch, engstirnig, ungebildet». In seinem Tagebuch ist zuletzt immer häufiger von einem Gefühl «innerer Einsamkeit» die Rede.

Den «Anschluss» Österreichs vor genau einem Jahr hat er euphorisch begrüßt. Doch während der «Sudetenkrise» schlug seine Stimmung zum ersten Mal um. Seitdem sieht er Hitlers unnachgiebige und kompromisslose Haltung als Kriegsgefahr. «Jetzt kommt einem doch auch mal zum Bewusstsein, welch große Gefahr die Staatsform einer reinen Diktatur ist. Was steht im Wege, wenn Hitler unzugänglich bleibt und das deutsche Volk in den Krieg stürzt? Volksbefragung? Das Volk wird nicht gefragt. Ganz anders die Demokratie mit dem Parlament. Der Schatten eines Krieges breitet sich immer dunkler über Deutschland und Europa. Ich bin sehr besorgt ...»

Die einundvierzigjährige Annemarie sorgt sich noch mehr. Sie ist die Tochter des Malers Karl Krummacher und wuchs in Worpswede auf, sie waren Nachbarn von Otto Modersohn, mit dessen Tochter sie spielte, und von Heinrich Vogler. Eine freigeistige, pazifistische, sogar sozialistische Erziehung. Auch jetzt noch, Ende der dreißiger Jahre, repräsentiert sie in der Familie die pazifistische, liberale, unabhängige Strömung. Sie steht dem Nationalsozialismus sehr viel skeptischer gegenüber als der Weltkriegssoldat Hosenfeld. Glaubt man den Briefen und Tagebüchern, lieben sich die beiden sehr, jedenfalls sind seine Ehe und die Familie mit den fünf Kindern für Wilm die eigentliche Quelle seiner Zufriedenheit.

Wilm Hosenfeld wird ab September, als Soldat in Polen, das nationalsozialistische System vollkommen durchschauen, Schritt für Schritt, Erfahrung für Erfahrung, einfach indem er die Augen offen hält und genau beobachtet. Er wird im Krieg sogar vielen verfolgten Menschen das Leben retten, darunter auch einem Warschauer Pianisten.

16. März, Chicago. Am Michigansee ist es hell, kalt, windig. Kein Schnee. Gestern ist Thomas Mann ins Hotel Windermere gefahren, um Edvard Beneš zu treffen, anwesend war auch Jan Masaryk, zuletzt tschechoslowakischer Botschafter in London. *Zweistündige Unterredung über das Politische,* notiert Thomas Mann. Das Thema ist Hitlers Versuch vom vergangenen Herbst, die Tschechoslowakei als Staat zu zerschlagen, ein Versuch, der ihm damals nur zur Hälfte gelang. Im Münchner Abkommen wurden zwar die sudetendeutschen Randgebiete an das Deutsche Reich angeschlossen, Hitler musste aber garantieren, dass er in Zukunft die staatliche Souveränität der Č.S.R. respektieren werde – ein Versprechen, das er in diesen Tagen und Stunden bricht. Thomas Mann empfindet für Beneš ein tiefes Gefühl der Sympathie, *trotz dem Bewusstsein, dass größere Kraft und Kühnheit die Ereignisse* [vom September 1938] *anders hätten wenden können.*

Thomas und Katia Mann gehen mittags an der Uferpromenade spazieren, obwohl ein kalter Sturm über den Lake Michigan tobt und dichte Schneewolken vor sich hertreibt. Sie diskutieren über die Zeitungen. Der britische Premier Chamberlain hat sein *Bedauern* über Hitlers Zerschlagung der Tschechoslowakei geäußert. Man habe, nach dem Münchener Abkommen, eine solche Entwicklung nicht voraussehen können. Das Thomas Mann so verhasste *Appeasement* zeigt sich wieder. *Zersetzung des amputierten tschechischen Staates von innen. Die Beute ist sehr groß. Das Land besitzt dreimal so viel Gold wie das Reich.* Am Abend geht er mit Katia ins Kino, «Pygmalion» nach George Bernard Shaw, *hübscher Film.* Später im Hotel die Abendzeitungen, *schändliche, schwere Lektüre. Menschenjagd und Selbstmord-*

welle in Prag. In der gelenkten deutschen Presse, kulturell hochgestimmt, das Gefasel von der «alten deutschen Stadt Prag» und dem «Heiligen Deutschen Reich», *Dreckromantik.*

Schmerz und Ekel.

16. März. Joseph Goebbels in seinem Tagebuch: «Beim Einmarsch gibt es doch jede Menge Gegendemonstrationen. Aber nichts Ernsthaftes dabei. Prag hat noch zu viele Juden und Marxisten. Die werden wir schon ausräuchern.»

16. März, Moskau. Der XVIII. Parteikongress der KPdSU tagt jetzt schon eine Woche, dieser «Parteitag des vollendeten Sieges des Sozialismus» – er wird insgesamt elf Tage dauern. In seiner Eröffnungsrede hat Josef W. Stalin, Generalsekretär der Partei, vor ein paar Tagen den Sieg des Sozialismus als Tatsache verkündet: Die Sowjetunion habe die höchstentwickelten kapitalistischen Länder beim Tempo der Industrialisierung bereits überholt, nur noch nicht in der Produktion pro Kopf der Bevölkerung. Besonders hebt er hervor, dass die Kollektivierung der Landwirtschaft weit fortgeschritten sei, denn nahezu alle bäuerlichen Betriebe seien in Kolchosen oder Sowchosen übergegangen. Stalin mahnt aber weiterhin eine hohe Wachsamkeit gegen den Feind an, denn die UdSSR müsse sich gegen eine «feindselige kapitalistische Einkreisung» wehren.

Jetzt diskutiert der Kongress die These, die der Diktator im außenpolitischen Teil seiner Rede verkündet hat: dass ein neuer Krieg um die Aufteilung der Welt begonnen habe. Die Aggressoren seien Japan, Italien und das Deutsche Reich mit ihren Angriffen auf China, Äthiopien, Österreich und die Tschechoslowakei. Die USA, Frankreich und Großbritannien hätten diese Länder geopfert, um die Aggressoren zu besänftigen. Damit wollten sie deren Expansionsdrang auf den einzigen sozialistischen Staat, die Sowjetunion, umlenken. Dieser offenkundige Verzicht der Westmächte auf eine Abwehr könne «zu einem ernsten Fiasko führen». Und Stalin gibt den Kongressteilnehmern noch eine Mahnung mit auf den Weg: Die UdSSR dürfe sich nicht in Konflikte ziehen lassen von jenen Kriegstreibern, «die gewohnt sind, andere für sie die Kastanien aus dem Feuer holen zu lassen».

16. März, Moskau. Der achtzehnjährige Wolodja Leonhard ist felsenfest von der marxistisch-leninistischen Lehre überzeugt, obwohl der Staat, in dem diese Doktrin gilt, zugleich seine Mutter verfolgt und eingesperrt hat. Unter den Jugendlichen des «Kinderheims Nr. 6» ist Wolodja nicht der Einzige, der zwischen diesen beiden elementaren Bindungen – an die Eltern und an die kommunistische Lehre – zerrissen wird. Auch die Mütter oder Väter anderer Zöglinge in diesem Heim für Kinder österreichischer und deutscher Emigranten sind vom NKWD verhaftet und zumeist zu Verbannung und Zwangsarbeit verurteilt worden. «Jeder von uns wusste, dass Mutter oder Vater unschuldig verhaftet waren. Aber wir waren schon so weit sowjetisch erzogen, dass wir bei unserer Beurteilung nicht von Einzelschicksalen ausgingen. Wir versuchten uns einzureden, dass es sich um Überspitzungen einer an und für sich notwendigen und richtigen Maßnahme handelte.»

Wolodja ist 1921 als Sohn des damaligen sowjetischen Botschafters in Wien und seiner deutschen Mutter geboren worden und in Deutschland aufgewachsen. Damals hieß er noch Wolfgang. Im Jahr 1935 ist er mit seiner Mutter vor den Nazis in die Sowjetunion geflüchtet.

Abends geht er mit seinen engsten Freunden aus dem Heim an der Moskwa spazieren. Sie diskutieren ununterbrochen das Problem der revolutionären Gewalt: Haben nicht auch die Jakobiner in der Französischen Revolution viele Todesurteile gefällt, die, formal betrachtet, vielleicht unrichtig waren, aber doch zum Sieg der Revolution beitrugen? Hat nicht Marx selbst von der Gewalt als Geburtshelferin einer neuen Gesellschaft gesprochen?

Das ganze Jahr 1938 haben sie die Verhaftungen verfolgt, die Prozesse und Urteile, die große *Säuberung*, bei der es doch letzten Endes, wie sie glauben wollten, darum ging, den Bestand des ersten sozialistischen Staates der Welt zu schützen, oder? Sie hatten für ihre Diskussionen als Informationsquelle nur die Artikel der «Prawda», keine kritischen Bücher, keine ausländischen Zeitungen, keinen Rundfunk, «wir waren völlig auf uns selbst gestellt».

Doch in diesen Tagen ist Wolfgang Leonhard durch Zufall das Buch eines amerikanischen Kommunisten in die Hand gekommen, John Reeds «Zehn Tage, die die Welt erschütterten». Reed schildert darin die Revolutionstage von 1917, die er selbst in Petersburg miterlebt hat. Wolodja hat das Buch verschlungen. Und mit Staunen stellt er fest, dass alle diejenigen, die bei den Prozessen als *Spione* und *Agenten* bezeichnet wurden, bei Reed als die führenden Männer der Revolution von 1917 dargestellt werden.

Und Stalin, der große Stalin, kommt bei Reed überhaupt nicht vor!

Es ist für den Jungen eine unglaubliche Entdeckung: Dieselben Kommunisten, die die Oktoberrevolution geleitet, die seit dem Jahr 1917 an der Spitze der Partei gestanden hatten, die für den sozialistischen Aufbau verantwortlich waren – sie alle sollen insgeheim Agenten gewesen sein, eine «Bande von Spionen und Verbrechern», ein «verfluchtes Otterngezücht», «Spottgeburten von Fuchs und Schwein», die jetzt «wie räudige Hunde erschossen werden müssen», wie Wyschinski es bei den Prozessen verlangt hat.

Kann das wahr sein? Das kann nicht wahr sein.

16. März, Berlin. Ungefähr hundert Menschen auf der Welt, darunter zwei oder drei Frauen, teilen ein ungeheures Geheimnis. Es ist ein schwer begreifbares wissenschaftliches Phänomen, das nur die besten Kernphysiker verstehen. Zwei Monate zuvor ist dieses Geheimnis, zumindest in den Grundzügen, veröffentlicht worden – als Otto Hahn in der Zeitschrift «Naturwissenschaft» den Artikel «Über den Nachweis und das Verhalten der bei der Bestrahlung von Uran entstehenden Erdalkalimetalle» veröffentlichte. Es ist der Bericht über die erste erfolgreiche Kernspaltung. Natürlich hat kaum ein Leser eine Chance, die Tragweite der Darstellung zu begreifen.

Einer der wenigen, die sie sehr genau verstehen, lebt in Princeton im fernen Amerika; es ist der aus Deutschland emigrierte Physiker Albert Einstein, der weltberühmte Nobelpreisträger. Ein anderer lebt und arbeitet in Berlin, der kaum siebenundzwanzig Jahre alte Carl Friedrich von Weizsäcker vom Kaiser-Wilhelm-Institut für Physik. Weizsäcker selbst hat bereits 1937 das bahnbrechende Buch «Die Atomkerne» veröffentlicht. Er und wenige andere wissen, dass man auf der Grundlage der von Otto Hahn entdeckten Kernspaltung vermutlich eine Kettenreaktion in Gang setzen kann, die ungeheure Energien freisetzen würde. Anders gesagt: Im Frühjahr 1939 sind sich die Eingeweihten darüber im Klaren, dass man eine Bombe entwickeln kann, die alle bisherigen Bomben an Zerstörungskraft übersteigt.

Weizsäcker zieht seine Schlüsse: Wenn Atombomben möglich sind, wird es jemanden geben, der sie herstellt. Wenn Atombomben hergestellt werden, wird es jemanden geben, der sie einsetzt. Daran hindern kann man ihn nur, wenn auch andere im Besitz dieser Waffe sind. Er beschließt also: Wenn die Bombe gebaut wird, dann will er daran mitarbeiten. Er glaubt, auf diese Weise daran mitwirken zu können, den Krieg ein für alle Mal unmöglich zu machen.

Der junge Forscher beginnt mit den Vorarbeiten für einen Bericht, den er dem deutschen Heereswaffenamt übergeben wird. Dieses Amt wird am Ende des Sommers, im September, nach Beginn des Krieges, mit «Uranarbeiten» beginnen.[1] Weizsäcker wird sogar bald herausfinden – zumindest theoretisch –, dass man auch aus Plutonium Atomsprengköpfe herstellen kann, wahrscheinlich sogar noch stärkere. Er versucht, Otto Hahn zur Mitarbeit zu bewegen, der aber erklärt: «Wenn durch meine Entdeckung Hitler eine Atombombe bekommt, bringe ich mich um.»

16. März, London. Er hat es ihnen ja gesagt, aber sie wollten es nicht glauben. Denn er gilt als ein Mann, der seine Zukunft schon lange hinter sich hat. Seine scharfe Ablehnung der Appeasement-Politik Premierminister Chamberlains hat ihm sogar den Ruf eines Kriegstreibers eingebracht. Seit dem «Anschluss» Österreichs an das Deutsche Reich im April 1938 – und auch schon vorher – hat er unentwegt vor Hitler gewarnt wie vor einem Straßenräuber, der mit vorgehaltener Pistole Geld verlangt, dann aber, wenn man es ihm gegeben hat, nicht davonzieht, sondern sich ermutigt fühlt und noch mehr Geld erpresst.

Winston Churchill, fünfundsechzig Jahre alt und von eiserner Konstitution, hat eine große politische Karriere hinter sich. Schon 1908 war er Handelsminister, 1910 Innenminister, 1911 Erster Lord der Admiralität, also Marineminister, später Rüstungsminister. In den vergangenen drei Jahrzehnten hat dieser Enkel des siebten Herzogs von Marlborough seine Triumphe gefeiert, aber fast ebenso oft auch Desaster erlebt. Er begann auf dem liberalen politischen Flügel, flirtete sogar mit der Linken und arbeitete sich dann zäh immer weiter nach rechts, bis er als ein Reaktionär der übelsten Sorte galt, der den Generalstreik von 1926 gewaltsam beenden lassen wollte und gegen Gandhi, diesen «halbnackten Fakir», und gegen die indische Unabhängigkeitsbewegung als sturer Imperialist kämpfte. Doch angesichts des Aufstiegs der Nazis, vor und nach 1933, sah er sich plötzlich eher wieder in der Nähe der Linken, der Antifaschisten.

Zuletzt hat er sich auf seinen Landsitz Chartwell in Kent zurückgezogen, wo er sich seiner Familie, seinem Hobby, der Malerei und seinen schriftstellerischen Arbeiten widmet – eine Art inneres Exil, das er später selbst «The Wilderness Years» nennen wird. Berühmt sind die Abendgesellschaften, die die Churchills regelmäßig geben und zu denen Gäste aus der ganzen Welt kommen, Heinrich Brüning ebenso wie Charlie Chaplin.

Bei dem von vielen Briten als Friedenssicherung gefeierten Münchner Abkommen im vergangenen Herbst habe man aus seiner Sicht «die Tschechoslowakei den Nazis geopfert», diplomatisch eine «totale Niederlage» erlitten – und nicht, wie Chamberlain und Daladier nicht müde werden zu behaupten, den Frieden gerettet, «peace for our time». Im Gegenteil, wettert Churchill, dieses Abkommen und das ständige Zurückweichen vor Hitler machten den

Krieg erst möglich und wahrscheinlich. Der deutsche Diktator werde sich nicht mit «vernünftigen Kompromissen» zufriedengeben, wie sie die britische Politik immer wieder suche; er werde immer neue Gelegenheiten und Anlässe für seine aggressive und expansive Politik finden, die ganz auf einen Krieg in Europa ausgerichtet sei. Während Chamberlain und die bürgerliche Welt des Westens in Hitler einen zwar schwierigen und «irrationalen» Mann sehen, der aber doch ein solides ideologisches und militärisches Bollwerk gegen den Bolschewismus und die kommunistische Weltrevolution darstellt, empfiehlt Churchill einmal mehr ein entschlossenes Zusammengehen von Großbritannien und Frankreich gerade mit der Sowjetunion, um Hitler endlich in seine Schranken zu weisen.

All is over. Silent, mournful, abandoned, broken, Czechoslovakia recedes into the darkness, hat er im vergangenen Herbst geschrieben, und trotzdem sei dies erst *the first foretaste of a bitter cup*, ein bitterer Vorgeschmack.

Jetzt ist alles genau so gekommen, wie Churchill es den Verfechtern der Appeasement-Politik wieder und wieder prophezeit hat, Hitler hat sich mit den Erfolgen des Münchner Abkommens vom letzten Herbst nicht zufriedengegeben. Der Versuch Chamberlains und Daladiers, durch Nachgiebigkeit in Europa den Frieden zu sichern, hat den Diktator erst recht herausfordernd gemacht. Der *Straßenräuber* verlangt immer mehr.

Das hat der Premierminister, das haben aber auch die Abgeordneten, die Presse, die ganze Bevölkerung der Insel in diesen Tagen erkannt. Das Maß ist voll. Und jetzt beginnen Churchills Anhänger eine Kampagne *for his return to office.* Churchill soll zurück an die Macht.

Morgen wird Chamberlain Stellung beziehen müssen.

Freitag, 17. März, Birmingham. Es ist der Vorabend seines siebzigsten Geburtstages, als der britische Premierminister Arthur Neville Chamberlain in Birmingham eine Rede hält, die den Wendepunkt in der britischen Politik gegenüber Deutschland markiert.

Noch zwei Tage zuvor, am 15. März, als die deutschen Soldaten in Prag einmarschierten, hat er in einer ersten Stellungnahme im britischen Unterhaus zurückhaltend reagiert. Jetzt kommt Chamberlain noch einmal ausführlich auf die Gespräche zurück, die er 1938 mit Hitler geführt hat. Und er rechtfertigt erneut seine damalige Haltung als einen Versuch, den Frieden zu bewahren. Hinsichtlich der deutschen Besetzung Österreichs und des Sudetenlandes habe sich «doch noch etwas sagen lassen zugunsten der Notwendigkeit einer Änderung der vorhandenen Lage … Aber die Dinge, die sich diese Woche unter völliger Missachtung der von der deutschen Regierung selbst aufgestellten Grundsätze ereignet haben, scheinen zu einer anderen Kategorie zu gehören, und sie müssen uns alle die Frage nahelegen: Ist dies das Ende eines alten Abenteuers oder ist es der Anfang eines neuen? Ist dies ein Schritt in Richtung auf den Versuch, die Welt durch Gewalt zu beherrschen?»

Chamberlain kündigt jetzt große Verteidigungsanstrengungen an und warnt, niemand solle glauben, dass Großbritannien «nicht bis zur Erschöpfung seiner Kraft einer solchen Herausforderung entgegentreten» werde. Lord Halifax, der Außenminister, bringt diese neue Politik auf die griffige Formel: «Von jetzt an geht es nicht mehr ohne Blutvergießen.»

In den folgenden Wochen und Monaten wird nun ein Reigen diplomatischer Verhandlungen in Gang kommen, bei dem Deutschland einerseits und Frankreich und Großbritannien andererseits zunächst eine Verständigung mit Polen, später mit der Sowjetunion suchen. Am Ende dieses Prozesses wird ein bis dahin nicht vorstellbarer Pakt zwischen zwei verfeindeten Mächten geschlossen werden.

17. März, Berlin. Eine Woche nach der Münchner Vorführung feiert im Berliner Ufa-Palast der Film «Wasser für Canitoga» mit Hans Albers in der Hauptrolle Premiere. Albers verkörpert den trinkfesten und raubeinigen kanadischen Ingenieur Oliver Montstuart, der zu Unrecht der Sabotage an einem riesigen Wasserleitungsprojekt verdächtigt wird. Er muss sogar in Notwehr einen Mann erschießen, der ihn mit dem Messer bedroht. Er taucht zunächst unter, kehrt aber bald unter einem anderen Namen zurück, um den wahren Saboteur zu finden. Er entdeckt den Schurken, kommt aber schließlich bei dem Versuch, eine drohende Explosion zu verhindern, selbst ums Leben.

Joseph Goebbels hat den in Italien gedrehten Film ein paar Tage zuvor «abgenommen». Er ist begeistert: «Ein glänzend gemachter Albersfilm. Das macht Spaß. Ein großer Reißer mit starken dramatischen Effekten. Richtig hingehauen. Albers großartig.»

Das findet auch das Münchner Premierenpublikum, das brüllend lacht, wenn Albers als versoffener Ingenieur seine Witze reißt: «Ich bin der Maharadscha von Whisky pur», oder: «Jeden Tag besoffen ist auch regelmäßig gelebt.» Und es ist zu Tränen gerührt bei dem Song über das Ende einer Freundschaft, den Verlust des besten Freundes, «Goodbye Johnny» von Peter Kreuder. *Bricht mir auch heut' das Herz entzwei, in hundert Jahren, Johnny, ist doch alles vorbei.*

Hans Albers ist neben Heinz Rühmann der bestbezahlte Filmschauspieler in Deutschland. Dabei geht er schon hart auf die fünfzig zu. Vor zehn Jahren arbeitete er am Deutschen Theater Berlin mit Erwin Piscator und Carl Zuckmayer zusammen (die inzwischen beide vor den Nazis flüchten mussten), im ersten deutschen Tonfilm «Die Nacht gehört uns» spielte er einen Rennfahrer, dann an der Seite von Marlene Dietrich und Emil Jannings einen Artisten in «Der blaue Engel». Auch die Dietrich lebt längst in Amerika. Ungefähr viertausend Schauspieler, Kameraleute, Regisseure haben Deutschland verlassen, darunter die besten.

Albers verlässt Deutschland nicht, obwohl er gegenüber der Nazi-Herrschaft seine Bedenken hat, die er aber, wie man so treffend sagt, *für sich behält*. Die Verfolgung der deutschen Juden, ihre Entrechtung, die systematische Vernichtung ihrer bürgerlichen Existenz, das alles betrifft ihn auch ganz direkt: Seit 1925, seit dreizehn Jahren, lebt er mit *Hansi* zusammen, der Tochter seines Lehrers, des Schauspielers und Regisseurs Eugen Burg. Dass er sie liebt, gilt in dem Land, in dem sie leben, als «Rassenschande» und kann mit

Zuchthaus bestraft werden. Denn Eugen und Hansi Burg gelten in der rassistischen Ideologie der Nazis als Juden, auch wenn sie protestantischen Glaubens sind.

Ende März 1933, sofort nach der Machtergreifung, hat der Ufa-Vorstand alle Verträge mit jüdischen oder als jüdisch geltenden Schauspielern, Regisseuren, Drehbuchautoren, Kameraleuten etc. aufgelöst. Es handelt sich um ein staatlich verhängtes Berufsverbot: Juden dürfen nicht Mitglieder in der Reichsfachschaft Film der Reichsfilmkammer werden, und wer kein Mitglied ist, erhält keine Arbeitserlaubnis. Eugen Burg, damals schon in den Fünfzigern, wurde wie Tausende anderer arbeitslos und musste ins Ausland flüchten.

Albers hat sich lange geweigert, der Reichsfachschaft Film beizutreten. Im Juni 1934 wurde er aus der Reichsfilmkammer ausgeschlossen, sein Pass gesperrt. Hans und Hansi bleiben zusammen, auch wenn sich die Lebensgefährtin jetzt in der Öffentlichkeit nicht mehr zeigt und sich nur noch in der Albers-Villa in Garatshausen bei Tutzing am Starnberger See aufhält. Um 1935 wird der politische Druck auf Albers (und auf viele andere, die jüdische Lebensgefährten oder Ehepartner haben) immer größer.

Warum verlässt er nicht mit ihr zusammen das Land?

Weggehen würde das Ende seiner Karriere bedeuten. Er spricht keine Fremdsprachen und müsste, wie Carl Zuckmayer meint, als blonder Nazi-Komparse mit zehn Dollar am Tag in Hollywood sein Leben fristen. Im Oktober 1935 erklärt Albers in einem persönlichen Schreiben an Goebbels die offizielle Trennung von seiner Lebensgefährtin: «Ich darf Sie, geehrter Herr Reichsminister, nunmehr bitten, dass unter der veränderten Sachlage der nationalsozialistische Staat auch mir den Schutz angedeihen lässt, den er seinen Künstlern gibt.» Schon am nächsten Tag nimmt Goebbels den Ufa-Star huldvoll wieder auf. Hansi Burg heiratet den mit Albers befreundeten norwegischen Schauspieler Erich Blydt. Tatsächlich lebt sie weiterhin mit Hans Albers zusammen. Der dreht 1935 als Goodwill-Geste gegenüber Goebbels sogar einen Propagandafilm («Henker, Frauen und Soldaten»). Jetzt ist sein Status als Spitzenstar unangefochten.

Im Jahr 1938, nach dem November-Pogrom, wird es immer klarer, dass Juden in Deutschland ihres Lebens nicht mehr sicher sein können. Auch Hansi ist bedroht, trotz ihrer Ehe mit dem Norweger. Jetzt planen sie die Flucht, Hansis Flucht. Über die Schweiz wird Hansi an einem dieser Frühlingstage nach England reisen, um zu warten, «bis die Nazis von den Deutschen gestürzt werden».[2]

17. März, London. Die britische Regierung erklärt die von ihr vor fünf Wochen einberufene Palästina-Konferenz für gescheitert. Vergeblich habe sie versucht, einen Ausgleich zwischen den widerstrebenden arabischen und jüdischen Interessen für die weitere Entwicklung Palästinas zu finden.

Im Jahr 1917 hatte Großbritannien nach dem Sieg über das Osmanische Reich die palästinensischen Gebiete besetzt und 1920 vom Völkerbund das Mandat erhalten, diese zu verwalten. Zu dieser Zeit hatten die Briten den Arabern ihre Unterstützung für die Schaffung einer unabhängigen arabischen Heimstätte versprochen, die fast den gesamten Nahen Osten umfassen sollte, aber auch den Juden – mit der sogenannten Balfour-Erklärung – eine «unabhängige nationale Heimstätte» zugesagt. In einem Brief des damaligen britischen Außenministers Arthur James Balfour an Lord Lionel Walter Rothschild, einen führenden Zionisten in Großbritannien, hieß es: «Die Regierung Seiner Majestät betrachtet mit Wohlwollen die Errichtung einer nationalen Heimstätte für das jüdische Volk in Palästina und wird ihr Bestes tun, die Erreichung dieses Zieles zu erleichtern, wobei, wohlverstanden, nichts geschehen soll, was die bürgerlichen und religiösen Rechte der bestehenden nichtjüdischen Gemeinschaften in Palästina [...] in Frage stellen könnte.»

Während der jetzt gescheiterten Konferenz lehnte es die arabische Seite – vertreten durch Ägypten, Irak, Saudi-Arabien, Jemen und Transjordanien sowie die in Palästina lebenden Araber – von Anfang an ab, sich gemeinsam mit den jüdischen Unterhändlern an einen Tisch zu setzen. Premierminister Chamberlain setzte sich deshalb mit beiden Seiten getrennt zusammen. Die palästinensischen

Araber verlangten die Anerkennung der arabischen Unabhängigkeit, die Aufhebung des britischen Mandats und den Stopp der jüdischen Einwanderung.

Die jüdische Delegation ihrerseits, angeführt vom Präsidenten der zionistischen Jewish Agency, Chaim Weizmann, der auch ein Reigen prominenter Mitglieder jüdischer Gemeinden aus Großbritannien, Palästina, den USA und einigen anderen Ländern angehörte, forderte ihrerseits die Schaffung des jüdischen Staates in Palästina und stellte sich energisch gegen einen Einwanderungsstopp für Juden nach Palästina. Auch einen jüdischen Minderheitenstatus lehnte sie ab.

Samstag, 18. März, Wien. Der Sachbearbeiter Adolf Eichmann (32) hat guten Grund, stolz zu sein: Er hat ausgezeichnete Arbeit geleistet, seit man ihn vor genau einem Jahr von Berlin nach Wien beordert hat. In diesem einen Jahr, seit dem «Anschluss» Österreichs, hat es dieser «anerkannte Fachmann für Judenfragen» im Sicherheitsdienst des Reichsführers SS geschafft, ungefähr einhundertfünfzigtausend Juden zur *Auswanderung* aus der deutschen Ostmark zu veranlassen. Und das mit einem ganz kleinen Team in ein paar schlichten Büroräumen im Palais Rothschild.

Es ist der Beginn einer deutschen Karriere.

Eichmann, 1906 in Solingen geboren, ist in Österreich groß geworden, in Linz. 1933 wurde die NSDAP in Österreich verboten, und Eichmann, ein überzeugter Anhänger Hitlers, ging nach Berlin, wo die neue Zukunft begann. Er machte aus seiner Überzeugung einen Beruf, trat der SS bei und wurde hauptamtlicher Mitarbeiter des Sicherheitsdienstes (SD). Eines Tages sagte man ihm, Reinhard Heydrich sei gerade dabei, eine *Abteilung Juden aufzuziehen*, und da witterte Eichmann zu Recht gute Aufstiegschancen und eine sichere Zukunft.

Er begann, sich für die Geschichte und Religion des Judentums zu interessieren. Eichmann, der sich aus Büchern nie etwas machte, las jetzt Theodor Herzls «Judenstaat», das Buch, das die zionistische

Bewegung auslöste, und auch Adolf Böhms «Geschichte des Zionismus». Er war fasziniert, erlernte sogar das hebräische Alphabet, und wenn er auch bis jetzt kein Hebräisch kann, so ist er doch imstande, Jiddisch zu lesen. Ein guter Bürokrat also und ein treuer, bedingungslos ergebener SS-Mann, der allen Befehlen *eidgemäß* gehorcht, wie er später während seines Prozesses in Jerusalem aussagen wird. «Eichmann hat sich eine umfassende Kenntnis der Organisationsformen und der Weltanschauung des Gegners Judentum angeeignet», schreibt 1937 ein Vorgesetzter über ihn.

Das oberste Ziel der NS-«Judenpolitik» – soweit die führenden Männer ihren *Führer* richtig verstehen – ist die *Auswanderung* (also die Vertreibung) der Juden aus Deutschland. In einem Bericht schreibt Eichmann dazu: «Es liegt nicht in unseren Bestrebungen, das jüdische Kapital im Ausland unterzubringen, sondern in erster Linie jüdische Mittellose zur Auswanderung zu veranlassen» – wenn auch möglichst nicht nach Palästina, das liege nicht im deutschen Interesse, denn «von Reichs wegen muss eine selbständige Staatsbildung der Juden verhindert werden».

Im Januar 1938 machten sich schließlich die ersten «Anzeichen der Österreich-Aktion» bemerkbar, die im März dann stattfand, der *Anschluss*. Aber schon Wochen vorher wurde diese Aktion, auch im Berliner Amt Eichmanns, vorbereitet, man erstellte genaue Listen von Gegnern, «Name, Adresse, ob Jude, Freimaurer, engagierter Katholik ... die Gegner, die dann in der ersten Nacht systematisch verhaftet werden». Ein Foto vom 18. März 1938 zeigt Eichmann in SS-Uniform im Hof des Wiener Innenministeriums während einer Einsatzbesprechung vor einer Hausdurchsuchung in der jüdischen Gemeinde. Er war also, was er später immer zu leugnen versuchen wird, auch direkt am antijüdischen Terror dieser Tage beteiligt. Aus den Gefängnissen ließ er sich die wichtigsten jüdischen Repräsentanten «vorführen», setzte sie massiv unter Druck und zwang sie zur Zusammenarbeit, ehrenwerte Männer wie etwa Dr. Richard Löwenherz.

Eichmanns Plan besteht darin, zuerst die armen, mittellosen Juden, die sich die «Auswanderung» nicht leisten können, aus Österreich zu vertreiben. Die reichen Juden müssen dafür enorme Geldsummen in einen «Fiskus» einzahlen, einen Fonds, aus dem diese «Auswanderung», ihre eigene Vertreibung, finanziert werden soll.

Der effiziente Sachbearbeiter Eichmann ärgert sich darüber, dass der Behördenweg hierfür so kompliziert ist. Das hemmt doch nur den Prozess der *Entjudung der Ostmark*. Aber jede übergeordnete Behörde will da ärgerlicherweise irgendwie mitreden (Polizei, Finanzamt, Staatspolizei, Devisenstelle, Zollbehörde etc.). Eichmann ist jetzt schon so angesehen, dass er eine «Zentralstelle», also eine übergeordnete bürokratische Instanz, durchsetzen kann, die allein für die «Auswanderung» zuständig ist.

Und dann entwickelt er im Rothschild-Palais ein ganz neues System, sein hochmodernes *Fließbandsystem*, auf das er sehr stolz ist, denn es ist, wie ein jüdischer Zeuge beschreibt, «wie ein automatisch laufender Betrieb, auf der einen Seite kommt der Jude rein, der noch etwas besitzt, einen Laden oder eine Fabrik oder ein Bankkonto. Nun geht er durch das ganze Gebäude, von Schalter zu Schalter, von Büro zu Büro, und wenn er auf der anderen Seite herauskommt, ist er aller Rechte beraubt, besitzt keinen Pfennig, dafür aber einen Pass, auf dem steht: Sie haben binnen 14 Tagen das Land zu verlassen, sonst kommen Sie ins Konzentrationslager.»

Mit am *Fließband* sitzen auch immer zehn oder zwölf Mitglieder der israelitischen Kultusgemeinde Wiens. An manchen Tagen laufen bis zu tausend *Fälle* durch das System hindurch. Eichmann spricht stets von «Auswanderung», aber es ist natürlich eine brutale Vertreibung, eine *Pression*, wie er später in Jerusalem sagen wird. Ehe ein Jude Deutschland oder Österreich verlassen kann, wird er komplett geschröpft. Er muss nicht nur durch eine Unbedenklichkeitsbescheinigung des Finanzamtes nachweisen, dass er dem Staat nichts schuldet, er muss alles Geld in fremder Währung, das er besitzt, abliefern und darf umgekehrt nur wenige Reichsmark ausführen. Ist er beim Verkauf seines Besitzes zuvor schon bedroht und eingeschüchtert worden, um den Preis zu drücken («Arisierung»), muss er sich die Ausfuhr bestimmter Stücke, Gemälde, Antiquitäten etc., extra genehmigen lassen ... Da die wenigen Aufnahmeländer, die in Frage kommen, keine mittellosen Einwanderer akzeptieren, muss der Flüchtling Devisen nachweisen, das heißt, er muss sie teuer bei Eichmann kaufen, beispielsweise tausend Pfund Sterling.

Auf diese Weise hat es Adolf Eichmann geschafft, mehr als einhundertfünfzigtausend Juden aus dem alten Österreich zu vertreiben. Der ehrgeizige Mann, der die Realschule Linz ohne Abschluss verließ, ist dabei, ein deutscher Spitzenbeamter zu werden. An diesem Samstag, dem Tag vor seinem dreiunddreißigsten Geburtstag, hat man ihm aus Berlin signalisiert, dass er versetzt werden soll.

Nach Prag.

18. März, Berlin. Nachdem der britische Botschafter in Berlin, Neville Meyrick Henderson, bereits am Vortag nach London zurückbeordert wurde, übergibt heute ein Vertreter der britischen Botschaft im Berliner Auswärtigen Amt die Note Chamberlains, in der es heißt, dass die Veränderungen in der Tschechoslowakei «rechtlich nicht begründet» seien. Die deutsche Annexion widerspreche «völlig dem Recht der Selbstbestimmung und ist absolut unmoralisch».

Der französische Botschafter, Robert Coulondre, kommt wenig später ebenfalls in die Wilhelmstraße und überreicht eine Verbalnote, in der Frankreich erklärt, die Annexion von Böhmen und Mähren sei mit dem Münchner Abkommen vom September 1938 nicht vereinbar. Zwei Tage später wird auch Coulondre als Zeichen des Protestes nach Paris zurückberufen.

Reichsaußenminister Ribbentrop lässt beide Proteste zurückweisen, da sie «jeder politischen, rechtlichen und moralischen Grundlage entbehren». Noch am selben Tag wird der deutsche Geschäftsträger in Paris, Johannes Graf von Welczeck, zur Berichterstattung nach Berlin zurückbeordert. Auch der deutsche Botschafter in London, Herbert von Dirksen, wird angewiesen, nach Berlin zurückzukommen.

Der britische und der französische Botschafter werden erst fünf

Wochen später auf ihre Posten in Berlin zurückkehren. Der amerikanische Botschafter, Hugh R. Wilson, war bereits im November 1938 von seiner Regierung aus Berlin abgezogen worden. Washington lässt jetzt durch seinen Chargé d'affaires ebenfalls eine Protestnote in der Wilhelmstraße abgeben.

Diplomatische Spannungen allenthalben.

Sonntag, 19. März. Joseph Goebbels in seinem Tagebuch: «Schnee und Kälte. Abends 19 h zum Görlitzer Bahnhof. Ganz Berlin trotz des Wetters auf den Beinen ... Führer trifft ein. Es ist unbeschreiblich. Wir sind aufs tiefste ergriffen. Göring spricht. Mit Tränen in den Augen. Dann Einfahrt nach Berlin. Das alles ist grandios und noch nie da gewesen. Millionen auf den Beinen. Licht, Scheinwerfer, Feuerwerk. Wilhelmplatz überfüllt. Vom Balkon aus ein hinreißendes Bild.»

19. März, London. Jack sieht seinen Vater gern glücklich. Und in diesen Tagen ist Joe Kennedy sogar überglücklich. Rom war wirklich großartig, die Teilnahme an der exklusiven, privaten Messe des neuen Papstes und Teddys Erstkommunion in diesem unvorstellbar feierlichen Rahmen der Peterskirche, das ist etwas, das selbst den führenden Familien der Bostoner *high society*, die ihn immer noch wie einen Aufsteiger behandeln, nicht ohne weiteres zugänglich wäre. Ein wichtiger Schritt in Joe Kennedys lebenslangem Kampf, «ganz oben» anzukommen und mitzuspielen.

Jack macht sich keine Illusionen darüber, dass sein Vater das meiste in seinem Leben mit den Millionen gekauft hat, die er im Alkoholhandel und wohl auch im -schmuggel verdient hat, Häuser und Frauen sowieso, aber auch die politische Karriere und, damit verbunden, die gesellschaftliche Anerkennung. Es hat ihn zwar ziemlich viele Millionen Dollar Wahlkampfmittel für Roosevelt gekostet, ehe der Präsident ihn mit dem Amt des Botschafters in London belohnt hat, aber jetzt hat Joe Kennedy den prestigeträchtigsten Job der gesamten US-Diplomatie.

Der einundzwanzigjährige Jack ist nach Europa gekommen, um für seine Abschlussarbeit in Harvard weiteres Material zur Appeasement-Politik Arthur Neville Chamberlains zu recherchieren. Sein Vater, der mit Chamberlain befreundet ist, wird ihm dabei die Türen öffnen. Alle Türen. Aber John Fitzgerald – so die beiden Taufnamen des zweitältesten Sohns der Kennedys – hat in London zugleich auch «viel Spaß», wie er seinem Freund Lem Billings brieflich versichert. Das gesellschaftliche Leben der britischen aristokratischen Gesellschaft ist «aufregend», als Sohn des amerikanischen Botschafters wird er überall herzlich aufgenommen und ist bei den Bällen und in den Salons, bei den Regatten, den Rennen und all den anderen Ritualen ein gerngesehener Gast.

Sogar bei Hof wird er empfangen: «Die Levée findet morgens statt, und man trägt Frack. Der König steht da & man tritt vor und verbeugt sich. Traf auch Queen Mary und trank Tee mit Prinzessin Elizabeth und verbrachte viel Zeit mit ihr», schreibt er stolz nach Harvard. Er reitet auch manchmal mit der kaum vierzehnjährigen Elizabeth aus, aber er schwärmt, wenn er Lem davon erzählt, vor allem von sich selbst und seinen «neuen, bis zum Schritt enggeschnittenen Reithosen aus Seide, in denen ich mächtig attraktiv aussehe».

Als Sohn reicher Eltern hat Jack eine privilegierte, gleichwohl nicht einfache Kindheit und Jugend gehabt, zuerst in einer gemieteten 20-Zimmer-Mansion in Riverdale, Bronx, New York, später in der großen Villa in Hyannisport, Massachusetts, mit Winterferien im Kennedy-Haus in Palm Beach, Florida. Der Erfolgsrausch von Joe gerade in jenen Jahren, als die Prohibition aufgehoben wurde und er mit seiner staatlichen Alkohollizenz richtig reich wurde, bedeutet für die neun Kinder, die Söhne vor allem, eine schwere Belastung: «Werdet nicht Zweite oder Dritte, das zählt überhaupt nicht. Ihr müsst gewinnen, überall.»

Wie sein älterer Bruder Joseph – und nach ihm die jüngeren Geschwister – besucht Jack als Kind teure katholische Privatschulen, bis er achtzehn ist. Er gilt als eher unauffälliger Schüler. 1935 zwingt ihn eine Krankheit, das geplante Studium zurückzustellen, im Herbst muss er sogar viele Wochen mit dem Verdacht auf Leukämie in einer Klinik verbringen. Die Krankheit, die er tatsächlich hat, ist Morbus Addison – was jetzt und zeit seines ganzen Lebens als Geheimnis behandelt wird. Ein Kennedy ist nicht chronisch krank. Sein Zustand verschlechtert sich zeitweilig, er hat weitere Krankheiten, heftige Gelbsucht und Darmentzündungen, die man mit Steroiden bekämpft. Das wiederum ruft im Bereich der Lendenwirbel Osteoporose hervor.

Joe, sein älterer Bruder, gesund und groß und stark genug, um in der Uni-Mannschaft Football zu spielen. Bei Jack mit seinen eins achtzig und knapp siebzig Kilo reicht es nur für die Juniormannschaft. Joe ist sowieso in allem der Bessere, sportlich und intellektuell, ist Mitglied des Studentenrats, macht Hochschulpolitik. Jack steht immer im Schatten von Joe, auch der Vater bevorzugt seinen erstgeborenen Sohn. Der Spitzenplatz ist also dauerhaft vergeben, und Jack lebt in der ewigen Schande, Zweiter zu sein. Der Vater praktiziert eine strenge «Primogenitur», der zufolge der ältere Sohn einen Anspruch auf eine große politische Karriere hat. «Wenn ich Präsident bin», pflegt Joe jr. zu sagen, «werde ich Sie ins Weiße Haus holen.»[3]

Um diese Zeit, ungefähr mit siebzehn, entdeckt Jack, dass er den Mädchen und Frauen gefällt. «Es kann nicht an meinem Aussehen liegen», gesteht er einem Freund, «denn ich sehe nicht besser aus als andere.» Dass es möglicherweise auch an den Millionen des Vaters, dem ganzen Lebensstil liegen könnte, kommt ihm nicht in den Sinn. Bald gilt er, wie er stolz berichtet, als Playboy. Er müsse «nie einen Finger krumm machen», er hat jetzt so viele Geliebte, dass er ihre Namen nicht mehr alle weiß. Ein Freund zitiert später Jacks Motto aus jener Zeit: «Wam bam thank you ma'am.»

Er hat auch begonnen, sich für Politik zu interessieren. Sein Vater schenkte ihm und seinem Freund Lem Billings, der kaum Geld hat, 1937 eine Europareise. Sie reisten in Jacks Cabriolet, das sie auf der

«SS Washington» mit über den Ozean gebracht hatten, zuerst durch Frankreich, dann Italien, schließlich Deutschland. Die Franzosen, fand Jack, sind «ein ziemlich primitives Volk, die Leute sind arrogant». Die Italiener gefielen ihm besser, «anscheinend tut ihnen der Faschismus gut». Die Deutschen allerdings sind noch überheblicher als die Franzosen, «wir fühlten uns furchtbar in Deutschland», sagt Billings, «sie sind unheimlich arrogant, das ganze Volk, alle arrogant. Sie glauben sich uns überlegen und zeigen das auch. Wir haben scheußliche Erfahrungen gemacht.»

Auf ihre Art rächten sie sich. Bei «Heil Hitler» antworteten sie immer «Hi ya, Hitler» und rissen überzogen ihre Arme hoch. Sie fragten sich, was wohl das größere Übel sei, Faschismus oder Kommunismus. Für Jack steht fest, dass «der Faschismus die Sache Deutschlands und Italiens ist, der Kommunismus zu Russland gehört und die Demokratie zu Amerika und England».

Jetzt, vier Tage nach dem Einmarsch der Deutschen in Prag, hat sein akademisches Thema eine ungeahnte politische Brisanz bekommen.

Montag, 20. März, Berlin. Ein Scheiterhaufen der besonderen Art wird abends im großen Hof der Berliner Hauptfeuerwache aufgeschichtet: Rund tausend Gemälde und über viertausend Originalgraphiken sollen verbrannt werden. Sechs Jahre nach der großen Bücherverbrennung vom Mai 1933 richtet sich die Attacke jetzt gegen alles, was den führenden Nazis in der bildenden Kunst als *entartet* erscheint, das heißt «aus der Art geschlagen», der «deutschen» Art. Hier trifft sich der Geschmack des «Künstlers» Hitler mit dem des deutschen Spießers, der auch ganz ohne Nazis schon immer gespürt hat, was «undeutsch», «dekadent» und «defätistisch» ist. Der ganze «Schwindelbetrieb einer dekadenten oder krankhaften, verlogenen Modekunst», so Hitler, soll endlich «hinweggefegt» und durch «anständiges Können» ersetzt werden.

Die Flammen schlagen hoch. Nach und nach werden die Bilder, darunter viele Meisterwerke europäischer Kunst, ins Feuer geworfen. Es erinnert an die Bücherverbrennung, nur dass diesmal die Veranstaltung unter Ausschluss der Öffentlichkeit stattfindet.

Der Terror gegen die moderne Kunst hat sich vor zwei Jahren zugespitzt, als Adolf Ziegler, der Präsident der Reichskammer für bildende Künste, die Ausstellung «Entartete Kunst» eröffnete. Man zeigte Bilder, die als «bewusster Angriff auf die Ideale der germanischen Rasse» gewertet wurden, insgesamt sechzehntausend Exponate dieser «Verfallkunst» (auch das früher gebräuchliche Wort «Dekadenz» erscheint schon als undeutsch). Alle diese Bilder wurden in deutschen Museen und Sammlungen beschlagnahmt, natürlich auf streng legalistischer Grundlage: Ein Reichsgesetz vom 31. Mai 1938 sieht derartige Beschlagnahmungen und die entschädigungslose Vernichtung solcher Werke vor.

Was an diesem Abend in Berlin ins Feuer wandert, ist jener Teil der beschlagnahmten Bilder, den die Nazis nicht unmittelbar auf dem internationalen Kunstmarkt zu Geld machen konnten. Zu diesen Bildern, die jetzt im lodernden Feuer zu Asche werden, gehören auch einige Werke von Otto Dix. Seine Bilder «Kriegkrüppel» und «Der Schützengraben», Arbeiten, die Hitler als «gemalte Wehrsabotage» bezeichnet hat, werden von den Flammen gefressen. Über Dix und andere hat Hitler schon 1937 gesagt, es sei schade, «dass man diese Leute nicht einsperren kann». Einsperren nicht, aber man belegt die Künstler mit einem totalen Arbeits- und Berufsverbot. Dix beispielsweise musste schon 1933, als einer der ersten Professoren, seine Arbeit an der Dresdener Akademie aufgeben, außerdem wurde er aus der Preußischen Akademie der Künste ausgeschlossen.

Der größere Teil der vor zwei Jahren beschlagnahmten Werke wird von den Nazis nicht verbrannt, sondern auf dem internationalen Kunstmarkt, wo man diese Bilder schätzt, zu Geld gemacht, vor allem in Zürich. Hier können die aus deutschen Museen entfernten Werke in nichtöffentlichen Ausstellungen von Händlern und Sammlern besichtigt werden: Bilder von Lovis Corinth, Ernst Barlach, Oskar Kokoschka, Paula Modersohn-Becker und Otto Dix, aber auch die «dekadenten Werke» ausländischer Maler wie Henri Matisse, Paul Gauguin, Vincent van Gogh, Pablo Picasso und Marc Chagall. Das künstlerische Niveau in Deutschland wird jetzt von «anständigen» Werken bestimmt, von Bildern wie der «Bäuerlichen Venus» von Sepp Hilz.

20. März, Karlsruhe. Am späten Abend gehen sie von der Wohnung Welfenstraße 6 zum Karlsruher Hauptbahnhof, Sigmund und Jenny Hirschberger mit den beiden Söhnen Julius und Hermann. Jeder der Jungen hat einen Koffer, eine Tasche und zehn Reichsmark dabei, mehr ist nicht gestattet. Spielsachen, Bücher, persönliche Gegenstände – alles verboten. Erlaubt ist allerdings, ein Foto der Eltern mitzunehmen. Den Eltern wiederum ist es strikt untersagt, bis zur Abfahrt des Zuges auf dem Bahnsteig zu bleiben. Keine tränenreichen Szenen. Die Eltern dürfen die Kinder nur abliefern und müssen sofort wieder gehen. Jenny Hirschberger sagt nur: «Bleibt brave Kinder.»

So werden sich die Jungen an sie erinnern.[4] Und sie werden sich auch ihr Leben lang an eine andere Szene erinnern. Sie waren damals erwacht, weil laute, fremde Männerstimmen mitten in der Nacht in der Wohnung herumschrien. Dazwischen die tonlose Stimme des Vaters, das Schluchzen der Mutter. Dann riss jemand die Tür zum Kinderzimmer auf. Und im nächsten Moment standen die Jungen, Julius und Hermann, zwölf und dreizehn Jahre alt, mit erhobenen Armen an der Wand, genau wie ihr Vater Sigmund. Sie konnten nicht begreifen, was geschah.

Die Jungen werden auch nie vergessen, wie hilflos und schwach ihre Eltern in diesem Moment waren, der Vater bleich und zitternd, die Pistolen auf ihn gerichtet, die Mutter schluchzte leise vor sich hin. Männer in Zivil fingen an, Möbelstücke und Bettzeug zu zerstören, einige Dinge wurden aus dem Fenster geworfen. Unten auf der Straße Gejohle, Gelächter und Applaus.

Die Hirschbergers verstanden nicht, was der Grund dieses nächtlichen Eindringens war. Sie wussten auch nicht, dass es in Zehntausenden anderer Wohnungen in Deutschland, in denen Juden wohnten, in diesen Stunden ähnlich zuging. Dann wurde der Vater, der Bankprokurist Sigmund Samuel Hirschberger, abgeführt. Als die fremden Männer die Wohnung verlassen hatten, waren die beiden Jungen mit ihrer Mutter allein. Erst jetzt konnte sie die Arme um sie legen. Oder war es vielleicht umgekehrt?

Man entließ Sigmund Hirschberger nach einigen Tagen Haft. Er musste erleben, wie das Bankhaus, für das er arbeitete, von der Badischen Landesbank «übernommen», also «arisiert» wurde, er verlor seine Arbeit. An diesem Tag beschlossen die Eltern, das Land, in dem ihre Familien seit ewigen Zeiten lebten, zu verlassen. Vor allem wollten sie ihre beiden Jungen in Sicherheit bringen, ihnen eine Zukunft ermöglichen, die in Deutschland äußerst fraglich geworden war.

Dann lasen sie in einer jüdischen Zeitung die Notiz, dass die britische Regierung beschlossen habe, zehntausend deutschen Kindern jüdischer Familien Asyl zu gewähren. Jüdische Gemeinden in England hätten sich verpflichtet, das nötige Geld bereitzustellen, und jüdische Gastfamilien wollten diese Kinder aufnehmen.

Die ersten Züge bringen an diesem Tag rund hundert Kinder aus ganz Deutschland, darunter Julius und Hermann Hirschberger, zu einem norddeutschen Hafen, wo sie das amerikanische Dampfschiff «Manhattan» aufnimmt, das am Abend des 21. März zur Fahrt nach England ablegen wird. An Bord werden Julius und Hermann zum ersten Mal seit vielen Jahren wieder Fleisch essen, auch das wird ihnen unvergesslich bleiben. Ihre Eltern hatten seit 1933, wegen des nationalsozialistischen Schächtverbotes, als strenggläubige Juden auf das Essen von Fleisch ganz verzichtet.

Anzeige aus dem «Jewish Chronicle» in London: «Auf der Suche nach einem Ausweg: Welche großmütige Familie übernimmt in der heutigen harten Zeit die Sorge für meine Kinder oder adoptiert sie? Ihr Vater ist Dr. Ing., aber als Jude jetzt arbeitslos. Die zwei Kinder sind zehn und zwölfeinhalb Jahre alt, hübsch und vollkommen gesund. Die Eltern wären glücklich, die Kinder in einer jüdischen gläubigen Familie zu wissen. Dr. Ing. S. Morgenstern, Böcklinstraße 2, Wien 2.»

20. März. Joseph Goebbels in seinem Tagebuch: «Welthetze gegen uns in vollem Gange. In London ist man wahnsinnig wütend auf uns. Das kann man verstehen ... Mittags beim Führer. Er ist der Welthetze gegenüber ganz gelassen. Sie berührt ihn gar nicht. Der Führer ist wunderbar in seiner souveränen Ruhe.»

20. März, Moskau. In gleichlautenden Noten an Großbritannien und Frankreich schlägt die Regierung der Sowjetunion eine internationale Konferenz all jener Staaten vor, die möglicherweise von der deutschen Expansionspolitik bedroht sind. In London und Paris wird dieser Vorschlag mit großer Skepsis aufgenommen. Man will sich nicht allein deshalb mit der Sowjetunion verbünden, weil dieser Staat der erklärte Todfeind des politischen Gegners, Hitlers, ist. Die westlichen Demokratien sehen im Sowjetkommunismus sogar den schlimmeren Feind, und Hitler ist bisher derjenige, der ihn in Schach hält.

20. März, Berlin. Der deutsche Außenminister von Ribbentrop empfängt seinen litauischen Amtskollegen Juozas Urbšys und macht ihm drohend und unmissverständlich klar, dass aufgrund der «Stimmungslage im Memelgebiet» eine «Befriedung» der dortigen Verhältnisse nicht möglich ist, wenn nicht eine Rückgabe des Memellandes erfolge. Urbšys erbittet sich Bedenkzeit, um sich in Kaunas (Kowno) mit seinem Ministerrat zu beraten. Stunden später lässt Hitler der litauischen Regierung mitteilen, ihre Bevollmächtigten hätten am nächsten Tag «mit einem Extraflugzeug» in Berlin zu erscheinen, um wie besprochen die Abtretungsurkunde zu unterzeichnen.

Dienstag, 21. März. Joseph Goebbels in seinem Tagebuch: «Beim Führer zu Mittag. Memelfrage ist akut geworden ... Nun verhandeln sie in Kowno. Ergebnis kann nicht mehr zweifelhaft sein ... Entweder – oder. Diese kleinen Ganoven von Versailles müssen nun den Raub herausrücken. Sonst gibt's Saures!»

21. März, Fort Worth, Texas. Tag für Tag weiter, und jeden zweiten Abend der Vortrag über die Vorzüge der Demokratie und warum Hitler auf Dauer verlieren wird, gestern in St. Louis, morgen in Fort Worth. Dazwischen die Pullman-Züge. Thomas und Katia Mann halten durch, wenn auch Thomas oft erst sehr spät einschläft. *Viel eingenommen,* notiert er dann. *Erst nach vier zur Ruhe gekommen.* Dauernde *Excitation.* Gestern die Meldungen von Hitlers triumphalem Einzug in Berlin, von Prag über Brünn und Wien. Wenigstens zeichne sich jetzt vielleicht doch eine diplomatische Zusammenarbeit zwischen England, Frankreich, Russland und Amerika ab, glaubt er. Dann abends die Reise im Texas-Express nach Fort Worth. Im Speisewagen deutsche Zeitschriften, veraltet. Sie sind die ganze Nacht hindurch gefahren, bis morgens um halb zehn.

Mittwoch, 22. März. Joseph Goebbels in seinem Tagebuch: «Ich werde um halb sieben aus dem Bett getrommelt: Litauen tritt das Memelgebiet ab. Na also! Wenn man etwas Druck dahinter setzt, dann geht das schon ... Unser Volk ist von einer überschäumenden Freude und einem herrischen Stolz erfüllt. Mittags beim Führer. Der Führer ist ganz selig. Er fährt nach Swinemünde, um von dort mit dem Panzerschiff ‹Deutschland› nach Memel zu fahren. Das wird ein Jubel werden ... Die Reaktion der Welt ist gleich null. Die Demokratie fängt an zu resignieren ... Der Führer entwickelt seine künftige Außenpolitik. Er will nun etwas Ruhe eintreten lassen. Und dann kommt die Kolonialfrage aufs Tapet. Immer eins nach dem anderen.»

22. März, Konzentrationslager Sachsenhausen. «Fertigmachen! Du wirst entlassen.» Der neunzehnjährige politische Gefangene Bernhard Wicki, Häftlingsnummer 1780, ist fassungslos vor Überraschung. Am 9. November 1938, in der sogenannten Reichskristallnacht, dem bislang schlimmsten Pogrom der deutschen Geschichte, wurde Wicki verhaftet – seltsamerweise, denn er ist kein Jude. Der Grund: Mitgliedschaft in einer kommunistischen Vereinigung. Wicki ist allerdings auch kein Kommunist, war es nie.

Was ihm zum Verhängnis wurde, ist vielleicht eine gewisse Lagerfeuer-Romantik, seine Liebe zu Liedern, die von Fernweh handeln und von Freiheit, die man zusammen singt («Wir lieben die Stürme» oder «Wilde Gesellen, vom Sturmwind durchbraust»), und zu den Ideen und Schriften von «tusk». Dieser tusk heißt eigentlich Eberhard Koebel, und Koebel hatte vor fast zehn Jahren, am 1. November 1929, die «Bewegung der Deutschen Jungenschaft» (dj.1.11) gegründet, eine Gruppe der Bündischen Jugend.

Diese ganze Bewegung wurde 1934, wie alle anderen Jugendbewegungen auch, von der NS-Regierung verboten bzw. *gleichgeschaltet* mit der Hitler-Jugend. Besonders die dj.1.11 gilt aber den Nazis immer noch als geheime kommunistische Gruppierung. Die Ideen Koebels, die Lieder, das ganze Lebensgefühl muss allerdings für Jugendliche eine starke Anziehungskraft haben, denn all das wirkt sogar innerhalb der Hitler-Jugend fort. Tusk verwendet übrigens in seinen Schriften als Symbol für die Musen eine weiße Rose.

Mitte der dreißiger Jahre ist der 1919 geborene Bernhard Wicki dem verführerischen Zauber dieser Lieder und der besonderen Kameradschaft, die in dieser verschworenen Welt gepflegt wird, verfallen. Und er hat daran seinen Spaß gehabt, einen Sommer oder zwei. Dies allein – und der Verdacht, all das sei kommunistisch gesteuert – reichte aus, ihn für ein halbes Jahr in das schlimmste deutsche Konzentrationslager zu sperren, eine Art Trainings-KZ, in dem SS-Männer wie der spätere Lagerkommandant von Auschwitz, Rudolf Höß, systematisch dazu gebracht werden, ihre «Feigheit» und ihre «bürgerlichen Hemmungen» zu überwinden und Gefangene zu demütigen, zu quälen, zu töten.

Nachts hat Wicki wach gelegen, leise die Gedichte gemurmelt, die er seit langem liebt, Rilke, Trakl, Hölderlin. *Die Mauern stehn sprachlos und kalt. Im Winde klirren die Fahnen.* Aber das ist nur für die

Nacht, wenn man spürt, dass es doch noch einen Rest Identität gibt, eine Spur von Individualität. Die Tage sind anders.

Ich habe schreckliche Dinge in diesem Scheiß-KZ erlebt, wird er später sagen, *das war eigentlich der entscheidende Einschnitt, das entscheidende Erlebnis überhaupt in meinem ganzen Leben, das hat mich in meinen ganzen Ansichten geprägt. Ich bin nie von den Verführungen der damaligen Zeit berührt worden.*

Jetzt steht er auf der Straße. Die Sonne scheint, es ist der erste schöne Tag dieses Frühlings 1939. Wicki hat seit langem beschlossen, nach Wien zu gehen, falls sie ihn hier wieder rauslassen, nach Wien ans Max-Reinhardt-Seminar. Jedenfalls nennt er es immer noch so, auch wenn Max Reinhardt schon längst in New York lebt.

22. März, London. Im Buckingham-Palast empfängt der britische König, George VI., samt seiner Gattin und den beiden Prinzessinnen Margaret Rose und Elizabeth, den französischen Staatspräsidenten Albert Lebrun und seinen Außenminister Georges Bonnet. Zuvor sind die französischen Gäste schon bei einer Feier in der Westminster Hall begrüßt und zu einem Konzert in die Königsloge des Covent Garden eingeladen worden.

Bei den anschließenden politischen Gesprächen mit dem Kabinett Chamberlain wird gemeinsam das Scheitern der bisher betriebenen Friedenssicherungspolitik festgestellt, nachdem das Deutsche Reich die Tschechoslowakei und das Memelland besetzt hat. Beide Regierungen erklären, sie seien entschlossen, sich gegenseitig Beistand zu gewähren, sollte Deutschland die neutralen Länder Belgien, die Niederlande oder die Schweiz angreifen. Zugleich beraten Franzosen und Briten auch über einen diplomatischen Vorstoß der Sowjetunion, die ihrerseits den beiden westeuropäischen Staaten den Vorschlag unterbreitet hat, eine internationale Konferenz unter Teilnahme jener Staaten einzuberufen, die von der deutschen Expansionspolitik bedroht sind. London und Paris sind sich aber noch nicht schlüssig, ob sie dieses Angebot aufgreifen sollen und welche Absicht Stalin damit verfolgt. Folgerichtig entwickeln sich in den nächsten Wochen und Monaten die Gespräche zwischen der UdSSR, Frankreich und Großbritannien nur sehr zögernd und hinhaltend.

Donnerstag, 23. März, Memel. Am frühen Nachmittag steht Adolf Hitler in Memel auf dem Balkon eines Gebäudes am Theaterplatz, hält eine kurze Rede und lässt sich von den versammelten Memeldeutschen dafür bejubeln, dass er sie «heim ins Reich» geholt hat. Auch dieser Schritt ist in den Augen Hitlers nur eine fällige Korrektur der Folgen des Ersten Weltkrieges, denn 1920 war das ehemals ostpreußische Memelland zunächst unter französische Verwaltung gestellt und 1923 dann von Litauen übernommen worden.

Am Vorabend ist Hitler in Swinemünde an Bord des Panzerschiffes «Deutschland» gegangen. Zwei weitere Panzerschiffe, drei Kreuzer sowie mehrere Zerstörer und Torpedoboote fahren als Begleitschutz mit. Noch im Rausch seines Erfolges mit dem tschechoslowakischen Präsidenten Hácha lässt Hitler zeitgleich in Berlin den letzten Akt einer weiteren «Háchaisierung» ablaufen, einer Inszenierung, die eine Woche zuvor begonnen hat. Der nationalsozialistische Führer der «Sozialistischen Volksgemeinschaft für das Memelland», der Tierarzt Ernst Neumann, proklamierte verabredungsgemäß, dass nun endlich auch die Memeldeutschen ihr «politisches und wirtschaftliches Leben aufgrund des Rechtes nach eigenem Willen regeln» müssten.

Von seiner Ungeduld getrieben, wartet Hitler nicht einmal die Rückkehr der litauischen Delegation ab, die in Berlin «háchaisiert» wird, sondern fährt schon vorher in Richtung Memel. Von unterwegs hält er mehrfach Funkkontakt nach Berlin, und hätte nicht der litauische Außenminister in der vergangenen Nacht, morgens um halb zwei, praktisch in letzter Minute, den Vertrag unterzeichnet, der die sofortige Rückgabe des Memellandes an das Deutsche Reich regelt, so wäre Hitler bereit gewesen, sich «den Weg nach Memel notfalls mit den Schiffsgeschützen frei zu schießen».

Die Ankunft der SS-Truppen in Memel löst bei einem Teil der Bevölkerung besondere Panik aus, den dort lebenden litauischen Juden. Schon in den vergangenen Tagen waren viertausend von ihnen in Richtung Osten geflohen. Die zurückgebliebenen rund zweitausend Juden versuchen, jetzt noch rasch zu entkommen. Ihre Flüchtlingszüge werden von der SS durchsucht, und das Gepäck wird zu großen Teilen beschlagnahmt. Zeitgleich werden die jüdischen Fabriken und Geschäfte konfisziert, die Synagogen und Gemeinderäume besetzt oder zerstört. Bereits eine Woche später wird mit der «Verordnung über die Anmeldung von jüdischem Eigentum» verfügt, dass alle Juden bis zum 31. Mai ihren Schmuck und eine Aufstellung ihres gesamten Vermögens abzuliefern hätten.

Ähnliches geschieht im «Protektorat Böhmen und Mähren», wo in diesen Tagen Tausende von tschechischen und deutschen Juden festgenommen werden. Im Laufe dieses Frühlings wird man auch die meisten Synagogen des Landes zerstören.

23. März, im Zug nach Kansas City. Wie schwer es ist, sich ein genaues Bild zu machen. Erhöht sich tatsächlich allmählich der Widerstand der Welt gegen Hitler? Wird man ihn irgendwann daran hindern, sein Programm mit Gewalt zu verfolgen? Thomas Mann liest, wie die meisten Menschen in diesen Tagen, aufmerksam die Zeitungen. *Ultimatum an Litauen. Hitler per Kriegsschiff nach Memel.* Mussolini erklärt den allgemeinen Krieg als Folge von Versailles für unausweichlich. Trotzdem, glaubt Thomas Mann, *wird auch diese Krise noch einmal ohne Krieg vorübergehen.*

Dann die Frühausgaben: *Europäische Lage undurchsichtig, zwar sichtlich gespannt, aber wiederum quälend durch Englands Zweideutigkeit und Unaufrichtigkeit.* Aus der von Thomas Mann erhofften Zusammenarbeit mit Russland wird offenbar nichts, *Abweisung von Russlands Konferenz-Angebot. Als Nächstes ist jetzt Litauen bedroht, Polen ist beunruhigt. Goebbels beschimpft England,* und er erklärt, man wolle gar keinen Frieden in Mitteleuropa, München sei eine abgekartete Sache gewesen.

In Kansas City die nachgeschickte Post aus Princeton, darunter

Briefe von Freunden aus Prag, abgeschickt vor zehn Tagen, vor dem deutschen Einmarsch. Auch ein Brief von Max Brod. Nachher im Hotel Empfang mit Buffet. *Überdrüssig ... Übers Jahr wird man möglicherweise kämpfen.*

Francos Siegesparade, Madrid, 28. März 1939

Zweites Kapitel

Teufelstrank

Donnerstag, 23. März 1939, Berlin. Sie sind überaus zufrieden. Alle hier in diesem Arbeitssaal, Hitler eingeschlossen, halten den Führer für den größten Deutschen aller Zeiten. Österreich, das Sudetenland, jetzt Prag und Memel, als Nächstes vielleicht Danzig? Oder die Kolonialfrage? Der Mann mit der permanenten Schlafstörung – unter der auch sein heimlich bewunderter Widerpart Stalin leidet – bestellt stets für den späten Abend seine wichtigsten Mitarbeiter zu sich, um vor ihnen zu monologisieren, zu räsonieren und die große Zukunft zu planen.

Heute Nacht geht es um das *Polen-Problem.*

Vorgestern, am Dienstag, hat Außenminister Ribbentrop, zeitgleich zu den britisch-französisch-polnischen Konsultationen in London, den polnischen Botschafter in Berlin, Józef Lipski, einbestellt. Er hat ihm umfangreiche Verhandlungen zu einem deutsch-polnischen Ausgleich vorgeschlagen: Verlängerung des Nichtangriffspaktes, Garantie der gemeinsamen Grenzen, obendrein die Einladung, Polen möge sich doch dem Antikominternpakt (Pakt gegen die Kommunistische Internationale) anschließen, den Deutschland und Japan 1936 geschlossen haben und dem Italien ein Jahr später beitrat, um gegen die «kommunistische Bedrohung» gewappnet zu sein. Ziemlich unverhohlen werden Polen für diesen Fall – und den folgenden Angriffskrieg gegen die Sowjetunion – große territoriale Gewinne in Aussicht gestellt, Regionen, mit denen die Polen in der Tat liebäugeln, die Ukraine vor allem. Im Gegenzug müsse Polen aber akzeptieren, was ohnehin fällig sei, die Rückgabe der (unter dem Mandat des Völkerbundes stehenden) Stadt Danzig an Deutschland, außerdem die Schaffung einer exterritorialen Verkehrsanbindung Ostpreußens an das Reich.

Hitlers großes Ziel, die Eroberung von neuem Lebensraum für die deutsche, die *arische* Rasse, kann nur in Richtung Osten realisiert werden, wo er *leere Räume* wähnt bzw. Räume, die von *rassisch minderwertigen* Menschen bevölkert sind – was für ihn aber auf dasselbe herauskommt. Für diesen kommenden Krieg gegen die Sowjetunion, den er für unvermeidlich hält, braucht das Deutsche Reich möglichst eine gemeinsame Grenze mit der Sowjetunion, ein Aufmarschgebiet für einen plötzlichen, schlagartigen Überfall. Ein Pakt mit Polen würde Hitler ein solches Aufmarschgebiet verschaffen.

Und deshalb, so Hitler in dieser Nacht vor seinen Getreuen, kommt es zwingend darauf an, Polen auf die Seite Deutschlands zu ziehen, also in ein Bündnis gegen die Sowjetunion. Die Chancen scheinen nicht einmal schlecht zu stehen, denn der ähnlich gelagerte *perfide* Versuch der Briten, Polen in ein antideutsches Bündnis mit Frankreich und der Sowjetunion zu holen, ist gestern gescheitert. Der polnische Außenminister Józef Beck hat den Vorschlag eines solchen Abkommens eindeutig zurückgewiesen. Er will keinem Bündnis angehören, zu dem auch die Sowjetunion zählt. Niemals will sich Polen von den Russen, den alten Unterdrückern im Osten, vor den Deutschen schützen lassen. Nach Becks Überzeugung darf sich Polen von keinem seiner beiden mächtigen Nachbarn gegen den jeweils anderen vereinnahmen lassen.

Beck gilt als der Mann, der den Stolz und die Ehre der polnischen Nation, die Selbstbehauptung nach der langen Zeit staatlicher Nichtexistenz, besonders entschlossen verkörpert. Die Polen sind aber ihrerseits vor Großmachtsphantasien nicht gefeit: Beck träumt von einem *dritten Europa*, einem Block neutraler Länder von der Ostsee bis zum Hellespont – unter polnischer Führung.

Noch hat Polen auf den jüngsten deutschen Vorschlag nicht geantwortet.

Freitag, 24. März, Warschau. Gewaltsam haben sie ihn in ein Land gebracht, dessen Sprache er nicht richtig spricht, in eine Stadt, die er nicht kennt und die er als neunjähriges Kind verlassen hat: Seit fünf Monaten lebt Marcel Reich in Warschau, und immer noch weiß er nicht, was er hier soll. Zu sehr fühlt er sich dem Land verbunden, das ihn nicht mehr haben wollte, das ihn rausgeschmissen hat.

Noch im vergangenen Herbst lebte der Achtzehnjährige in Berlin, in einem möblierten Zimmer in der Charlottenburger Spichernstraße. Er hatte gerade sein Abitur bestanden, doch ließ sich sein Traum, Literaturgeschichte, Theaterwissenschaften und Philosophie zu studieren, nicht mehr verwirklichen. Er ist Jude, und Juden dürfen in Deutschland nicht zur Universität.

Immerhin war es in diesem Deutschland für jüdische Bürger gerade noch möglich, Theater und Konzerte zu besuchen. In den meisten Berliner Restaurants und Cafés wiesen schon Schilder darauf hin, dass «Juden unerwünscht» seien. In den städtischen Grünanlagen las man an den Parkbänken «Für Juden verboten» oder umgekehrt, fast noch infamer, «Nur für Juden». Der junge Marcel, Lehrling in einer Exportfirma, besuchte – wenn er denn schon nicht studieren durfte – regelmäßig Theater, Konzerte und Opernaufführungen, er schwärmte für Furtwängler und Gustaf Gründgens. Unter den deutschen Schriftstellern gefiel ihm Thomas Mann besonders gut, als großer Autor, aber auch wegen seiner entschlossenen Haltung gegen das Nazi-Regime. Die meisten anderen bedeutenden Autoren der Zeit – Heinrich Mann, Arnold und Stefan Zweig, Alfred Döblin, Franz Werfel, Lion Feuchtwanger, Bertolt Brecht, Joseph Roth, Ernst Toller – kennt Marcel Reich nicht und kann er auch nicht kennen: Sie leben im Exil, und ihre Werke sind in Deutschland verboten.

Die Erinnerung an jene letzten Oktobertage vom vergangenen Jahr ist schmerzhaft präsent in diesen grauen Warschauer Vorfrühlingstagen, wenn er durch die Straßen geht, ohne Beruf, ohne Arbeit, ohne Ziel. Und er erlebt diese Erinnerungen immer wieder neu: Gerade sitzt er in seinem Zimmer in Charlottenburg und liest einen Roman von Balzac, und für eine kommende Theaterpremiere am Gendarmenmarkt hat er sich bereits eine Karte besorgt, für «Arzt am Scheideweg» von George Bernard Shaw, mit Gründgens und Werner Krauß in den Hauptrollen: *Aber die deutschen Behörden hatten mit mir anderes im Sinn.*

Gegen sieben Uhr morgens am 28. Oktober 1938 schlägt eine Faust gegen seine Zimmertür: «Aufmachen, Polizei!» Es ist nicht die Gestapo, es ist ein biederer deutscher Schutzmann, der seinen Pass verlangt. Er habe ihm, dem polnischen Staatsbürger *Marceli* Reich, den Ausweisungsbescheid auszuhändigen. Er muss binnen vierzehn Tagen das Deutsche Reich verlassen. Er möge sich also jetzt gefälligst anziehen; fünf Mark in bar und eine Aktentasche mit dem Allernötigsten dürfe er mitnehmen. Aber hier steht doch, wagt der junge Mann einzuwenden, «... binnen vierzehn Tagen». Der Schupo meint, mit solchen Spitzfindigkeiten solle er ihm besser gar nicht erst kommen.

An diesem letzten Berliner Morgen, ein unvergesslicher Augenblick, geht Marcel Reich neben dem Schutzmann eher gemächlich durch die noch dunklen Straßen, die ersten Bahnen fahren vorbei, Geschäfte öffnen, Menschen eilen zur Arbeit – ein gewöhnlicher Berliner Tag. Auf dem Polizeirevier des Stadtteils sind schon zehn, fünfzehn andere Männer versammelt, Männer, die Juden sind oder die von den Nazis nach ihrer biologistischen Lehre jetzt als solche gelten, alle mit der formalen Zugehörigkeit zum polnischen Staat, aber ohne jede Beziehung zu jenem Land, in das sie jetzt abgeschoben werden sollen. Sie sind alle in Deutschland geboren oder, wie Marcel, als kleine Kinder hierhergekommen. Reich findet es erstaunlich, wie präzise alles vorbereitet wurde, die Erfassung der Personen, die Listen, die ganze Koordination der Aktion. Noch weiß er nicht, dass in diesem Augenblick Tausende «polnischer Juden» in ganz Deutschland festgenommen werden.

Allmählich begreift er: Sie alle werden nicht als polnische Staatsbürger abgeschoben, sondern als Juden. Es ist die erste staatlich verfügte Massendeportation von Juden, achtzehntausend Männer und Frauen – aus Berlin eigenartigerweise nur Männer – werden ausgewiesen. Gegen Abend bringt man sie in geschlossenen Lkws zu einem abgelegenen Nebengleis des Schlesischen Bahnhofs. Ein langer Zug steht bereit, ungeheizt, aber wenigstens mit einem eigenen Sitzplatz für jeden. *Verglichen mit späteren Transporten waren es noch menschliche, ja nahezu luxuriöse Bedingungen.* Wenig später, an der Grenze zu Polen, müssen alle aussteigen und sich in Kolonnen aufstellen: laute Kommandos bei vollkommener Dunkelheit, von irgendwo hört er gellende Schreie, den trockenen Knall von Pistolenschüssen. Sie werden in einen bereitstehenden polnischen Zug hineingetrieben, zusammengepfercht in drangvoller Enge, die Türen werden zugeschlagen und plombiert, der Zug fährt ab. Neben Marcel steht ein junges, etwa gleichaltriges Mädchen aus Hannover, das pausenlos weint.

Nach Polen also.

Was sollte ich in dem Land machen, das mir vollkommen fremd war, dessen Sprache ich zwar verstand, doch nur mühselig sprechen konnte? Marcel Reich kann nicht ahnen, dass sein eigentliches, wenn auch unsichtbares Gepäck aus dem Land, das ihn vertrieben hat, seine Sprache ist, die deutsche Sprache, die ihm niemand wegnehmen kann. Und eine unvergängliche Liebe zur deutschen Literatur.

24. März, Burgos. Der Mann ist eine lebende Legende. Er war der Held von Verdun, 1916, als er auf der «voie sacrée», der Heiligen Straße, den Nachschub organisierte und den deutschen Vormarsch auf Verdun zum Stehen brachte. Er wird in seinem Land verehrt wie kaum ein anderer. Er ist Marschall von Frankreich, Mitglied der Académie française, Träger aller wichtigen Auszeichnungen.

Jetzt steht der zweiundachtzigjährige Maréchal als französischer Botschafter vor einem anderen Offizier, einem spanischen General, Francisco Franco, der im Juli 1936 einer der Putschisten gegen die spanische Republik war und jetzt der unumstrittene Führer des «nationalen Spanien» ist, mit Sitz seiner provisorischen Regierung im kastilischen Burgos. Die Einnahme von Madrid steht unmittelbar bevor.

Franco empfängt seinen Gast mit allen militärischen und diplomatischen Ehren. Philippe Pétain übergibt dem von Frankreich und Großbritannien bereits anerkannten neuen spanischen Staatschef feierlich sein Akkreditierungsschreiben. Er sei gekommen, um die Beziehungen zwischen Frankreich und Spanien zu normalisieren. Nach dem absehbaren Ende des Bürgerkriegs werde er dafür sorgen, dass der von der republikanischen spanischen Regierung in der französischen Nationalbank eingelagerte Goldschatz an Franco übergeben werde.

Diese beiden an Format, Bildung und Charakter so verschiedenen Männer sind sich vollkommen einig in der Verachtung der Demokratie und der Republik als Staatsform. Angesichts eines jederzeit möglichen Kriegs mit Hitler plaudern die beiden Offiziere auch über strategische Probleme. Pétain erklärt, «der eitle Wahn der Franzosen vom Geborgensein hinter der Maginot-Linie» bereite ihm Albträume.

Von Spanien aus wird Pétain an seine Regierung in Paris berichten, dass Franco im Falle eines Konflikts zwischen Deutschland und Frankreich einen strikt neutralen Kurs einhalten wird – und dies, obwohl Hitler und Mussolini, seine Ziehväter, ihm erst zu seinem Sieg gegen die Republik verholfen haben.[1]

Samstag, 25. März, Berlin. Vor dem Hintergrund der laufenden diplomatischen Offensive gegenüber Polen empfängt der deutsche Reichskanzler Adolf Hitler den Oberbefehlshaber des Heeres, Generaloberst Walther Heinrich Alfred Hermann von Brauchitsch. Im Laufe des Gesprächs verwirft Hitler die Option einer gewaltsamen Lösung der Danzig-Frage, deutet aber zugleich an, dass ein militärisches Vorgehen gegen Polen unter besonders günstigen politischen Voraussetzungen nicht auszuschließen sei.

Hitlers Unentschlossenheit spiegelt die verschiedenen Optionen, die sich ihm bieten, um den Krieg gegen die Sowjetunion zu führen. Entweder können einige Länder «Zwischen-Europas» – jene Länder, die zwischen Deutschland und der UdSSR liegen – zu Bündnissen bewogen werden, vor allem Polen, oder er muss sie annektieren. Unter allen Umständen gilt es zu verhindern, dass die Sowjetunion ihrerseits dieselbe Strategie realisiert: sich mit einigen dieser Länder zu verbünden oder sie notfalls zu okkupieren, um auf diese Weise an die deutsche Grenze heranzurücken. Hitler betrachtet deswegen Polen noch als einen potenziellen Bündnispartner mit «soliden Gemeinsamkeiten», nicht zuletzt, weil Polen ähnlich autoritär regiert wird und weil es in der polnischen wie in der deutschen Politik starke antikommunistische, antirussische und vor allem antisemitische Tendenzen gibt.

Sonntag, 26. März, Auswärtiges Amt, Berlin. Der polnische Botschafter in Berlin, Józef Lipski, überreicht Reichsaußenminister Joachim von Ribbentrop ein polnisches Memorandum zur Danzig-Frage und damit eine Antwort auf von Ribbentrops Vorstoß vor fünf Tagen. Darin macht Polen klar, dass es einer Erleichterung des Verkehrs zwischen [der Enklave] Danzig und Ostpreußen nicht im Wege stehen wolle, doch müsse Polen ausdrücklich eine «Exterritorialität der Verkehrswege» ablehnen. Am Danziger Status einer Freien Stadt unter Mandat des Völkerbundes dürfe nichts geändert werden.

Von Ribbentrop erklärt, dass es unter diesen Umständen keine Grundlage für eine Verständigung zwischen den beiden Staaten geben könne. Erneut verlangt er eine Wiedervereinigung Danzigs mit dem Deutschen Reich sowie exterritoriale Eisenbahn- und Autobahnverbindungen durch das, was er provozierend «polnischer Korridor» nennt.

Der polnische Botschafter erklärt daraufhin: «Dann habe ich die unangenehme Pflicht, darauf hinzuweisen, dass die weitere Verfolgung dieser deutschen Pläne, insbesondere soweit sie eine Rückkehr Danzigs zum Deutschen Reich betreffen, den Krieg mit Polen bedeutet.»

Der deutsche Außenminister kontert seinerseits mit einer Kriegsdrohung: «Eine Verletzung des Danziger Hoheitsgebietes durch polnische Truppen würde von Deutschland in der gleichen Weise wie eine Verletzung der Reichsgrenzen betrachtet werden.»

Die Polen können nicht ahnen, dass sie mit ihrer Weigerung, sich für einen Pakt entweder mit der Sowjetunion oder mit dem Deutschen Reich zu entscheiden, diese beiden Länder auf den Weg bringen, sich über Polen hinweg zu verständigen.

Dienstag, 28. März, vor Madrid. *Rot hat geträumt*, schreibt an diesem Tag ein deutscher Offizier, der im Spanischen Bürgerkrieg auf Seiten der sogenannten Nationalisten des Putschisten Francisco Franco gegen die Republikaner kämpft, *nur einige Leute wurden in vorderer Linie gelassen, hatten wohl Befehl zur Verteidigung, laufen aber alle weg*. Es ist Generalmajor Wolfram Freiherr von Richthofen, der Befehlshaber der «Legion Condor», jenes Expeditionscorps der Deutschen Wehrmacht, das, neben zahlreichen anderen Angriffen, am 26. April 1937 die baskische Stadt Guernica bombardiert und nun auch die Millionenmetropole Madrid aus der Luft sturmreif geschossen hat. Die in sich zerstrittene republikanische Regierung in der spanischen Hauptstadt steht kurz vor der Kapitulation. *Nachricht, dass bei Madrid überall weiße Flaggen sind und einzelne Formationen überlaufen. Der Krieg ist zu Ende!*, schreibt von Richthofen.

Tatsächlich verkündet um zwölf Uhr mittags der Sender Madrid die kampflose Übergabe der Stadt an die Truppen des *Generalísimo* Francisco Franco. Doch mit dem Ende des Krieges hört die Verfolgung der Republik-Anhänger, der *rojos*, durch die Francisten nicht auf. An diesem Märztag hoffen im Hafen von Alicante noch etwa vierzigtausend Republikaner auf ihren Abtransport in neutralen Schiffen – und damit auf eine Überlebenschance. Aber nur ganze vierzig von ihnen gelangen auf ein einzelnes kleines französisches Schiff, der Rest wird von den Franco-Truppen gefangen genommen.

28. März, Paris. Jorge Semprún ist fünfzehn. Als er acht Jahre alt war, damals, 1931 in Madrid, war *República* ein Zauberwort in den Gesprächen der Erwachsenen, in seiner Familie besonders, dieser großbürgerlichen, linksliberalen Familie. Jorges Mutter ist die Tochter von Antonio Maura, der unter Alfons XIII. mehrfach spanischer Ministerpräsident war. Und einer von Jorges Onkeln, *tío Miguel*, war der erste Innenminister der Spanischen Republik, 1931, nach dem Sturz der Monarchie. Damals wurde Jorges Vater Zivilgouverneur von Toledo, jetzt ist er Botschafter der Republik in Den Haag. Oder er war es: Da es jetzt keine Spanische Republik mehr gibt, wird der Vater wohl bald nach Paris kommen, in die bislang letzte Station des Exils der Familie Semprún y Maura.

Heute erscheinen die französischen Zeitungen mit großen Schlagzeilen: Franco in Madrid, die Hauptstadt Spaniens fällt ihm kampflos in die Hände, der Krieg ist vorbei. Die Fotos zeigen Franco-Truppen an der Madrider Plaza de la Cibeles, im Hintergrund sieht man das Alcalá-Tor. Stimmt es wirklich, dass die Menschen in Madrid, wie die Fotos zeigen, gejubelt haben? Die anderen, die Geschlagenen, sieht man in den Zeitungen nicht, sie sind, falls sie Kämpfer waren, Kriegsgefangene im eigenen Land, ungefähr zweihunderttausend, die jetzt als Zwangsarbeiter für Franco arbeiten müssen. Und Hunderttausende, die in den letzten Wochen noch nach Frankreich flüchten konnten, leben in rasch eingerichteten Lagern in Südfrankreich, am Fuß der Pyrenäen.

Der Junge erinnert sich daran, wie er damals nach Frankreich kam, es war Sommer, Hochsommer, wenige Tage nach Beginn des Militärputsches, die Docks von Bayonne bei der Ankunft, Gerüche des Hafens, sie waren Flüchtlinge, Leute ohne Land, Fische ohne Wasser, er schaute in die französischen Schaufenster, es gab Weißbrot, goldene Croissants, Dinge aus der Vergangenheit in einer gänzlich fremden Welt, und das Kind fühlte, dass es niemals wieder aufhören wird, ein «roter Spanier», ein Republikaner, zu sein. Aber wieso nennen sich die anderen «Nationale», denkt der Junge, *los nacionalistas*, wenn sie es doch sind, die mit den marokkanischen Truppen, mit deutschen Flugzeugen, mit italienischen Infanteristen gegen die Republik losgezogen sind. National?

Der Junge kennt die Demütigungen des Exils seit langem, es ist schwer, «jemand» zu werden, nicht immer der *espagnol rouge* zu bleiben. Einmal, am Anfang des Exils, wollte er bei einem Bäcker am

Boulevard Saint-Michel Croissants kaufen, sonntags, und mehrfach bittet er den Bäcker um diese Croissants, er spricht aber noch kaum Französisch. Statt ihm die Croissants zu geben, schimpft der Bäcker lauthals über die ekelhaften Ausländer, diese roten Spanier vor allem, die das Land überfluten und nicht mal die Sprache können. Dass der Schriftsteller Jorge Semprún die Sprache Frankreichs später exzellent spricht und schreibt, hat mit dieser kindlichen Einsicht zu tun, dass er «sprechen muss wie die anderen», ohne Akzent, ununterscheidbar, wenn er dazugehören will. Nach und nach wird er jede Gefahr, für einen Fremden gehalten zu werden, eliminieren.

Einmal hat der Junge an der Gare d'Austerlitz eine Gruppe spanischer Touristen gesehen, *nacionalistas*, gut gekleidet mitten im Krieg, gerade angekommen in Paris, fröhlich, gut genährt und mit teuren Lederkoffern. Er hört ihre Stimmen, er versteht jedes Wort. Es ist ein Schock. Die plötzliche Erkenntnis, dass es Spanien tatsächlich noch gibt, dass es nicht verloren ist, *perdida*, wie man in seiner Familie sagt, dass dort Leute trotz des Krieges gesund und fröhlich leben, sogar in Paris Ferien machen können, das erschüttert den Jungen, es ist wie ein Schlag ins Gesicht.

L'Espagne n'était pas morte?, wird er später in Erinnerung an diesen Moment schreiben. War Spanien also doch nicht tot? Es gibt Spanien also, es ist kein irreales Land, kein Phantasma, wie er glaubte. Das hat er damals, vor zwei Jahren am Austerlitz-Bahnhof, begriffen.

Und jetzt? Jetzt ist alles vorbei. Jetzt gibt es *sein* Spanien wirklich nur noch in den Herzen derer, die es verloren haben.

Mittwoch, 29. März, Key West, Florida. Jetzt erinnert er sich, wie sie im letzten Herbst von Barcelona aufgebrochen sind, die alte Nationalstraße hinunter nach Tarragona, das bleierne Meer immer links, dann nach Westen. Der Ebro führte Hochwasser, und um überzusetzen, heuerten sie ein paar Bauernjungen mit ihrem Boot an, sie bezahlten mit Zigaretten. Die 15. republikanische Brigade unter General Enrique Lister hielt immer noch einen Brückenkopf am anderen Ufer, doch der Druck der Franco-Truppen nahm schon zu. Wo mag Lister jetzt sein? Tot? Sie waren damals zu zweit nach Mora del Ebro marschiert, er selbst, Ernest Hemingway, und Robert Capa, der «Life»-Fotograf, und die Stadt war bereits leer und tot.

Dreimal ist er während des Krieges in Spanien gewesen. Er kämpfte nicht mit der Waffe, das hatte er Pauline, seiner Frau, versprochen; doch er machte seinen ganzen Einfluss geltend, sein Prestige als berühmter Autor, um die amerikanische Öffentlichkeit für den *heldenhaften Kampf des spanischen Volkes* gegen die Faschisten zu interessieren. Für sich selbst hatte er ein Prinzip entwickelt: *Kriege sind schlecht, und wer das Gegenteil behauptet, ist ein Lügner. Dennoch ist es manchmal notwendig zu kämpfen.*

Für das republikanische Spanien tat er sogar Dinge, die er hasst. Er ist nach Hollywood gefahren, zu den Leuten, die er verachtet, um dort Vorträge über den Bürgerkrieg zu halten. Die Reichen und Schönen von Beverly Hills lechzten nach einer Gelegenheit, irgendwie am wirklichen Leben ihrer Epoche teilzuhaben; sie spendeten Unmengen Dollars, die Hemingway verwendete, um Ambulanzwagen für die Republikaner zu kaufen. Er hat auch an einem großen Dokumentarfilm mitgearbeitet, «Spanish Earth» von Joris Ivens, hat am Ende sogar den Kommentar geschrieben und gesprochen. Er hat an Roosevelt appelliert, den Loyalisten Waffen zu verkaufen, wenn Hitler und Mussolini den Putschisten Waffen sogar schenken – in größtem Stil. Er ist so weit gegangen, die zuständigen Männer im State Department, die für das Waffenembargo zuständig sind, als *verdammte Faschisten* zu beschimpfen. Er hat in scharfen Polemiken auch die Politiker Frankreichs und Großbritanniens kritisiert, allen voran Daladier und Chamberlain, als sie im vergangenen September für einen ohnehin nur brüchigen «Frieden in unserer Zeit» einmal mehr ihre eigenen Grundsätze verkauften. Jetzt, da das *blutige Jahrzehnt* der dreißiger Jahre seinem Ende entgegengeht, scheint es ihm, als hätte sich *die Gewalt als normale Regel der modernen Welt* erwiesen.

Alle Depeschen und Artikel dieses Autors, der den amerikanischen Linken wegen seiner hedonistischen *Glückssuche* in Romanen wie «Fiesta» als völlig unpolitisch gilt, waren auf ein einziges Thema gerichtet, auf die Notwendigkeit, dem Aufstieg des Faschismus in Europa entgegenzutreten. Der Putsch der spanischen Offiziere, so hat er immer gesagt, ist erst durch Hitler und Mussolini zum Krieg geworden – und damit zum Vorspiel eines noch viel größeren Konflikts, eines europäischen Krieges, aus dem sich ein neuer Weltkrieg entwickeln könne.

Jetzt ist es vorbei, *España perdida.*

Er hat viel geschrieben, doch das Beste hat er sich aufgespart für die eigentliche Arbeit, die Schriftstellerei. «Alter Mann an der Brücke» war zuerst ein kurzer Zeitungsbericht über einen alten Mann an der Brücke von Amposta, der sich um seine zurückgebliebenen Tiere sorgt, dann wurde es eine Kurzgeschichte. Auch «Night Before Battle», eine seiner besten Storys, wie er findet, ist das Ergebnis des spanischen Kriegs.

Hemingway, der in Spanien mehrere Schlachten erlebte, ist nicht getötet worden, nicht verwundet; er ist nicht einmal verstört. Jetzt spürt er, dass es Zeit ist, sich zurückzuziehen. Er hat da ein paar ausgezeichnete Ideen, zwei davon stammen aus dem Krieg in Spanien, die dritte handelt von einem alten kubanischen Berufsfischer, der vier Tage und Nächte einen riesigen Marlin an der Leine hat – und ihn der Haifischmeute überlassen muss.

Die Aufgabe eines Schriftstellers ist es, zu schreiben.

Donnerstag, 30. März, Skovsbostrand bei Svendborg, Dänemark. In diesen Tagen hat der deutsche Dichter Bertolt Brecht, der seit 1933 im dänischen Exil lebt, von Mitarbeitern des dänischen Atomphysikers Niels Bohr einige Hinweise bekommen, die er unmittelbar in das Theaterstück einarbeitet, das gerade entsteht. Die Informationen beziehen sich auf den vor wenigen Monaten geglückten Versuch einer Kernspaltung durch Otto Hahn und Fritz Straßmann, und das Stück, an dem Brecht arbeitet, ist sein Drama «Leben des Galilei». Brecht entwickelt darin grundlegende Fragen nach dem Zusammenhang von wissenschaftlichem Fortschritt und gesellschaftlicher Moral. Das eine ohne das andere muss der Gesellschaft zum Verderben werden. *Ihr mögt mit der Zeit alles entdecken, was es zu entdecken gibt*, sagt Galilei, *und euer Fortschritt wird doch nur ein Fortschritt von der Menschheit weg sein*. Der *Jubelschrei* über eine neue Entdeckung könne eines Tages von einem *universalen Entsetzensschrei* beantwortet werden.

Galilei pflegt, wie Brecht in seiner eigenen Arbeit, den methodischen Zweifel: *Gelobt sei der Zweifel! Ich rate euch, begrüßt mir / Heiter und mit Achtung den / Der euer Wort wie einen schlechten Pfennig prüft.* Der Zweifel ist eine wesentliche Funktion der Vernunft, an deren *sanfte Gewalt* Galilei fest glaubt. *Ohne diesen Glauben würde ich nicht die Kraft haben, am Morgen aus meinem Bett aufzustehen.* Doch später wird Brechts Galilei seinen *Beruf verraten*, weil er sein Wissen *den Machthabern überliefert, es zu gebrauchen, es nicht zu gebrauchen, es zu missbrauchen, ganz wie es ihren Zwecken dient.*

Vor sechs Jahren, am 28. Februar 1933, dem Tag nach dem Reichstagsbrand, hat Brecht mit seiner Familie und einigen Freunden Deutschland verlassen. Über Prag und Wien ging die Flucht nach Zürich. Kurze Zeit lebte er bei Lion Feuchtwanger, der sich im südfranzösischen Sanary-sur-Mer niedergelassen hat; dort traf Brecht sich auch mit Heinrich und Thomas Mann, Arnold Zweig und Ernst Toller. Am 10. Mai 1933 wurden die Bücher Brechts in Deutschland verbrannt, seine Stücke verboten. Noch im selben Jahr kauften Brecht und seine Frau Helene Weigel in Dänemark, am Meer bei Svendborg, ein altes geräumiges Bauernhaus. Er arbeitet unermüdlich, er schreibt, korrespondiert, inszeniert; er fährt zu Aufführungen seiner Stücke nach Paris und New York, er nimmt an den großen antifaschistischen Schriftstellerkonferenzen in New York, Paris und Moskau teil. 1935 haben die Nationalsozialisten ihn offiziell ausgebürgert.

Brecht hat sich für ein ständiges Provisorium entschieden; da er für die Rückkehr nach Deutschland arbeitet, bleibt er überall ein *Durchreisender*:

Unruhig sitzen wir so, möglichst nahe den Grenzen
Wartend des Tags der Rückkehr, jede kleinste Veränderung
Jenseits der Grenze beobachtend, jeden Ankömmling
Eifrig befragend, nichts vergessend und nichts aufgebend
Und auch verzeihend nichts, was geschah, nichts verzeihend.
Ach … Wir hören die Schreie aus ihren Lagern bis hierher …

Seit dem 15. März 1939, als er die Fotos von Hitler auf dem Prager Hradschin sah, betreibt Brecht für sich und seine Familie die Übersiedlung nach Schweden, wo er sich vor der heraufziehenden Katastrophe etwas sicherer glaubt.[2]

30. März, Bremen. Zwei halbwüchsige Jungen sitzen nachts in einem Zug nach Bremen, mit Bordkarten für ein Schiff, das sie nach New York bringen soll. Die Eltern von Henry und Werner Lewis sind in Berlin zurückgeblieben, um ihre eigene Ausreise zu betreiben; der Abschied war tränenreich. Überhaupt waren die letzten vier, fünf Monate eine Zeit ununterbrochener Aufregungen und Ängste, spätestens seit jener Nacht im November vergangenen Jahres, als die Synagoge an der Prinzregentenstraße in hellen Flammen stand und die Eltern der beiden Jungen am Rande eines Nervenzusammenbruchs waren. Sie wussten durch Telefonate, dass zu dieser Zeit überall in der Stadt jüdische Geschäfte demoliert, wehrlose Menschen durch die nächtlichen Straßen getrieben, geschlagen und bespuckt wurden. Schlägertrupps drangen in Hunderte von jüdischen Wohnungen in Berlin ein, zerrten Männer aus den Betten, schrien entsetzte Frauen an, das Judenmaul zu halten, stießen weinende Kinder zur Seite.

Schon wurden von SA-Leuten die Scheiben der Lewis eingeschlagen, als dem Vater, der mehr um seine Söhne als um sich und seine Frau besorgt war, die rettende Idee kam. Er erinnerte sich in dieser Stunde eines alten Freundes, Joe Jacobs, des amerikanischen Managers von Max Schmeling. Joe war nicht erreichbar, doch schnell stellte sich heraus, dass Schmeling in Berlin weilte. Lewis erreichte ihn telefonisch in seiner Suite im Excelsior-Hotel, und es gelang ihm, sich auf Nebenstraßen zum Hotel durchzuschlagen – mit seinen beiden Söhnen, um die er die allergrößte Angst hatte.

Schmeling wartet schon auf sie im Foyer. Der Boxer weiß ungefähr, was in diesen Stunden in der Stadt – und offenbar im ganzen Reich – los ist. Ein schneller Abschied, Lewis verlässt das Hotel, und Schmeling fährt mit den beiden Jungen Henry und Werner im Lift nach oben. Er lässt etwas zu essen kommen und ordnet an, keine Telefonate durchzustellen und keinen Besuch zu ihm zu lassen. Er brauche Ruhe.

Henry und Werner Lewis wissen genau, wer der Mann ist, der ihnen Schutz gewährt. Jeder kennt ihn, Max Schmeling ist der populärste deutsche Sportler. Wie Millionen anderer Menschen auf der ganzen Welt haben auch Henry und Werner Lewis die Aufzeichnung seines Kampfes gegen Joe Louis gesehen, den *braunen Bomber.* Das war vor drei Jahren.

Damals waren die Massen nicht mehr zu halten gewesen, als das Luftschiff «Hindenburg» mit dem Helden an Bord auf dem Tempelhofer Flugfeld landete. Massenjubel, Polizeiabsperrungen, Konfetti, Motorradeskorten – es war überwältigend für Max Schmeling, den Jungen aus Hamburg, der als Weltmeister aus New York zurückkehrte. Millionen in Deutschland hatten den Kampf am Radio mitverfolgt, und Millionen ließen sich verführen, in dem einzelnen Kampf zweier Männer das Ringen zweier Rassen und zweier gesellschaftlicher Systeme zu sehen. Der *arische Modellathlet* zeigte, dass die weiße Rasse der minderwertigen schwarzen ebenso überlegen ist wie der faschistische Staat den verweichlichten westlichen Demokratien.

Goebbels hatte Schmelings Frau Anny Ondra sogar in seine Privatwohnung geladen, um mit ihr zusammen die Radio-Übertragung zu hören. Der Führer selbst ordnete an, den Film vom Kampf in allen deutschen Kinos zu zeigen. Hitler leistete sich auch die Geschmacklosigkeit gegenüber Anny Ondra, die in Prag aufgewachsen war, von der «wunderschönen *deutschen* Stadt» Prag zu schwärmen. Die Probleme fingen schließlich an, als der arische Vorzeigeheld sich weigerte, in die NSDAP einzutreten. Er weigerte sich auch, sich von seinem Manager, dem jüdischen Amerikaner Joe Jacobs, zu trennen, wie Hitler es ihm dringend ans Herz gelegt hatte: «Sie sind der einzige deutsche Sportler, der noch einen jüdischen Manager hat.» Schmeling ging offensichtlich zu weit, als er sagte: «Herr Jacobs ist jüdisch. Aber im Boxen spielt es keine Rolle, ob jemand Katholik, Jude oder Neger ist. Herr Jacobs ist ehrlich, effizient, tüchtig und zuverlässig – lauter deutsche Eigenschaften.»

Hitler wirkte wie versteinert.

Dann, im Sommer 1938, der Revanchekampf gegen Louis. Diesmal war die Stimmung eher noch aufgeheizter als 1936, auch von Seiten der USA, die jetzt nicht weniger hysterisch als die Nazis aus dem Weltmeisterschaftskampf eine politische Konfrontation machen wollten, eine Art Urteil, welches politische System das bessere sei. Am 22. Juni 1938 holte sich Joe Louis im New Yorker Yankee-Stadion vor über fünfundsiebzigtausend Zuschauern seinen Titel zurück. Mit dem ersten Gong trieb er Schmeling in einem Hagel von Kopf- und Körpertreffern vor sich her, Schmeling ging zu Boden, stellte sich aber noch einmal. Noch in der ersten Runde, nach nur hundertvierundzwanzig Sekunden, hatte der *braune Bomber*, der *Neger*, den *Nazi-Boxer* und *Herrenmenschen* knockout geschlagen.[3]

Einladungen von Goebbels oder Hitler gab es danach nicht mehr.

Schmeling ist auch in jener Novembernacht, in seiner Hotelsuite mit den zwei Söhnen eines ihm kaum bekannten jüdischen Mannes, inmitten des abscheulichsten Pogroms der deutschen Geschichte, nicht ein Mann der tiefschürfenden gesellschaftlichen Analyse. Er folgt, wie im Ring, seinen Instinkten. Und gerade da zeigt sich, dass der große Kämpfer ein grundanständiger Mann ist.

Drei Tage verbringt er mit den Jungen in seiner Suite. Dann können sie sich draußen wieder sehen lassen, ohne verprügelt, verschleppt oder getötet zu werden.

Freitag, 31. März, Sachsenhausen. Seit 1934 arbeitet er schon im Lagersystem, zuerst als Block- und Rapportführer im KZ (offiziell heißt es KL) Dachau bei München. Seit Mai 1938 ist er in Sachsenhausen als Adjutant des Lagerkommandanten Hermann Baranowski beschäftigt, und jetzt ist er Führer des «Schutzhaftlagers», im Range eines Hauptsturmführers der SS. Hat es Rudolf Höß also doch geschafft, sich in dieser harten Welt durchzusetzen. Insgeheim hat er immer gefürchtet, er sei ungeeignet, zu weich. *Ich war innerlich mit den Häftlingen zu sehr verbunden* [als ehemaliger Zuchthausinsasse], *weil ich ihr Leben zu lange selbst durchgemacht, ihre Not erlebt hatte. Ich war eigentlich nicht geeignet, weil ich mit den Häftlingen noch zu viel Mitleid hatte. Ich wollte als hart verschrien sein, um nicht als weich zu gelten* [aber das schreibt er später, als Angeklagter, vielleicht auch nur zur Entschuldigung]. Jetzt gilt er jedenfalls als einer der Härtesten – der Triumph eines eisernen Willens über die schwache, mitleidvolle Gefühlswelt.

Er ist achtunddreißig. Vor ihm liegen noch genau acht Jahre Lebenszeit, ehe die polnischen Behörden ihn am 16. April 1947 im Konzentrationslager Auschwitz an einem Galgen auf dem Platz direkt vor dem Haus des Lagerkommandanten aufhängen werden. Er selbst wird in diesem Haus als Chef des Lagers gewohnt haben, als Regisseur des fabrikmäßigen Massenmords, ein zuverlässiger, ordnungsliebender, pflichtbewusster und naturverbundener Mann und Familienvater von fünf Kindern, der alle Schuld für den Tod von ungefähr drei Millionen Menschen weit von sich weist.

Was an diesem letzten Märztag 1939 bereits hinter ihm liegt, ist eine lebenslange Einübung in die Härte: Als fünfzehnjähriger Freiwilliger hat er in der Türkei an der Irakfront und später an der Front in Palästina gegen die Engländer gekämpft. Als Siebzehnjähriger war er der jüngste kaiserliche Unteroffizier, an seiner Brust blinkte das Eiserne Kreuz der I. und II. Klasse. So kam er aus dem Weltkrieg, der für ihn direkt in einen anderen Krieg mündete: 1919 schloss er sich dem Freicorps Roßbach an und nahm an den Kämpfen im Baltikum, im Ruhrgebiet und in Oberschlesien teil. Als auch dieser Krieg vorbei war, fand er sich als einfacher Tagelöhner wieder. Am liebsten hätte er sich umgebracht, aber dazu war er damals nicht mutig genug. Dann hörte er zum ersten Mal von der NSDAP, 1922 wurde er Mitglied.

Die Umstände legten es darauf an, ihn noch härter zu machen: 1923 war er an einem Mord beteiligt, dem Mord an dem dreiundsechzigjährigen Lehrer Walter Kadow. Dieser Kadow soll Albert Leo Schlageter, den frühen Helden und Märtyrer der NS-Bewegung, an die französischen Besatzungsbehörden verraten haben. Der *Parchinger Fememord*. Höß' Kumpan bei der blutigen Tat ist Martin Bormann. Bormann wird zu einem Jahr, Höß zu zehn Jahren Haft verurteilt. Kadow, der Ermordete, war übrigens sein früherer Volksschullehrer. 1928 wird Höß im Rahmen einer allgemeinen Amnestie entlassen. Seitdem weiß er, wie es im Herzen eines Gefangenen aussieht: *Nicht die physischen Vorgänge sind es, die dem Gefangenen das Dasein so schwer machen, sondern hauptsächlich die psychischen unauslöschlichen Eindrücke durch die Willkür, Bosheit und Niederträchtigkeit gleichgültiger oder bösartiger Individuen unter dem Bewachungspersonal.* Gegen diese «Willkür», so wird er später sagen, gibt es nur eines: unerbittliche, aber gerechte Strenge.

Auf Anregung Heinrich Himmlers, der ihn kennt, wechselte Höß 1934 von der Allgemeinen SS zu den Totenkopfverbänden und wurde im KZ Dachau eingesetzt. Auf persönliche Empfehlung Himmlers und Bormanns, seines alten Komplizen, der inzwischen in der Partei hoch aufgestiegen ist, wurde Höß im Juni 1936 «wegen seiner früheren Verdienste», also wegen des Mordes, zum SS-Untersturmführer befördert (was dem Rang eines Leutnants der Wehrmacht entspricht) und damit in das Führercorps der SS aufgenommen.

Das Konzentrationslager Sachsenhausen (im Oranienburger Ortsteil Sachsenhausen), wo Höß jetzt seinen festen Arbeitsplatz hat, wurde 1936/37 von Häftlingen anderer, provisorischer Lager gebaut und spielt unter den vielen KZs eine Sonderrolle als «Musterlager». Hier erfolgt die Ausbildung der Wachmannschaften, die anschließend auf andere KZs verteilt werden, eine Schule der bürokratisierten

Gewalt. Zum Arbeitsbereich von Höß gehört auch der «Zellenbau», ein T-förmiges Gebäude mit etwa achtzig Zellen für «privilegierte Häftlinge», aber auch für disziplinarische Einzelhaft, für Dunkelarrest und als Sondergefängnis der Gestapo, weil Sachsenhausen von der Gestapo-Zentrale in der Prinz-Albrecht-Straße in Berlin nicht weit entfernt ist. Es gibt sogar schon ein provisorisches Krematorium, das drei Jahre später durch einen «Neubau mit Krematorium, Genickschussanlage und Gaskammer» ersetzt werden wird.

Da Höß überall *Kameraden von früher* kennt, verfügt er über einen guten Überblick. Er weiß, dass es Krieg geben wird. Dieser Krieg wird nicht wie ein Verhängnis kommen, sondern von der nationalsozialistischen Partei- und Staatsführung gezielt herbeigeführt werden. Das weiß Höß. Er kann sich aber trotzdem, wie er später sagt, nicht vorstellen, *welch schauerliche Aufgaben den KL im Verlauf des Krieges noch zugedacht werden.*

31. März, Paris. Seit Tagen sind die Boulevard-Blätter voll von den Berichten über eine unheimliche Mörderbande, die vor Gericht steht. Man fragt sich allgemein, was das für Zeiten sind, in denen Menschen derart verroht und kaltblütig andere Menschen umbringen. Was soll aus Frankreich, dem Abendland, der Zivilisation werden, wenn Menschen wie Eugène Weidmann und Roger Million, beinahe wegen nichts, sechs Morde begehen? Und dies fast wie eine Gewohnheit, Monat um Monat.

Maître Vincent de Moro-Giafferi, der berühmteste Strafverteidiger von Paris, der bereits 1921 Henri Désiré Landru, den «Frauenmörder von Paris», verteidigte, hat seine täglichen Auftritte im Gerichtssaal und gibt später seine begehrten Interviews. Auch er neigt zu kulturpessimistischen Betrachtungen. Darüber hinaus ist seine konkrete Verteidigung sehr erschwert durch die Tatsache, dass Weidmann, der Haupttäter, bereits ungerührt alles gestanden hat.

Der einunddreißigjährige Eugène ist 1908 als deutsches Kind in Frankfurt am Main auf die Welt gekommen. Bei Ausbruch des Weltkriegs gab der Vater den Sechsjährigen zu seinen Eltern. Der Staatsanwalt legt großen Wert auf die Feststellung, dass Eugen bereits als kleiner Junge während der Kriegsjahre kriminell war. Er log, er klaute, er betrog, wo er nur konnte. Die schwierigen Jahre der Nachkriegszeit und der Wirtschaftskrisen verbrachte Weidmann größtenteils in deutschen Gefängnissen, insgesamt fünf Jahre. Der Knast machte ihn menschlich nicht besser, und gemeinsam mit einigen französischen Mithäftlingen beschloss er, nach der Entlassung nach Frankreich zu gehen, um dort reiche Touristen zu entführen und zu erpressen. In Paris, der Lichterstadt, und an der mondänen Côte d'Azur wollten sie es sich gutgehen lassen.

Mit seinem Kumpan Fritz Frommer und den Franzosen Roger Million und Jean Blanc mietete er ein Haus in Saint-Cloud, nahe bei Paris. Ein erster Entführungsversuch scheiterte, weil das Opfer sich zur Wehr setzte und entkommen konnte. Mit so viel Mut hatten sie nicht gerechnet, also mussten sie selbst wohl größere Härte an den Tag legen. Im Sommer 1937 entführten sie die New Yorker Tänzerin Jean de Koven, die sich als Touristin in Paris aufhielt. Das Mädchen überließ ihnen ziemlich viele amerikanische Dollar als Travellerschecks. Weidmann tötete sie am 21. Juli 1937 und vergrub ihre Leiche im Garten des gemieteten Hauses. Die Geliebte Millions, Collette Tricot, tauschte die Schecks in gutes französisches Bargeld ein.

Kaum sechs Wochen später, am 3. September, ließ sich Weidmann von dem Chauffeur Joseph Couffy nach Cannes ans Mittelmeer fahren. Er tötete den Mann hinterrücks mit einem Schuss aus allernächster Nähe in den Kopf. Mit dem Auto fuhr er zurück. Vier Wochen später lockten sie Janine Keller, eine Krankenschwester, in eine Falle. Weidmann erschoss sie, und man bemächtigte sich ihrer paar Habseligkeiten. Aber auch nach dem dritten Mord sah es noch nicht nach einem baldigen süßen Leben aus. Kaum zwölf Tage später arrangierte Million deshalb ein Treffen mit dem jungen Theaterproduzenten Roger LeBlond, der auf der Suche nach Geschäftsleuten war, die in seine Produktionen investieren sollten. Nach einem Kopfschuss von hinten entwendeten sie dem Toten seine Brieftasche. Viel Geld war nicht darin.

Offenbar wurde es dem Komplizen Fritz Frommer jetzt zu viel des Mordens. Er wollte aussteigen. Weidmann und Million töteten ihn am 20. November 1937. Ihr letztes Opfer war der Immobilienmakler Raymond Lesobre, der Weidmann durch ein Haus führte, das der Deutsche angeblich kaufen wollte. Dieser Tote hatte etwas mehr Bargeld bei sich. Schließlich kam ihnen die Polizei, die seit Monaten fieberhaft ermittelte, auf die Spur. Nach einer wilden Schießerei wurden Weidmann, Million, Blanc und Collette Tricot festgenommen. Weidmann sträubte sich in den Verhören nicht lange, die Verbrechen zuzugeben.

Am 31. März 1939 werden Weidmann und Million zum Tode verurteilt, Blanc zu einer Haftstrafe. Collette Tricot wird freigesprochen.

31. März, Westminster Palace, London. Premierminister Arthur Neville Chamberlain unterrichtet das britische Unterhaus, er habe sich mit der polnischen Regierung darauf verständigt, dass die britische Regierung Polen militärischen Beistand gewährt für «den Fall irgendeiner Aktion, die klarerweise die polnische Unabhängigkeit bedroht und die die polnische Regierung daher für so lebenswichtig ansieht, dass sie ihr mit ihren nationalen Streitkräften Widerstand leistet». In diesem Falle würde «die britische Regierung sich verpflichtet fühlen, der polnischen Regierung alle in ihrer Macht stehende Hilfe sofort zu gewähren. Sie hat der polnischen Regierung eine derartige Zusicherung gegeben. Ich kann hinzufügen, dass die französische Regierung mich autorisiert hat, darzulegen, dass sie die gleiche Haltung in dieser Frage einnimmt wie die britische Regierung.»

England hat sich entschieden, jedem weiteren Expansionsstreben Hitlers entgegenzutreten. Diese radikale Wende in Chamberlains Politik gegenüber Deutschland ist in Großbritannien nicht unumstritten, manch einer sieht es als problematisch an, dass man die Frage über Krieg oder Frieden in Europa einer Handvoll nationalistischer Politiker in Warschau überlässt, ohne sie zugleich zu zwingen, dem dringend nötigen Beistandspakt mit der Sowjetunion zuzustimmen.

Der polnische Außenminister Józef Beck erklärt, er habe für den Entschluss, den britischen Beistandsvorschlag anzunehmen, «weniger Zeit benötigt, als man braucht, um die Asche von einer Zigarette zu schnippen».

Samstag, 1. April, Rathausplatz, Wilhelmshaven. Auf der Marinewerft in Wilhelmshaven wird das größte Schlachtschiff der deutschen Kriegsmarine, die «Tirpitz», vom Stapel gelassen. Dies gehört zur geplanten Wiederaufrüstung der Marine, die Deutschland mit Großbritannien im Flottenabkommen von 1935 geregelt hat: Unter Aufhebung der Beschränkungen der Versailler Verträge durfte Deutschland nun seine Marine aufrüsten, wenn auch nur bis zu einem Drittel der Gesamttonnage der britischen Marine.

Die Sondermeldung von der britischen Beistandserklärung für Polen wurde gestern zu Hitler hereingebracht, als er sich gerade mit dem Chef der deutschen Abwehr im Oberkommando der Wehrmacht, Admiral Wilhelm Canaris, unterhielt. Hitler war einen Moment fassungslos, dann brach es aus ihm hervor: «Denen werde ich einen Teufelstrank brauen!» Schlagartig wurde ihm klargemacht, dass sein Werben um England – für eine Vollmacht für den Krieg nach Osten – nutzlos war, und er weiß, dass ihm damit ein mächtiger Gegner zugewachsen ist, dem er sich als Erstes stellen muss, bevor er seinen eigentlichen Krieg, den *Kampf um den Lebensraum*, gegen die Sowjetunion führen kann. Weil er aber einen Zweifrontenkrieg unbedingt vermeiden will, ergibt sich die logische Folgerung, dass er sich jetzt zunächst mit der UdSSR verständigen muss – seinem Feind von übermorgen.

Der Pakt mit den Bolschewisten, das ist sein *Teufelstrank*. Die folgenden Monate werden ganz im Zeichen dieses Versuchs stehen.

Nach der Schiffstaufe, dem Stapellauf und einem anschließenden Empfang im Rathaus spricht Hitler nun auf einer Großkundgebung auf dem Rathausplatz. Er geißelt die *britische Einkreisungspolitik*, die den «Trabantenstaaten» die einzige Aufgabe zuschreibe, *gegen Deutschland eingesetzt zu werden* (was exakt seinen eigenen alten

Plan widerspiegelt). Dann kommt er auf das deutsch-britische Flottenabkommen zu sprechen: «Es basiert auf dem heißen Wunsch, den wir alle besitzen, nie in einen Krieg gegen England ziehen zu müssen. Dieser Wunsch kann aber nur beiderseitig sein. Wenn in England dieser Wunsch nicht mehr besteht, dann ist die praktische Voraussetzung für dieses Abkommen damit beseitigt. Deutschland würde auch das ganz gelassen hinnehmen! Wir sind deshalb so selbstsicher, weil wir stark sind, weil wir geschlossen sind. Wer Macht nicht besitzt, verliert das Recht zum Leben!»

Sonntag, 2. April, Prag. SS-Hauptsturmführer Adolf Eichmann hat sich gesträubt, aus Wien wegzugehen. «Wenn man so eine Dienststelle aufgezogen hat, dann gibt man sie nicht gerne her.» Aber er muss gehorchen. Der Befehl lautete, in Prag, im Protektorat Böhmen und Mähren, dieselbe «Zentralstelle» einzurichten und dieselbe Form der Judenvertreibung zu praktizieren, wie er sie so erfolgreich in Wien entwickelt hat. In Wien wird sein Vertrauter, SS-Hauptsturmführer Alois Brunner, weitermachen wie bisher.

In Prag wird Eichmanns Dienststelle sehr viel kleiner sein. Die tschechischen Juden sind im Durchschnitt auch nicht so vermögend wie die Wiener. Außerdem ist es nicht mehr so einfach, andere Länder zur Aufnahme der vertriebenen Juden zu finden, «im Ausland war nicht mehr allzu viel zu holen», wird er später sagen, nachdem «ich von Wien aus abgeschöpft hatte, was da abzuschöpfen war».

Auch im gerade besetzten Prag wird er die führenden Juden zwingen, zu Partnern bei der Vertreibung ihrer eigenen Leute zu werden. Besonders eng arbeitet der Rabbiner Dr. Murmelstein mit Eichmann zusammen, außerdem Dr. Weinmann und andere Funktionäre, die die Juden selbst wählen. «Das A und O meines ganzen Werdegangs im SD», wird Eichmann Jahre später, als Angeklagter 1960 in Jerusalem, verharmlosend sagen, «war es, eine politische Lösungsmöglichkeit zu finden»: Gebt den Juden ein autonomes Territorium, so will er immer gesagt haben, dann ist das ganze Problem gelöst.

Was in der Sprache Eichmanns als «autonomes Territorium»

gilt, ist in Wirklichkeit eine Art Lagersystem: Gerade jetzt wird das Lager Theresienstadt gebaut, jedoch für höchstens zehntausend Gefangene, während Eichmann doch Hunderttausende Juden umsiedeln will.

3. April, Berlin. Die schroffe Ablehnung des angebotenen deutsch-polnischen Paktes durch die Polen und die Verkündung des französisch-britischen Beistands für Polen veranlassen Hitler, der Regierung in Warschau über den deutschen Staatssekretär im Auswärtigen Amt, Ernst Heinrich Freiherr von Weizsäcker, mitteilen zu lassen, dass die Verhandlungen abgebrochen werden und man stattdessen noch neue, zusätzliche Ansprüche anmelden werde.

Zeitgleich, noch an diesem Tag, unterschreibt Hitler eine Weisung an die Wehrmacht mit dem Decknamen «Fall Weiß»: «Die gegenwärtige Haltung Polens erfordert es [...] die militärischen Vorbereitungen zu treffen, um nötigenfalls jede Bedrohung von dieser Seite für alle Zukunft auszuschließen [...]. Sollte Polen eine das Reich bedrohende Haltung einnehmen, so kann [...] eine endgültige Abrechnung erforderlich werden. Das Ziel ist dann, die polnische Wehrkraft zu zerschlagen und eine den Bedürfnissen der Landesverteidigung entsprechende Lage im Osten zu schaffen.»

Der zentrale Befehl dieser Weisung an die Wehrmacht lautet, dass die Ausarbeitung der Pläne «so zu erfolgen hat, dass die Durchführung ab 1. 9. 39 jederzeit möglich ist».

Karfreitag, 7. April, Rom/Tirana. Was dem Führer recht ist, die Annexion eines Nachbarlandes, das ist dem Duce billig: In den frühen Morgenstunden landen italienische Truppen in den albanischen Häfen Santi Quaranta, Valona, Durazzo und San Giovanni di Medua, und schnell wird auch die Hauptstadt Tirana eingenommen. Ein italienischer Diplomat erklärt anschließend vor der Presse: «Kein Angriff, sondern eine Landpartie, die allerdings durch Pistolenschüsse getrübt wurde.» Nur in Durazzo gibt es vereinzelte Gefechte. Die italienische Luftwaffe wirft keine Bomben ab, sondern Flugblätter, und ruft zum Verzicht auf Widerstand auf. Mit den ersten italienischen Soldaten trifft auch Galeazzo Ciano, Graf von Cortellazo, der italienische Außenminister, in der albanischen Hauptstadt ein.

Der albanische König, Zogu I., ist rechtzeitig nach Griechenland geflohen. Mussolini wird ihn ein paar Tage später in einer feierlichen Zeremonie im römischen Palazzo del Quirinale ersetzen: Im Thronsaal, unter dem Baldachin, nimmt Italiens König Viktor Emanuel III. von einer albanischen Delegation unter Führung des neueingesetzten Ministerpräsidenten Sefket Vërlaxhi die ihm angetragene albanische Königswürde an – damit ist er nun König von Italien, Kaiser von Äthiopien und König von Albanien.

Mit der Annexion Albaniens glaubt sich der italienische Ministerpräsident Benito Mussolini einen Schritt weiter bei der Verwirklichung seines Großmachtstraums, nachdem er schon im Mai 1936 Äthiopien annektiert hat. Als nächste Ziele peilt er Tunis und Korsika an. Und von der Schweiz, so hat er versprochen, werde eines Tages auch noch das Tessin an Italien fallen.

Montag, 10. April, Havanna. Die Geschichte von dem alten kubanischen Fischer hat er einstweilen aufgeschoben, obwohl Hemingway eigens nach Kuba gereist ist. Andere Dinge und Erfahrungen bedrängen ihn Tag und Nacht, die vielen Freunde, die er in Spanien verloren hat, die Bilder immerwährender Gewalt, der Idealismus der Kämpfer, das Schicksal der unbeteiligten Zivilisten. Hemingway sitzt in seinem Zimmer hoch oben im Hotel Ambos Mundos in Havanna, mit Blick über die Bucht, er schwitzt, trinkt zu viel Whiskey und schreibt über diesen Bürgerkrieg, der vor wenigen Tagen mit dem Einzug Francos in Madrid zu Ende gegangen ist. *Mierda.* Eine Katastrophe für Europa, für die ganze Welt.

Er arbeitet von acht bis zwei, dann geht er fischen oder Tennis spielen, abends kippt er ziemlich viele Drinks in der Floridita, seiner Lieblingsbar. In Key West, Florida, wo seine Frau Pauline mit den Kindern lebt, hat er behauptet, er könne hier nicht arbeiten. Die neue Straße über die Keys sei wie eine *Einladung an jeden Hundesohn, der je eine Zeile Hemingway gelesen hat*, ihn zu besuchen. Das ist nicht die Wahrheit, jedenfalls nicht die ganze. Bald taucht Martha Gellhorn in Havanna auf, die amerikanische Reporterin, die über den Spanischen Bürgerkrieg berichtet hat und mit der er in Paris, in Barcelona, in Madrid viele Nächte verbracht hat. Nächte und Tage voller Liebe und Krieg. Martha ist eine engagierte Linke, mit ausgezeichneten Beziehungen ins Weiße Haus, da sie mit Eleanor Roosevelt befreundet ist.

In Europa sieht es immer mehr nach Krieg aus. Hitler hat die Tschechoslowakei zerschlagen, und jetzt, zum ersten Mal, stößt er in Paris und London auf entschlossenen Widerstand. Ernest und Martha wenden sich ab vom politischen Geschehen, sie wollen ihre neue Liebe leben, *bevor in Europa wieder einmal die Lichter erlöschen werden.* Die weitgereiste und sehr emanzipierte Martha sucht jetzt sogar nach einem passenden Heim, sie mag das ewige Hotelleben nicht. In dem Dorf San Francisco de Paula, gut zwanzig Kilometer außerhalb der Stadt, hat sie einen alten Besitz entdeckt, die Finca Vigia, mit großartigem Blick auf die karibische Küste und auf die Stadt, die für hundert Dollar im Monat zu mieten ist. Sie lässt das großzügige Haus renovieren, richtet es ein und engagiert Hauspersonal. Ernest gefällt es, und er zieht zu ihr.

Aber eigentlich lebt er in der Welt des spanischen Krieges. Manchmal ist es sieben Uhr abends, ehe er sich die ersten drei offiziellen Whiskeys genehmigt. Der Schauplatz seines Romans ist ein republikanisches Guerilla-Lager in der Sierra de Guadarrama, nordwestlich von Madrid, hinter den Linien der Aufständischen. Ein Amerikaner taucht auf, um mit der Gruppe zusammen, binnen zweiundsiebzig Stunden, eine Brücke zu sprengen – Teil eines Angriffsplans der Republikaner, die damit den Nachschub der Franco-Truppen verhindern wollen. Zwei wunderbare Frauenfiguren hat er schon entwickelt, wie er seinem Lektor schreibt, das Mädchen Maria und die Frau des Anführers im Lager, Pilar. In Rückblenden und einer Rahmenhandlung tauchen alle die Männer auf, die er gekannt hat, Spanier, Russen, Deutsche. Er versucht, seine Wahrheit zu schreiben, Dinge, *die ein Mitglied der Kommunistischen Partei unmöglich zu Pa-*

pier bringen kann. Jetzt, da der Bürgerkrieg vorbei ist, will Hemingway nur Schriftsteller sein, kein katholischer, kein kommunistischer, nicht mal ein amerikanischer, lediglich einer, *der versucht, die Wahrheit zu sagen,* wie er sie persönlich kennengelernt hat. Was vielleicht die eigentliche Wahrheit ist, das drückt der Titel des geplanten Romans aus. Er findet ihn, als er eines Tages in einem Text des elisabethanischen Dichters und Predigers John Donne liest: *No man is an island, entire of itself; every man is a piece of the continent, a part of the main. Any man's death diminishes me because I am involved in mankind; and therefore never send to know for whom the bell tolls; it tolls for thee.*

Dass der Tod eines jeden Menschen jeden anderen Menschen schwächt, weil jeder mit der Menschheit verbunden ist, das genau ist es, was er darstellen will: «Deshalb versuche nicht zu erfahren, für wen das Sterbeglöckchen läutet; es läutet für dich.» – «For Whom the Bell Tolls», das ist der perfekte Titel. Wem die Stunde schlägt.

14. April, Weißes Haus, Washington. Aus der isolationistischen Politik der USA ausbrechend, nimmt der US-Präsident Franklin D. Roosevelt die italienische Annexion Albaniens zum Anlass, gleichlautende Schreiben an Hitler und Mussolini zu senden. Er fordert beide Diktatoren auf, eine zehnjährige Nichtangriffsgarantie für einunddreißig namentlich aufgeführte Länder abzugeben, die sich durch den deutschen und italienischen Expansionsdrang bedroht fühlen müssten. Als Entgegenkommen schlägt er zudem Verhandlungen über Abrüstung und eine Belebung des Welthandels vor.

In Roosevelts Liste der bedrohten Länder werden auch Irland, Spanien, die Türkei, Irak, Syrien, Palästina und Persien aufgeführt, die nicht offensichtlich zu den Beutezielen Italiens oder Deutschlands gehören. Entsprechend fällt die Reaktion auf den US-amerikanischen Vorstoß aus: Mussolini lehnt es zunächst ab, den Brief überhaupt zu lesen; in der von Goebbels gelenkten deutschen Presse wird von einem «plumpen Manöver» Roosevelts geschrieben. Hitler lässt ankündigen, dass er dem US-Präsidenten eine persönliche Antwort zukommen lassen werde.

Die «St. Louis» in Havanna, Juni 1939

Drittes Kapitel

Der Mai ist ferne

Samstag, 15. April 1939, Paris. Beim Wettlauf um ein Bündnis mit der Sowjetunion startet jetzt Frankreich eine diplomatische Initiative. Nach Jahren der Appeasement-Politik gegenüber Deutschland übermittelt das französische Außenministerium heute der Sowjetunion den Vorschlag, in Verhandlungen über einen Bündnisvertrag einzutreten. Die Franzosen greifen damit als Erste die sowjetische Initiative von vor einem Monat – unmittelbar nach Hitlers Einmarsch in Prag – auf, die damals wegen der strikten Weigerung Polens, ein Bündnis mit der Sowjetunion überhaupt nur in Betracht zu ziehen, scheiterte. Nach kurzem Zögern machen sich die Briten den französischen Vorschlag zu eigen und bitten die UdSSR um Hilfszusagen für ihre Nachbarstaaten, sollten diese von Deutschland angegriffen werden. Allerdings herrschen in allen drei Hauptstädten die alten wechselseitigen Vorbehalte: Für Frankreich und besonders für Großbritannien verbietet es sich, der Sowjetunion, dem Geburtsland der kommunistischen Weltbewegung, allzu sehr zu vertrauen; umgekehrt unterstellen die Sowjets den Westmächten, sie wollten nur halbherzig gegen Hitler vorgehen, den sie im Übrigen stillschweigend als ideologisches Bollwerk im Kampf gegen den Bolschewismus hätten gewähren lassen.

Mitte April, Königsbronn bei Heidenheim. Die Arbeit im Freien ist schwer. Die Frühlingsstürme gehen über den Steinbruch hinweg, an manchen Tagen steht das Wasser in der Talsohle, die Stiefel werden nicht mehr trocken. Manche kennen den neuen Kollegen von früher, als er hier am Ort zur Schule ging. Zwischendurch war er ein paar Jahre weg, aber er spricht immer noch den Dialekt der Schwäbischen Alb. Überall packt er zu, wo man ihn braucht, vor allem bei der Vorbereitung der Sprengungen. Das scheint ihm zu gefallen, wie der Berg durch die Explosionen auseinanderbirst und an genau vorherbedachten Stellen abbricht. Und wissbegierig ist er, ein heller Kopf, der sich vom Sprengmeister alles genau erklären lässt.

Georg Elser hat immer hart gearbeitet, seit er als Vierzehnjähriger 1917 die Volksschule verließ. Eine Lehre als Dreher in einem Metallbetrieb musste er aus gesundheitlichen Gründen abbrechen. Schließlich ist er Schreiner geworden, Möbeltischler. Er ist sehr geschickt mit den Händen. Aber zur Möbeltischlerei gehört es ebenso, das Werkstück genau und minuziös zu planen, vorauszuberechnen. Als es damals keine Arbeit mehr gab, ging er weg, um in Konstanz am Bodensee in einer Uhrenfabrik zu *schaffen*. Die mechanische Präzision der Uhren, das hat ihm auch sehr gefallen. Er ist aber nicht nur mit den Händen geschickt. Er versucht die Probleme und Ereignisse seiner Zeit genau zu begreifen. Das führte ihn 1929, in der Weltwirtschaftskrise, in den Rotfrontkämpferbund, eine kommunistische Organisation. Es war die Zeit, in der Hitler und die Nationalsozialisten immer größere Triumphe feierten, ehe sie 1933 an die Macht kamen.

Im vergangenen Herbst, am 8. November 1938, war Elser in München. Er wollte herausfinden, wie der stets unveränderliche Ablauf der Feiern ist, wenn Hitler und die Nazi-Führer alljährlich in Erinnerung an den «Marsch auf die Feldherrnhalle», den misslungenen Putsch im Jahre 1923, ihre ins Mythische überhöhte Inszenierung entfalten. Georg Elser trieb sich in der Nähe des Bürgerbräukellers herum, konnte ihn aber nicht betreten, weil nur geladene Parteigenossen, die «alten Kämpfer» vor allem, Einlass zur Feier samt Führer-Rede finden. Außerdem ist jedes Mal die gesamte Führungsspitze der Partei und des Staates in München versammelt; die Sicherheitsmaßnahmen sind streng. Erst als sich gegen halb elf abends die riesige Gaststätte geleert hatte und jetzt wieder für normales Publikum geöffnet war, konnte er in Ruhe eine Maß Bier in jenem Saal trinken, in dem Hitler vor zwei Stunden seine Rede gehalten hatte. Mit den Blicken untersuchte er jedes Detail, die Größe des Raums, die Platzierung des Rednerpults, die Anordnung der tragenden Säulen, die Art des Deckengewölbes. Nach einer Stunde ging er zurück zu seiner Pension und notierte die im Gedächtnis gespeicherten Fakten. Morgens frühstückte er, las noch die Zeitungen mit den Berichten über den Mord an einem deutschen Diplomaten in Paris und machte sich dann auf, um sich den Erinnerungsmarsch der NSDAP durch München anzuschauen. Danach fuhr er zurück in das Dorf Königsbronn auf der Schwäbischen Alb.

Jetzt redet er in den Arbeitspausen mit den anderen über Politik. Die meisten sind von Hitler begeistert, es geht ihnen allen doch viel besser als vor sechs Jahren, sagen sie, als Hitler an die Macht kam. Elser aber glaubt, dass der ganze wirtschaftliche Aufschwung nur auf einer systematischen Kriegsvorbereitung beruht. Der gesamte Staat und seine Wirtschaft seien auf den kommenden Krieg ausgerichtet, einen Krieg, den Hitler ganz gezielt anstrebe. *Hitler bedeutet Krieg, ihr werdet es sehen.* Was ihn wirklich bewegt und innerlich Tag und Nacht beschäftigt, darüber redet er mit keinem. Darüber kann und darf er nicht reden. Er plant ein Attentat auf den *Führer*, auf Adolf Hitler. Denn im nationalsozialistischen *Führerstaat* ist der vom Obersten Führer geplante Krieg nur zu verhindern, wenn man ihn, den Führer, beseitigt, also tötet. Dazu braucht es aber Geduld, einen langen Atem und eine präzise Vorbereitung. Vor wenigen Tagen war er noch einmal im Bürgerbräukeller in München. Es ist ihm gelungen, die Säule auszumessen, neben der das Rednerpult stehen wird, wenn der Führer am 8. November seine große Rede hält.

Beinahe jeden Tag gelingt es Georg Elser, eine winzig kleine Menge Sprengstoff zu stehlen und mit nach Hause zu nehmen.

Montag, 17. April, Moskau/Berlin. Der sowjetische Volkskommissar des Äußeren Maxim M. Litwinow bestellt heute den britischen Botschafter William Seeds zu sich und überreicht ihm den Entwurf für ein Bündnisabkommen: Dieser auf fünf bis zehn Jahre angelegte Vertrag mit den Westmächten soll die Hilfe und gegenseitige Unterstützung der Nachbarn der UdSSR zwischen der Ostsee und dem Schwarzen Meer regeln, so, wie es sich die Sowjetunion vorstellt. Am selben Tag sucht der sowjetische Botschafter in Berlin Alexei N. Merekalow den Staatssekretär im Auswärtigen Amt Ernst Freiherr von Weizsäcker auf, um der deutschen Regierung kundzutun, sein Land wünsche durchaus normale Beziehungen mit dem Deutschen Reich, auch über alle ideologischen Differenzen hinweg. Es sind weitere Schritte in dem von allen Beteiligten unternommenen Versuch, alle theoretisch möglichen Allianzen durchzuspielen.

Donnerstag, 20. April, Berlin. Er scheint ganz allein mit sich, entrückt inmitten der Menge, die ihm huldigt, unerreichbar einsam, eine singuläre Existenz, er hat nicht seinesgleichen. Vier Stunden lang steht Adolf Hitler an der tags zuvor eröffneten zwölf Kilometer langen Ost-West-Achse und nimmt den Vorbeimarsch der Deutschen Wehrmacht ab, das Gesicht ausdruckslos, den rechten Arm beinahe ununterbrochen zum «deutschen Gruß» ausgestreckt. Über seine neue *Via Triumphalis* – Vorbote eines gemeinsamen größenwahnsinnigen Traums Hitlers und Speers von der künftigen Welthauptstadt – ziehen Zehntausende junge Soldaten, Infanterie und Kavallerie, motorisierte Verbände, Panzereinheiten, Marineeinheiten und Luftwaffenverbände, an der riesigen Tribüne vor der Technischen Hochschule vorbei. Zwölf gutplatzierte Kamerateams filmen die Begegnung des Führers mit seinen Soldaten, inmitten Zehntausender Parteigenossen.

Die Soldaten ziehen vorbei an dem Mann, dem sie «bei Gott diesen heiligen Eid» abgegeben haben, «dass ich dem Führer [...] unbedingten Gehorsam leisten und als tapferer Soldat bereit sein will, jederzeit für diesen Eid mein Leben einzusetzen».

Mystische Vereinigung von Führer und Gefolgschaft.

Im nationalsozialistischen Kirchenjahr ist dieser Tag zwar nicht der allerhöchste, aber doch ein sehr bedeutender Feiertag: der Geburtstag des Führers (der bedeutendste ist natürlich der 9. November, der «Tag der Bewegung», in Erinnerung an den Putsch von 1923). Diesmal ist Hitlers Geburtstag sogar ein offizieller nationaler Feiertag, es ist sein fünfzigster. Am Abend zuvor – «am Vorabend des Geburtstags unseres Führers Adolf Hitler», wie die jährlich erneuerte Formel lautet – hat Goebbels im Großdeutschen Rundfunk erklärt: «Das deutsche Volk fühlt sich durch den Führer wieder in die ihm gebührende Weltstellung hineingehoben. [...] In der nationalen Sicherheit, die durch die deutsche Wehrmacht garantiert wird, blühen Wirtschaft, Kultur und Volksleben. Unser Land, ehedem in großer Ohnmacht versunken, ist zu neuer Größe emporgestiegen. [...] Möge er uns bleiben, was er ist und was er uns immer war: Unser Hitler!»

In der Nacht dann die längst bewährte Inszenierung aus gleißendem Licht und nächtlicher Schwärze, aus Gut und Böse, Trommeln, Gesängen und Schwüren, und ein magisch aus dem Dunkel auftauchender Fackelzug der NSDAP, an der Reichskanzlei vorbei. Und morgens, vor dem Arbeitssaal des Führers, plötzlich ein Auftrieb sehr junger, weißgekleideter Kinder mit Schleifen im blonden Haar und Sträußen in der Hand, geleitet von ihren beseligt schauenden Müttern im Sonntagsstaat: Hitler empfängt Blumen von den Kindern seiner Mitarbeiter, ein schönes Bild für die Illustrierten.

Wirklich bedeutende Staatsgäste des Auslands sind zu den Feiern nicht gekommen, die wichtigsten westlichen Botschafter sind seit der Aggression gegen Prag aus Berlin abgezogen, und selbst die neutralen Länder haben zumeist rangniedrige Repräsentanten geschickt. Sogar Italien und Spanien sind nur durch Staatssekretäre vertreten. Nur der gedemütigte Emil Hácha ist pflichtschuldigst aus Prag herbeigeeilt.

20. April, Berlin. Die Frau, die abends am Bahnhof Friedrichstraße ankommt, sieht sehr erschöpft aus – und irgendwie furchtsam. Mit sehr kurzem Haar, in einer dünnen Bluse, die nicht zu dem kühlen Apriltag passt, und mit ein paar Sachen in einer Tasche verlässt sie den Bahnhof und geht langsam in die Stadt. Niemand holt sie ab, weil niemand wissen kann, dass sie kommt. Die einundvierzigjährige Anneliese Hoevel ist an diesem Tag, als besonderer Gnadenakt des Führers zu seinem Geburtstag, aus dem KZ entlassen worden. Seit September 1937, seit zwanzig Monaten, befand sie sich dort in «Schutzhaft», und vorher hat sie eine dreijährige Zuchthausstrafe verbüßt. Jetzt sucht sie ihren Mann, André Hoevel, von dem sie weiß, dass er schon zu Weihnachten letzten Jahres aus dem KZ entlassen wurde.

Am Abend werden sie endlich wieder zusammen sein, zum ersten Mal seit mehr als fünf Jahren.

Anneliese und André Hoevel sind als Mitglieder der Kommunistischen Partei Deutschlands schon sehr früh in die Fänge der Gestapo und damit in die Zuchthäuser und Konzentrationslager des Nazi-Regimes geraten – als «gefährliche und hartnäckige Förderer der illegalen Bestrebungen der KPD».

Anneliese stammt aus Köln, wo ihr Vater in Nippes Buchdrucker und ein bekannter Sozialdemokrat war. Sie hat die Höhere Handelsschule besucht und ein paar Jahre in Köln gearbeitet, dann lockte sie die Idee, in einer wirklichen Großstadt zu leben, nach Berlin.

Aus dieser Zeit, Ende der zwanziger Jahre, stammt ein sehr schönes Foto von Anneliese. Es muss ein Sommertag gewesen sein, sie steht am Rand eines Waldwegs, halb im Farn; sie trägt ein sehr schickes helles Kostüm. Man spürt ihre Zufriedenheit; sie hat als Buchhalterin eine gute Stellung, ein gesichertes Einkommen, einen Platz in der Welt. Sie lächelt voller Zärtlichkeit in die Kamera – wahrscheinlich ist André der Fotograf dieses Bildes.

André stammt aus Trier. Sofort nach dem Abitur, 1918, in der Schlussphase des Krieges, wurde er noch Soldat. Danach studierte er und ging für einige Jahre in die USA, wo er unter anderem als Ingenieur in der Automobilbranche arbeitete. Nach seiner Rückkehr lernte er 1928 Anneliese Fiedler kennen, sie heirateten 1929. Ein sehr gutes Angebot für André lockte sie 1930 nach Rüsselsheim, zur Opel AG. In dieser Zeit fingen sie an, sich mit den Ideen der KPD auseinanderzusetzen. André arbeitete auch in der RGO, der «Revolutionären Gewerkschafts-Opposition», was ihn natürlich bei der Firmenleitung nicht gerade beliebt machte. 1933, ein paar Tage nach der

«Machtergreifung» Hitlers, als sich in Deutschland alles änderte, wurde ihm gekündigt.

Anfang März, als nach dem Brand des Reichstags die systematische Verfolgung der Kommunisten beginnt, entkommt André Hoevel, da er gewarnt wurde, knapp der Verhaftung durch die Gestapo. Er taucht unter und geht ins Saarland, das zu dieser Zeit nicht zum Deutschen Reich gehört, sondern unter dem Mandat des Völkerbundes steht. Anneliese wird im Sommer 1933 wegen Mitgliedschaft in der inzwischen illegalen KPD verhaftet und, nach einigen Monaten im Gefängnis, ohne Anklage, ohne Verfahren, ohne Urteil in das Frauen-KZ Moringen gebracht. Sie hat sich geweigert, den Aufenthaltsort ihres Mannes zu verraten.

Im September ist André zurückgekehrt, um in Wiesbaden, wo er viele Kommunisten kennt, im Untergrund zu arbeiten. Sehr schnell wird er verhaftet. Das Oberlandesgericht Kassel verurteilt ihn als «politischen Instrukteur» der KPD wegen Hochverrats zu anderthalb Jahren Gefängnis, die André im Gefängnis in Hameln an der Weser verbüßt. Auch Anneliese wird jetzt vor Gericht gestellt und am 1. Dezember 1934 wegen illegaler Tätigkeit für die KPD zu drei Jahren Zuchthaus verurteilt.

Im Sommer 1935 wird André Hoevel aus dem Gefängnis entlassen, bald darauf aber von der Gestapo festgenommen. Man stellt ihn jetzt nicht mehr vor Gericht, sondern hält ihn jahrelang in verschiedenen Konzentrationslagern gefangen, Esterwegen, Sachsenhausen, Buchenwald.[1] Im September 1937 hat Anneliese endlich ihre Zuchthausstrafe verbüßt, wird entlassen, sofort aber wieder verhaftet und im Frauen-KZ Moringen in «Schutzhaft» genommen, später ins KZ Lichtenburg überführt.

Jetzt ist sie dem Zusammenbruch nahe.

Ihrem Mann im KZ Buchenwald, an den sie manchmal einen kurzen Brief schicken darf, schreibt sie: *Meine Arbeit erfordert meine ganze Konzentration und erlaubt mir nicht zu grübeln über Dinge, die sind und sich nicht ändern lassen, und das ist gut so, denn man sehnt sich sonst nur krank.*

Jetzt, am Abend des Tages, an dem in Berlin und im ganzen Reich der fünfzigste Geburtstag des «Führers» gefeiert wird, sind sie zum ersten Mal wieder zusammen, nach sechs Jahren beinahe ununterbrochener Verfolgung. Sie waren getrennt, eingesperrt ohne absehbares Ende, gezwungen zu unerbittlicher Schwerstarbeit. Sie wurden nicht für Verbrechen bestraft, die sie begangen hatten, sondern für eine Idee von der Gesellschaft und dem Zusammenleben der Menschen, die für sie mehr Gerechtigkeit, mehr Gleichheit und mehr allgemeines Glück bedeutete.

Jetzt wollen sie versuchen, eine Arbeit zu finden, sich zusammen ein Leben aufzubauen – obwohl sie beide annehmen, dass Hitler bald den unvermeidlichen Krieg gegen seinen Hauptfeind beginnen wird, gegen Stalin und den Bolschewismus. Was sollen sie dann tun?

Sonntag, 23. April, Lager Agul, Sibirien. Morgens muss die Kolonne früh raus in den sibirischen Wald, zum Holzfällen. Seit dem vergangenen Herbst haben die Männer Tausende, Zehntausende von Bäumen gefällt und so bearbeitet, dass nur die glatten Stämme übrig sind. Unabsehbar weit liegen sie aufgestapelt am Flussufer. Jetzt ist der Agul schon beinahe eisfrei. Die Zeit der Flößerei beginnt. Die Stämme werden zu riesigen, langgestreckten Flößen zusammengebaut und den Fluss hinuntergebracht, der nicht weit von hier in den Kungus mündet, einen Nebenfluss des großen Kan.

Fjodor Danilowitsch Toroptschenko hat Glück gehabt; den harten Winter hat er überwiegend in den geheizten Baracken verbracht, in denen die Lagerverwaltung untergebracht ist. Er hat als Buchhalter gearbeitet. Aber jetzt, wenn es ums Flößen geht, muss jeder Häftling ran. Fjodor, der siebenundzwanzigjährige Ukrainer, ist seit September 1937 in Strafhaft, mehr als anderthalb Jahre. Acht Jahre hat er noch vor sich. Man hat auch in den Lagern gehört, dass der große Führer der Sowjetunion, Stalin, den schrecklichen Terror der letzten Jahre gestoppt hat; er hat eben doch ein gutes Herz. Allerdings bleiben die Urteile, wie willkürlich sie auch gefällt wurden, weiterhin gültig.

Noch acht Jahre.

Die Männer im Lager Agul fragen sich nicht gegenseitig, wegen welcher Vergehen sie hier sind; kaum einer hat sich eines wirklichen Verbrechens schuldig gemacht. Aber sie haben sich doch an den langen Wintertagen, wenn die Sonne kaum durch die Wolken bricht, die Geschichten von ihrer Verhaftung und Verbannung erzählt. Fjodor war eines Nachts verhaftet und ins «Gefängnis» gebracht worden, eine mit mehr als vierzig Häftlingen überfüllte Garage. Abwechselnd wurden sie zum Verhör gebracht. Das erste Verhör begann mit der Aufforderung: «Erzähl uns von deiner konterrevolutionären Tätigkeit!» Die Vernehmer probierten verschiedene Anklagen aus: Sympathie mit Deutschland, Verleumdung der sowjetischen Machtorgane, ukrainischer Nationalismus. Er wurde schließlich zu zehn Jahren Haft verurteilt – «nach Paragraph 54». Mit vierzig anderen wurde er auf einem offenen Lastwagen in das Gefängnis von Artjomowsk transportiert. Die Zellen hier waren groß, aber ebenfalls mehr als überbelegt. Bei Fjodor in Zelle 17 lebten zweihundert Häftlinge. Alle schliefen auf dem Boden, es wimmelte von Läusen und anderem Ungeziefer. Einer der Häftlinge, ein Deutscher namens Luft, verlor den Verstand und wurde wahnsinnig.

Im Frühling wurden sie auf einen Zug verladen und fuhren los, ohne das Ziel zu kennen. Der Zug war, mit vielen Unterbrechungen, fast einen ganzen Monat lang unterwegs, immer nach Osten. Ende März kamen sie in Kansk an, einem Durchgangslager am Fluss Kan. Von dort war es ein Fußmarsch von wenigen Tagen, der sie in eine Siedlung am Agul brachte, ungefähr zweihundert Häftlinge, unter ihnen dreißig Frauen. Die Gefangenen mussten direkt in den Schnee ihre Zelte aufbauen. Sie bildeten Kolonnen von Holzarbeitern, fällten viele Bäume und errichteten das Lager: ein Wirtschafts- und Verwaltungsgebäude, eine Unterkunft für die Wachmannschaft und zuletzt zwei sehr große Wohnbaracken für die Häftlinge. Das dauerte bis in den Sommer hinein.

Dann wurde ein Produktionsplan aufgestellt. Aber man konnte ihn nicht einhalten, weil so viele Häftlinge krank wurden.

Wie viele in dieser Zeit gestorben sind, weiß Fjodor nicht genau. Er erinnert sich an einen Arzt aus der Donez-Region, an Raisa, eine jüdische Komsomolzin, die gerade aus Palästina zurückgekehrt war, eine Bankangestellte aus Charkow, Tatjana, die aus einer alten Adelsfamilie stammte, und an einen Buchhalter aus Leningrad, Alexander Iwanowitsch Finjakin. Fjodor hat sich einigermaßen mit dem Lagerfriseur Fox angefreundet, der früher auf großen Passagierdampfern als Friseur gearbeitet und die Welt gesehen hat. Manchmal gibt es abends, nach der Suppe, eine kurze Gelegenheit, miteinander von den alten Zeiten zu reden.

Mittwoch, 26. April, London. In der britischen Hauptstadt regt sich Widerstand gegen die neue Politik Chamberlains. Es kommt mehrfach zu Demonstrationen, die sich gegen die neuen Gesetzespläne richten. Die «Military Training Bill» soll in Großbritannien eine beschränkte Wehrpflicht für zwanzig- und einundzwanzigjährige Männer einführen, die «Reserve and Auxiliary Forces Bill» das Verfahren zur Mobilmachung vereinfachen. Ganz allmählich bereitet sich Großbritannien auf einen Krieg vor: Am 3. Juni wird die Registrierung der Wehrpflichtigen beginnen, und Anfang Juli verteilt die britische Regierung in Millionenauflage an die Bevölkerung eine Broschüre «Über einige Dinge, die man wissen muss, wenn Krieg kommen sollte».

Freitag, 28. April, Krolloper, Berlin. An diesem Freitag müssen von 12.00 bis 13.30 Uhr alle Geschäfte geschlossen werden; jeder Deutsche ist verpflichtet, die Rede Adolf Hitlers vor dem Reichstag im Rundfunk zu verfolgen, sei es nun zu Hause, in der Schule, im Büro oder in der Werkhalle. Die Rede des Führers wird direkt aus der Krolloper übertragen, dem Sitz des Großdeutschen Reichstages (da ja das Reichstagsgebäude ausgebrannt ist).

Hitlers Rede ist ein rhetorisches Glanzstück, perfekt dramatisiert, mit gutgesetzten Pointen, und zugleich ein Wechselbad der Gefühle, eine Rede, die auch immer wieder von der Begeisterung und dem Gelächter der Abgeordneten unterbrochen wird – jedes Mal, wenn Hitler die völlig absurden geographischen Vorstellungen, die Roosevelt von Europa hat, aufspießt.

Zunächst betont Hitler wiederholt und eindringlich seine friedlichen Absichten, um dann umso heftiger gegen «*internationale Kriegshetzer, Provokateure und Friedensfeinde*» zu polemisieren sowie gegen «*jene Zauberkünstler von Versailles, die in ihrer Bosheit oder in ihrer Gedankenlosigkeit in Europa hundert Pulverfässer herumstellten*». Auch als er Roosevelts Brief von vor zwei Wochen aufgreift, betont er als Erstes die Friedfertigkeit des Deutschen Reichs, das schließlich an keinem der neunzehn Kriege, die seit 1919 geführt wurden, beteiligt gewesen sei, wohl aber einige der Westmächte, als deren Sprecher der Herr US-Präsident jetzt das Wort ergreife. Dann wendet er sich persönlich an ihn: «Herr Präsident Roosevelt! Ich verstehe ohne weiteres, dass es die Größe Ihres Reiches und der immense Reichtum Ihres Landes Ihnen erlauben, sich für die Geschicke der ganzen Welt und für die Geschicke aller Völker verantwortlich zu fühlen. Ich, Herr Präsident Roosevelt, bin in einen viel bescheideneren und kleineren Rahmen gestellt. Ich kann mich nicht für das Schicksal der Welt verantwortlich fühlen, denn diese Welt hat am jammervollen Schicksal meines eigenen Volkes keinen Anteil genommen. Ich habe mich als von der Vorsehung berufen gesehen, nur meinem eigenen Volk zu dienen und es aus seiner furchtbaren Not zu erlösen ...»

Mit dieser Rede bezieht Hitler Stellung, nimmt die Rolle des Gegners gegen die Westmächte auf und beantwortet den britisch-polnischen Beistandspakt, den er als eine indirekte Kriegserklärung wertet, mit einer symbolischen Kriegserklärung seinerseits, denn er kündigt das deutsch-britische Flottenabkommen von 1935 und auch den Nichtangriffspakt mit Polen von 1934. Drei Tage später, am 1. Mai, erscheint die «Parole der Woche», die Wandzeitung der NSDAP, mit einer Karikatur Roosevelts, der als jüdischer Kriegshetzer und moderner Moses verunglimpft wird.

Sonntag, 30. April, Quai d'Orsay, Paris. Im französischen Außenministerium am Quai d'Orsay bespricht sich ein britischer Diplomat mit dem französischen Außenminister Georges Bonnet über die aktuelle politische Lage und fragt diesen dann, gespielt beiläufig, was Bonnet wohl über das «ein wenig unheimliche Schweigen Herrn Hitlers über Russland» denkt. In der Tat befürchten Briten und Franzosen zunehmend, dass auch die Deutschen versuchen könnten, sich mit der sowjetischen Regierung zu verständigen.

Dienstag, 2. Mai, Hamburg. Gustav Schröder ist der Typ Abenteurer, der, von einer unbestimmten Sehnsucht getrieben, mit vierzehn von zu Hause wegläuft, um in der Ferne sein Glück zu machen. Genau genommen war er schon knapp siebzehn, und er handelte obendrein mit Zustimmung seines Vaters, des Professors Nis Ankjär Schröder aus dem nordschleswigschen Hadersleben, als Gustav die Schule schmiss und auf dem Segelschulschiff «Großherzogin Elisabeth» anheuerte. Als er abmusterte, hatte er das Patent zum Leichtmatrosen und wurde Deckmatrose auf dem Schnelldampfer «Deutschland», mit dem er ein paarmal um die Welt fuhr, wobei er fünf Kontinente und die sieben Meere und sehr viele Menschen kennenlernte. In den Jahren vor dem Ersten Weltkrieg war er Zweiter Offizier auf nicht sehr seriösen Dampfern von Hongkong-Reedereien, und 1914, bei Kriegsbeginn, lag er mit seinem Schiff dummerweise gerade in einem indischen Hafen, sodass die Briten ihn für sechs Jahre in Kalkutta internierten. Später heuerte er bei der Hapag an, ging für weitere zwölf Jahre auf «Trampfahrt», ehe er 1935 Offizier und ein Jahr später Kapitän wurde. Jetzt verlief sein Leben etwas ruhiger, denn er fuhr als Kapitän auf Urlauberschiffen der «Kraft durch Freude»-Organisation (KdF), übernahm aber auch mal eine interessante Urlaubsvertretung zwischen Hamburg und New York.

Jetzt ist er dreiundfünfzig, und das wirklich große Abenteuer seines Lebens – das, was diesen Gustav Schröder unvergesslich machen wird – liegt unmittelbar vor ihm. Diesmal hat er von der Reederei den Auftrag bekommen, am 12. Mai in Hamburg die «St. Louis» zu übernehmen, ein Passagierschiff von 17 600 Bruttoregistertonnen Größe, um 937 Passagiere nach Havanna / Kuba zu bringen. Gustav Schröder wird, wie viele Menschen in diesem Sommer, in eine Situation geraten, in der sich die wahren menschlichen Qualitäten – oder eben Mängel – enthüllen. «Ihre Passagiere sind übrigens Juden», sagt man ihm, «jüdische Flüchtlinge.»

Donnerstag, 4. Mai, Buckingham Palace, London. Kaum ein paar Wochen nach dem Empfang durch den Papst erleben die Kennedys einen weiteren Höhepunkt ihres Versuchs, «ganz oben» dazuzugehören: Sie sind in den Buckingham Palace eingeladen worden, ein privates Dinner, nur die königliche Familie und die elf Kennedys: die Eltern Joe und Rose, die Töchter Eunice, Jean, Patricia und Kathleen, die Söhne Joe jr., John (Jack), Robert (Bobby) und Edward (Teddy).

Natürlich ist das auch eine königliche Geste von George VI. gegenüber Präsident Roosevelt, als dessen Repräsentant Joe Kennedy in London wirkt. In Großbritannien ist Kennedy, als enger Freund Premier Chamberlains und als Mitstreiter bei dessen bisheriger Beschwichtigungspolitik gegenüber Hitler, hoch geschätzt, doch zu Hause, in den USA, hat sein Ansehen deutlich gelitten, weil er zunehmend als heimlicher Nazi-Sympathisant gilt. Dabei geht es für ihn nur darum, um jeden Preis den Frieden zu erhalten, denn er ist überzeugt, dass Großbritannien einem Krieg mit Deutschland militärisch nicht gewachsen wäre. Außerdem sieht er in dem «faschistischen Diktator» Hitler ein verlässliches Bollwerk gegen den russischen Kommunismus. Dass sich jetzt Chamberlain und seine Regierung Hitler entschlossen in den Weg stellen, hält er für grundfalsch. Er hat lange versucht, in den USA Verständnis für Hitler-Deutschland zu wecken. Doch sein Traum, dass die Vereinigten Staaten einmal zu engen, freundschaftlichen Beziehungen mit Deutschland kommen, ist durch die Ereignisse so gut wie unmöglich geworden.

In vertraulichen Gesprächen mit dem deutschen Botschafter in London, Herbert von Dirksen, hat Kennedy vor einiger Zeit erklärt, die meisten Amerikaner, die über Europa berichten, hätten einfach

Angst vor den amerikanischen Juden und wagten nicht, Gutes über Deutschland zu sagen. Die «Judenfrage» sei tatsächlich von großer Bedeutung für die deutsch-amerikanischen Beziehungen. Botschafter von Dirksen hat damals, im Sommer 1938, an Staatssekretär Weizsäcker vom Auswärtigen Amt gekabelt, der amerikanische Botschafter sei der Meinung, «dass nicht so sehr die Tatsache, dass wir die Juden loswerden wollen, schädlich sei, als vielmehr das lärmende Getöse, das wir mit dieser Absicht verbänden. Er selbst habe durchaus Verständnis für unsere Judenpolitik; er stamme aus Boston, und dort werden in seinem Golfclub und in anderen Clubs seit 50 Jahren keine Juden mehr zugelassen.»

Freitag, 5. Mai, München. Oskar Blechner erhält die Nachricht, dass seine Einreisepapiere für Kuba vollständig sind und er in einer Woche, am 13. Mai 1939, auf der «St. Louis» ausreisen darf. Die Freude an diesem Tag ist groß. Doch in die Freude, ausreisen zu können und dieser diffusen Bedrohung zu entkommen, die sie alle spüren, mischt sich der Schmerz, alles verlassen zu müssen – die Familie, die Freunde, die vertraute Stadt München, das ganze bisherige Leben.

Oskar ist im Jahr 1914, kurz vor Kriegsbeginn, als kleiner Junge zusammen mit seinen Eltern und seinem Bruder Jakob aus Galizien nach München gekommen. Sie leben seitdem in der Isarvorstadt, wo auch, bis zum vergangenen November, ihre Synagoge stand – ein eigenes Gotteshaus für die wenigen orthodoxen Münchner Juden, die überwiegende Mehrheit galt als assimiliert und liberal. Assimiliert ist inzwischen niemand mehr, alle Juden sind ausnahmslos ausgegrenzt. Markus Blechner, der Vater, handelte die ganzen Jahre mit Schuhen und mit Schuhzubehör, und als die beiden Söhne alt genug waren, arbeiteten sie mit dem Vater zusammen. Jakob, der erstgeborene Sohn, reiste oft bis nach Traunstein oder nach Neuötting in Oberbayern, um Waren zu liefern.

Vom galizischen Stetl in die moderne Metropole München, der Sprung schien zunächst zu gelingen, auch die Geschäfte gingen nicht schlecht: Aufstieg also und Integration. München ist über die

Jahre für die Blechners eine Heimat geworden, und die beiden jüngsten Söhne, Salo und Leon, wurden hier geboren.

Als Markus und Mina, die Eltern, damals ihre Heimat verließen, galten sie als Russen. Das alte Polen war zwischen Deutschland und Russland aufgeteilt, und Galizien, die Landschaft ihrer Herkunft, gehörte zu Russland. Erst nach dem Weltkrieg wurde Polen neu gegründet. Alle Menschen aus diesen jetzt polnisch gewordenen Territorien, und seien sie auch schon lange zuvor ins Ausland gegangen oder dort geboren, werden nun ungefragt von den deutschen Behörden zu polnischen Staatsbürgern erklärt – ein wichtiger Umstand im Leben der Familie Blechner.

An jenem 28. Oktober des letzten Jahres, bei der «Polen-Aktion», wurde auch die Familie Blechner aus Deutschland, ihrer Heimat, ausgewiesen – nach Polen, in ein Land, das niemand von ihnen kennt und dessen Sprache niemand spricht. In derselben Stunde, in der in Berlin der junge Marcel Reich neben einem biederen deutschen Polizisten, wie Tausende andere, seiner Deportation und einem ungewissen Schicksal entgegenging, wurden in München auch Markus und Mina Blechner verhaftet, die Eltern, außerdem Jakob, der älteste Sohn, mit seiner Frau Frieda, Oskar, der zweitälteste, und Salo, der dritte Sohn. Der jüngste der vier Söhne, Leon, lebte zu dieser Zeit schon in den USA, er hat es im März 1938 geschafft, die Einreisepapiere zu bekommen. Seine Frau Gina musste er einstweilen in Deutschland zurücklassen. Auch Gina wurde im Oktober verhaftet und, wie die anderen, für den weiteren Transport zum Sammelplatz Stadelheim gebracht, dann aber, weil sie hochschwanger war, im letzten Moment freigelassen. Alle Mitglieder der Familie schafften es, im Grenzgebiet zwischen Deutschland und Polen aus dem Zug zu entkommen und sich in den nächsten zehn Tagen nach München durchzuschlagen – wo Gina inzwischen, ganz allein, ihren Sohn zur Welt gebracht hat, Gerson (der sich später Jerry nennen wird).

Jetzt, im Frühling 1939, hat Leon in New York Papiere und Bürgschaften für seine Frau zusammen, und Gina soll bald, im Juni, mit dem kleinen Gerson ausreisen. Sie wird so lange auf Ellis Island, dem

Auffanglager, bleiben müssen, bis Leon ihre Passage restlos abbezahlt hat. Und gleichzeitig will Leon natürlich versuchen, Einreisevisa für alle anderen Familienmitglieder zu bekommen. Die Ereignisse dieses Sommers werden diesen Plan jedoch vereiteln.

Oskar will nicht abwarten, bis Leon von New York aus für sie alle die Ausreise bewirken kann; er hat sich Einreisepapiere für Kuba besorgt, da ist er erst einmal sicher. Später wird man sehen. In acht Tagen wird er auf dem Schiff sein, auf der «St. Louis», und in Sicherheit.

5. Mai, Berlin. In seinem Büro im Auswärtigen Amt in der Wilhelmstraße empfängt der Legationsrat Julius Schnurre den sowjetischen Botschaftsrat Georgi A. Astachow, um vorsichtig die ersten möglichen Gesprächspunkte zwischen Deutschen und Russen abzuklären. Am selben Tag erlässt das von Goebbels geführte Reichspropagandaministerium eine vertrauliche Anweisung an die deutsche Presse, dass zunächst keine Polemik mehr gegen «Russland und den Bolschewismus» zu führen sei.

5. Mai, Warschau. Vor dem Sejm, dem polnischen Parlament, weist der polnische Außenminister Józef Beck die Vorwürfe Hitlers vom 28. April und die Begründung für die Kündigung des Nichtangriffspaktes mit Polen zurück und hebt hervor, dass Polen durchaus zu Verhandlungen über die Danzig-Frage bereit gewesen wäre, auch über die Verbesserung der Verbindungswege zu Ostpreußen hätte man miteinander reden können, aber die polnische Souveränität sei unantastbar. Dann bricht Becks stolze und unbeugsame Haltung durch: «Der Frieden ist eine wertvolle Sache. Unsere von Kriegen ausgeblutete Generation verdient mit Sicherheit eine Periode des Friedens. Aber der Frieden hat, wie fast alle Dinge dieser Welt, seinen Preis, einen hohen, aber schätzbaren. Wir in Polen kennen nicht das Konzept des Friedens um jeden Preis. Es gibt nur eine Sache im Leben von Menschen, Nationen und Staaten, die keinen Preis hat. Es ist die Ehre.»

Sonntag, 7. Mai, Mailand. Unerwartet schaltet sich der italienische Ministerpräsident und Duce Benito Mussolini in die laufenden Routinegespräche zwischen dem deutschen und dem italienischen Außenminister, Graf Galeazzo Ciano, ein und bietet Deutschland ein Militärbündnis an. Offenbar erhofft er sich davon, als gleichberechtigter Bündnispartner einen größeren Einfluss auf die Deutschen über die Frage von Krieg oder Frieden zu gewinnen. Hitler wiederum kommt solch ein Beistandspakt mit Italien sehr gelegen, aus seiner Sicht stärkt er seine Position gegenüber den Westmächten in Bezug auf die Polen-Frage.

Donnerstag, 11. Mai, White House, Washington, D.C. *Viel Arbeit,* notiert Klaus Mann, *mit viel Bencedrin und nicht sehr guter Stimmung.* Ein schöner Mai hat die Landschaft am Potomac erblühen lassen, doch Klaus denkt an Hölderlin: *Traurigkeit der schönen Jahreszeit, der Mai ist ferne.*[2] – Vor drei Tagen gab es eine große Veranstaltung des P.E.N.-Clubs: «Can Culture Survive Exile?» Die Redner waren Toller, Zweig, Bruckner ... *et moi-même* ... *Todmüde.* Für seinen Geschmack waren zu viele deutsche Autoren dabei, Döblin, Arnold Zweig usw. Annette Kolb ist auf der Queen Mary gekommen, sehr zerstreut und sehr charmant. Ein eiliger Lunch mit Toller – der immer noch sehr *down* ist. Der endlose Reigen der Auftritte, der immer neuen Hotels, der Partys. Einmal ein kleines Fest bei dem englischen Dichter W. H. Auden (dem Ehemann seiner Schwester Erika, die durch diese Eheschließung die britische Staatsangehörigkeit erlangt hat), viele junge Engländer, Linke, darunter *der amüsante zwanzigjährige Neffe von Churchill mit Frau.* Diese Engländer verwirren Klaus immer. Zwar versteht er ihren *berechtigten Hass* auf den britischen Imperialismus, *auf die Chamberlains u.s.w.* Aber sie sind *gegen* einen Krieg mit Hitler, weil sie nicht das ekelhaft unmoralische britische Empire verteidigen wollen. Klaus Mann, für den sich alle Fragen nur noch darauf beziehen, ob sie Hitler nützen oder schaden, notiert: *Als ob das die Problem-Stellung wäre.* Die junge Frau des amüsanten Churchill-Neffen ist übrigens die linksradikale Schwester von Unity Mitford, der rechtsradikalen, in Deutschland lebenden *Gespielin* von Hitler.

In all diesen Nächten hat Klaus Mann einen «Brief an die Schriftsteller im Dritten Reich» geschrieben – den die Adressaten natürlich niemals lesen werden, da er in Deutschland nicht veröffentlicht werden kann. *Wer wird es zu Gesicht bekommen, dort drüben …*

Heute dann der Empfang einer Delegation des P. E. N.-Clubs beim Präsidenten der Vereinigten Staaten und seiner Frau. *Roosevelt in seinem Arbeitszimmer am Schreibtisch,* notiert Klaus Mann abends, *das durchgearbeitete Gesicht freundlich, etwas erschöpfter Händedruck.* Eleanor Roosevelt führt die Autoren durch das Haus und auf die Terrasse, wo man Tee trinkt. Es ist alles nicht mehr als eine freundliche Geste; Amerika denkt nicht daran, sich in Europa einzumischen. Am nächsten Morgen, im Hotel Mayflower, wird Klaus Mann abermals mit Ernst Toller frühstücken, er wird mit ihm sogar nach New York zurückreisen *(Toller hat Sorgen – und ist viel netter als wenn er seine etwas hektischen Erfolge hat …).* Wirklich helfen können sich die Einsamen nicht.

Samstag, 13. Mai, Hamburg. Kapitän Gustav Schröder steht oben an der Gangway und betrachtet seine Gäste, die sich am Kai 76 im Hamburger Hafen erwartungsvoll versammelt haben, um das Schiff zu betreten, das sie in die erhoffte Freiheit bringen soll. Schröder kennt das übliche Durcheinander dieser Abschiedsmomente, die Musik der Bordkapelle, Unmengen abgestellter Koffer, Männer mit Pässen und Bordpapieren in der Hand, aufgeregte Kinder, Sirenengeheul, Umarmungen, Küsse, Tränen – alles ist wie immer, wenn ein Luxusdampfer wie die «St. Louis» auf Reisen geht. Nur dass für die Passagiere dieser «Vergnügungsreise mit 900 Touristen», wie es laut Bordbuch heißt, keine Rückkehr vorgesehen ist. 900 deutsche Männer, Frauen, Kinder verlassen Deutschland für immer, weil sie außerdem noch Juden sind und weil ihre Heimat sie systematisch vertreibt.

Da ist Oskar Blechner aus der Münchner Isarvorstadt, Anfang

dreißig, der zu seinem jüngeren Bruder Leon in die USA will, aber nur Papiere für Kuba besitzt – wie alle hier. Sein Bruder Salo, der ursprünglich mit ihm ausreisen wollte, musste im letzten Moment die Koffer wieder auspacken, weil seine Ausreisepapiere nicht anerkannt wurden. Auch Oskars älterer Bruder Jakob und dessen Frau Frieda leben noch in München, zusammen mit den Eltern, Markus und Mina Blechner. Er ahnt es mehr, als dass er es weiß, aber es ist tatsächlich eine Frage von Leben und Tod, ob man ein Schiff wie dieses betreten darf oder zurückbleiben muss: Oskars Vater wird in Buchenwald sterben, seine Mutter in Auschwitz, sein jüngster Bruder Salo wird die vielen KZs als schwerkranker Mann überleben. Nur Jakob und Frieda wird es im letzten Moment gelingen, in die Schweiz zu flüchten. Noch hat Oskar die Hoffnung, sie alle nachholen zu können.

Da ist die Familie Karliner, Vater Joseph, Mutter Martha, zwei Töchter und zwei Söhne, der jüngste ist der zwölfjährige Herbert. Sie kommen aus Oberschlesien, wo Joseph Karliner in einem verlorenen Ort namens Peiskretscham einen Gemischtwarenhandel betrieb, das Geschäft vorn an der Straße, während man hinten, über den Ställen, in zwei Stuben wohnte. Peiskretscham war bis vor wenigen Tagen eine Heimat für Joseph Karliner. Oder zumindest bis zum vergangenen Herbst, als die Karliners von einem inhaftierten Verwandten aus einem Ort namens Dachau nur eine Blechbüchse voll Asche zurückbekamen. Das war das Signal. Joseph Karliner stellte einen Antrag für die Ausreise in die USA und bekam eine Nummer zugeteilt. Er musste lernen, wie das «Quotensystem» funktioniert: Pro Jahr dürfen nur etwa 25 000 Menschen aus Deutschland in die USA einreisen, wobei zwischen jüdischen und nichtjüdischen Deutschen kein Unterschied gemacht wird – zu Lasten der verfolgten Juden. Karliner konnte sich ausrechnen, dass er, mit etwas Glück, Ende 1942 in die USA einreisen würde. Also bewarb er sich jetzt beim kubanischen Konsul in Berlin um die Reise nach Kuba. Von dort würde man später in die USA gelangen, irgendwie. In der «Reichskristallnacht» zerstörten die SA-Männer aus Peiskretscham alles, was sie im Laden fanden, Gurkenfässer, Zuckertüten, Blumen, das Kassenbuch, Joseph Karliner wurde verhaftet und zwei Monate in Buchenwald festgehalten. Seitdem ist er nicht mehr derselbe.

Dann ist da, inmitten der Menge, die an Bord strömt, ein Mann im Smoking, der jetzt die Gangway hochkommt, Berthold Meyer aus Breslau, mit seiner Frau, einer Dame im Abendkleid mit Pelz, außerdem hocherhobenen Hauptes die Tochter Ilse mit ihrem Ehemann, Kurt Marcus. In einer anderen, untergegangenen Zeit hatte das «Bekleidungshaus Berthold Meyer» in Breslau einen erstklassigen Ruf zu verteidigen, sechs Schaufenster mit allem, was ein modisch gestimmtes Herz verlangen konnte, aber jetzt tragen die Meyers die allerbesten Stücke selbst auf dem Leib – um die teuren Ausfuhrgebühren zu sparen.

Da ist der ehedem erfolgreiche Anwalt Dr. Josef Joseph aus Rheydt am Niederrhein, mit Gattin Lily und der zehnjährigen Tochter Liesl. Vor vielen Jahren schon, damals in den Zwanzigern, hat Dr. Joseph seinen Verstand und sein gutes Herz bewiesen, als er einem anderen Joseph aus Rheydt, dem mittellosen und gescheiterten Literaten Dr. Joseph Goebbels, juristisch aus der Patsche half. Sie waren sogar befreundet gewesen, ehe der junge Dichter mit ganz anderen Plänen nach Berlin ging.

Dieser Goebbels hat für den heutigen Abschied am «Judenschiff» eigens einen Fotografen geschickt, einen Mann in Lackstiefeln und schwarzem Ledermantel mit Hakenkreuzbinde. Er soll Anschauungsmaterial schießen, Fotos für die «Stürmer»-Kästen, doch so richtig zufrieden ist der Fotograf noch nicht: Viel zu viele dieser Juden sehen gar nicht wie Juden aus, besonders schlimm sind die blonden, blauäugigen Kinder wie Liesl Joseph oder der zwölfjährige Herbert Karliner. «Eine teuflische Komödie», wird Goebbels' SS-Blatt, der «Stürmer», über die Fotos von dieser Abschieds-Szene schreiben. «Grinsende jüdische Emigranten. Es geht ihnen ausgezeichnet. Im Ausland aber markieren sie die ‹armen, unschuldig verfolgten Juden›.»

Kapitän Schröder jagt den Nazi-Fotografen die Gangway runter, um Platz zu schaffen für die Menschen, die jetzt an Bord kommen.

Zwar fährt die «St. Louis» unter der Hakenkreuzflagge, zwar ist die Hapag ein deutsches Staatsunternehmen und das Schiff sowieso deutsches Territorium, egal, wo es sich befindet, und doch ist es sein Schiff, Kapitän Schröders Schiff.

Jetzt vibriert der 173 Meter lange schwarze Rumpf des Schiffes, die Motoren beginnen zu arbeiten, und aus den zwei schwarz-weiß-rot gestrichenen Schornsteinen wird dunkler Rauch in den Hamburger Frühlingshimmel geblasen. Schröder hat seiner Mannschaft bereits vorher einen Befehl erteilt: «Sie alle werden keinen Augenblick außer Acht lassen, dass diese Passagiere in jeder Beziehung genau so wie unsere bisherigen Gäste zu behandeln sind.»

Mitte Mai, Hamburg. Dr. Bruno Tesch galt bereits als besonders begabter Wissenschaftler, als er noch am Kaiser-Wilhelm-Institut für physikalische Chemie forschte. Er war dort während des Ersten Weltkriegs persönlicher Assistent von Fritz Haber, dem Nobelpreisträger, und zusammen arbeiteten sie an der Entwicklung «kriegschemischer Waffen», vor allem von Giftkampfstoffen wie Senfgas, mit dem in den Schlachten von Verdun und andernorts viele tausend Soldaten getötet wurden. Haber wollte damit den deutschen Sieg erzwingen und «den Krieg und das Leiden verkürzen». Seit damals lebt und denkt Tesch an der oft nicht ganz deutlichen Grenze, wo die Naturwissenschaften auf die Moral stoßen.

Jetzt aber, nachdem er zusammen mit dem Kaufmann Paul Stabenow die Firma Tesch & Stabenow (Kurzform: Testa) gegründet hat, interessieren ihn mehr die unternehmerischen Möglichkeiten, die chemische Produkte bieten. Die Testa hat sich bereits einen Namen gemacht im Bereich der Schädlingsbekämpfung, vor allem im Hamburger Raum, wo das Unternehmen mit Sondergenehmigungen des Senats «Entwesungen» und «Begasungen» von Lagerhäusern des Hafens, von ganzen Frachtschiffen, auch von Getreidemühlen durchführt. Tesch gilt als der erfahrene, als der führende Kopf auf diesem Gebiet, und er bildet auch die Mitarbeiter der staatlichen Desinfektionsanstalten aus.

Die Testa handelt vor allem mit einem Schädlingsbekämpfungsmittel, das mit dem Wirkstoff Blausäure, einem Zellgift, versetzt ist (Cyanwasserstoff, HCN), der Handelsname ist Zyklon B. Der Stoff wird in luftdicht verschlossenen Blechdosen in den Größen von 200, 500, 1000, 1200 und 1500 Gramm ausgeliefert. Der Stoff ist, was er unvermeidlicherweise sein muss: extrem giftig. Die tödliche Wirkung beruht auf der Hemmung oder Unterbindung der Sauerstoffversorgung in den Zellen, wodurch die Atmung zum Stillstand gebracht wird. Eine geringe Dosis von 70 Milligramm beispielsweise würde genügen, einen erwachsenen Mann – nach etwa zehn Atemzügen – zu töten. Um derartige Unfälle zu vermeiden, enthält das Zyklon B einen zusätzlichen Stoff, der äußerst unangenehm riecht, einen Bromessigsäuremethylester, als Warnstoff.[3]

Bruno Tesch bezieht diesen Stoff, für den er kein eigenes Patent besitzt, von der Firma Degesch (Deutsche Gesellschaft für Schädlingsbekämpfung mbH), einer Tochterfirma der Degussa und der I. G. Farben; produziert wird der Wirkstoff von den Dessauer Werken für Zucker-Raffinerie GmbH.

Tesch und Stabenow haben in diesen Tagen allen Grund zur Freude. Der Jahresumsatz 1938 hat sich gegenüber dem Vorjahr noch einmal erhöht, auf gut 160 Tonnen, ein schönes Ergebnis, das vielleicht auch damit zu tun hat, dass es in Deutschland immer mehr Orte gibt, in denen massenhaft Menschen auf engem Raum zusammenleben müssen, etwa Soldaten in Kasernen oder Häftlinge in Gefängnissen oder auch, seit ein paar Jahren, in Konzentrationslagern. Man braucht immer mehr Zyklon B, um diese Einrichtungen regelmäßig zu entlausen.

Mittwoch, 17. Mai, London. Nachdem die St.-James-Konferenz vor zwei Monaten gescheitert ist, legt die britische Regierung heute ihre Pläne für die weitere Entwicklung Palästinas im sogenannten MacDonald-Weißbuch vor. Die neue Politik Großbritanniens geht weniger auf die heraufziehende Bedrohung der Juden in Europa ein als vielmehr auf die wachsenden Proteste der arabischen Bevölkerung in Palästina und wird zudem – vor dem Hintergrund des nahenden Krieges – vom Gedanken geleitet, die traditionell deutschfreundlichen Araber stärker an die Briten zu binden. Die britische Regierung hält an der Grundidee einer Teilung Palästinas fest. Sie will aber in den nächsten fünf Jahren die Einwanderung nach Palästina auf fünfundsiebzigtausend Juden beschränken, der darüber hinausgehende Zuzug von weiteren Juden könne nur mit arabischer Zustimmung erfolgen. Die jüdische Seite betrachtet das MacDonald-Weißbuch als einen Bruch der gegebenen Zusage, entsprechend scharf lehnt der Präsident der Jewish Agency, Chaim Weizmann, diesen Vorschlag ab. Schon am nächsten Tag ziehen zwanzigtausend protestierende Juden, angeführt von einigen Rabbinern, durch Jerusalem und liefern sich heftige Straßenschlachten mit der britischen Polizei. In den folgenden Wochen wächst der Widerstand der jüdischen Bevölkerung gegen die britische Regierungspolitik, und es kommt zu terroristischen Anschlägen, beispielsweise einem Bombenanschlag jüdischer Extremisten auf den arabischen Markt in Haifa, bei dem achtzehn Menschen getötet und vierundzwanzig verletzt werden.

Donnerstag, 18. Mai, Christi Himmelfahrt, Thalau bei Fulda. Ein schöner Frühlingstag auf dem Lande mit dem *Erwachen heiterer Empfindungen*, wie der Beethovenfreund Wilm Hosenfeld sagt, mit Glockengeläut und Gottesdienst. Morgens singt der Männerchor unter Hosenfelds Leitung. Wenn man im Kleinen das Ganze spüren kann, in der Dorfgemeinschaft die Volksgemeinschaft, das sind Momente, die der engagierte Dorfschullehrer liebt. Denn bei aller Skepsis gegen die gefährliche Außenpolitik Hitlers bleibt Hosenfeld von den Idealen der Kameradschaft und der Gemeinschaft überzeugt.

Ist er Rassist? Bestimmt nicht mehr als die meisten anderen Menschen in Europa und den USA, die in einer Zeit pseudowissenschaftlichen, biologistischen Denkens groß geworden sind. Zum Thema «Rassekundliche Arbeit» in der Schulbiologie notiert er eine dreifache Zielsetzung: *Kampf dem Geburtenrückgang, Kampf der erblichen Un-*

terwertigkeit, Kampf der Rassenmischung. Er schreibt dies in einer Unschuld, die von heute aus schwer nachzuvollziehen ist. Doch dass die beiden letzten Punkte schon bald in die euphemistisch als «Euthanasie» bezeichnete Vernichtung von kranken Menschen und in den rassistisch begründeten Völkermord führen, liegt jenseits seiner Vorstellung. Es gibt auch keinen Hinweis darauf, dass er seine Schüler mit eugenischen oder rassehygienischen Themen im Unterricht in den nationalsozialistischen Wahn führen wollte. Hosenfeld ist kein Antisemit, das Wort «Jude» kommt jedenfalls in seinen Unterrichtsaufzeichnungen kein einziges Mal vor.

Als deutscher Patriot und Weltkriegssoldat hat er Hitlers Programm einer konsequenten Revision der Versailler Verträge leidenschaftlich begrüßt. Nur im «Kirchenkampf», vor allem bei der Frage nach dem Religionsunterricht und der Präsenz der Kirche in der Schule, steht der überzeugte Christ Hosenfeld ganz auf Seiten seiner Kirche. Er hofft aber immer noch auf eine «Versöhnung» von Nationalsozialismus und Katholizismus.

18. Mai, Ravensbrück. Das erste Frauen-Konzentrationslager Deutschlands wird in Ravensbrück, einem mecklenburgischen Dorf, in Betrieb genommen. Die ersten neunhundert weiblichen Häftlinge werden heute aus dem KZ Lichtenburg hierher verlegt. Die Baracken und die Zäune für das neue Konzentrationslager haben Arbeitskommandos aus dem etwa fünfundfünfzig Kilometer entfernten KZ Sachsenhausen errichtet. Die aus Lichtenburg ankommenden weiblichen Häftlinge müssen nun beim weiteren Ausbau des Lagers und beim Bau der Wohnsiedlung für die SS-Wachmannschaft mitarbeiten. Schon sechs Wochen später werden auch vierhundertvierzig Roma und Sinti aus Österreich nach Ravensbrück verlegt. Sie müssen, wie alle Häftlinge, auf der linken Brust ein deutlich sichtbares Kennzeichen tragen, damit die SS-Wärter sie leichter erkennen können: für die Roma und Sinti ist es ein braunes Dreieck. Politische Gefangene tragen ein rotes, gewöhnliche Kriminelle ein grünes, weibliche Homosexuelle ein schwarzes, die «Rasseschänderinnen» zwei

Dreiecke übereinander, ein schwarzes und ein gelbes, die einen Davidstern formen. Laut einer Übersicht der Gestapo befinden sich in Deutschland ungefähr dreihunderttausend Menschen in Konzentrationslagern und Zuchthäusern.

Freitag, 19. Mai, Madrid. Dreiunddreißig Monate hindurch hat dieser blutige Krieg gedauert, von dem man spürt, dass er zugleich eine Generalprobe für den Kampf um die Vorherrschaft in Europa war, den Kampf zwischen Faschismus und Kommunismus. Das republikanische Spanien ist dabei zerrieben worden. Vor sieben Wochen hat General Franco Madrid, das «rote Madrid», das sich so lange wehrte, erobert. Nein, er hat die völlig entkräftete Stadt kampflos eingenommen. Jetzt ist die spanische Hauptstadt geschmückt, die *avenidas* und *plazas* voller Palmenzweige, überall wehen Fahnen, Musikkapellen marschieren durch die Straßen, und in allen Kirchen feiert man Dankgottesdienste für die göttliche Errettung vor der Barbarei der *rojos*, der Roten. Vor einer monumentalen Kulisse mit den übergroßen Symbolen der *Falange Española*, dem Köcher mit den Pfeilen aus der Zeit der katholischen Könige, feiern die Faschisten, die sich aber Nationale *(nacionalistas)* nennen, ihren Sieg. Francisco Franco nimmt die Parade von zweihundertfünfzigtausend Männern ab, die stundenlang in der Hitze an ihm vorbeimarschieren, darunter auch die deutschen und italienischen Verbände, die «Freiwilligen» Hitlers und Mussolinis, die ihm diesen Sieg geschenkt haben.

Bereits am 25. Juli 1936, eine Woche nach Beginn des Militärputsches gegen die legitime Regierung in Madrid, trafen die ersten von Hitler geschickten Flugzeuge bei den Aufständischen in Spanisch-Marokko ein und zehn Tage später bereits die ersten deutschen Truppenverbände, die im Hafen von Cádiz an Land gingen. Sie kamen in letzter Minute: Der Putsch war bereits steckengeblieben. Der überwältigende Teil des spanischen Volkes hatte sich auf die Seite der Republik und der demokratisch gewählten Regierung geschlagen. Während die westlichen Demokratien sich «neutral» verhielten und die These akzeptierten, es handele sich in Spanien um einen

Bürgerkrieg, in den man sich nicht «einmischen» solle, hatten Hitler und Mussolini ihre Chance sofort erkannt, in einem weiteren europäischen Land den Faschismus durchzusetzen. Der *Duce* schickte eine regelrechte Armee von siebzigtausend Soldaten (Division Littorio und andere Verbände), Hitler vor allem ein Kontingent der Luftwaffe, die Legion Condor. Zum ersten Mal in der Geschichte der Menschheit wurden Bewohner großer Städte, schutzlose Zivilisten, aus der Luft bombardiert, vor allem in Madrid. Im April 1937 wurde die baskische Stadt Guernica aus der Luft angegriffen und Hunderte Menschen getötet.

Jetzt hat Hitler in Madrid auf der ganzen Linie gesiegt.

Flugzeuge der Legion Condor fliegen in Paradeformation über der Stadt. Die deutschen und italienischen militärischen Führer, etwa der Generalmajor Wolfram Freiherr von Richthofen, werden von Franco für ihre Unterstützung beim «Kreuzzug gegen den Kommunismus» mit Medaillen geehrt.

Zweihunderttausend Spanier sind tot. Weitere zweihunderttausend sind von Franco zu Kriegsgefangenen im eigenen Land gemacht worden, darunter jene vierzigtausend Republikaner, die im Hafen von Alicante vergebens darauf hofften, in letzter Minute auf Schiffen entfliehen zu können. Die Zahl der Verhaftungen, der Todesurteile, der Hinrichtungen steigt täglich.

Zwei Wochen später wird Hitler die Männer der Legion Condor in einer großen Feier in Berlin begrüßen – und damit das gutgehütete Geheimnis der deutschen Teilnahme am spanischen Krieg lüften. Vierhundertzwanzig deutsche Teilnehmer, die zu Helden erklärt werden, sind in Spanien *gefallen* – allerdings sind viel mehr deutsche Flüchtlinge, Exilanten und andere antifaschistische Freiwillige getötet worden, die in den Internationalen Brigaden gekämpft haben, um Hitler in Europa vielleicht doch noch zu stoppen.

Montag, 22. Mai, Berlin. Nach den Beratungen Anfang Mai in Mailand hatte es der italienische Außenminister Graf Ciano seinem deutschen Kollegen von Ribbentrop überlassen, den Text für den beabsichtigten Freundschafts- und Bündnisvertrag aufzusetzen. Nicht umsonst wird diese Vereinbarung fortan auch «Stahlpakt» genannt, denn die darin formulierten gegenseitigen militärischen Beistandsverpflichtungen, ohne Wenn und Aber, sind nahezu beispiellos in der Geschichte. Beim Lesen des ersten Entwurfs entfährt es dem Grafen Ciano: «Ich habe noch nie einen ähnlichen Vertrag gelesen. Er ist richtiges Dynamit.» Heute unterschreibt er nun zusammen mit seinem deutschen Kollegen diesen Vertrag mit großem Zeremoniell und unter Anwesenheit des Führers, Adolf Hitler, im sogenannten Botschaftersaal der Neuen Reichskanzlei. Der auf zehn Jahre angelegte Vertrag sieht neben den üblichen militärischen Beistandspflichten auch vor, dass «im Fall eines gemeinsam geführten Krieges Waffenstillstand und Frieden nur im vollen Einverständnis miteinander» abgeschlossen werden dürften.

22. Mai, Hotel Mayflower, New York. Der Blick aus dem Hotelzimmer, in dem der Schriftsteller Ernst Toller wohnt, geht auf den Central Park. Vielleicht ist der Park das Letzte, das Ernst Toller betrachtet hat, kurz vor Sonnenaufgang. Niemand ist in diesen Stunden bei ihm, und alle Details dieser letzten Nacht seines Lebens werden für immer unbekannt bleiben.

Vor zehn Tagen hat Toller beim P. E. N.-Kongress in Washington seine letzte Rede gehalten, mühsam, unter Aufbietung aller Kraftreserven. Er gehörte zu der kleinen Gruppe von Schriftstellern, die ins Weiße Haus geladen waren; Roosevelt hat ihm, wie den anderen, die Hand geschüttelt. Toller hat keine Aufzeichnung darüber hinterlassen, wie er sich inmitten der Freunde und Kollegen fühlte, mit diesem *Anderen* im Herzen, wie Klaus Mann Tage später überlegen wird, *dieses Andere wie eine Wunde, die immer größer wird*, der Idee des Freitods. *Unerträglich die Vorstellung, wie sehr er, in unserer Mitte, gelitten haben muss. Was wissen wir voneinander?*

In Washington – und sogar schon Monate zuvor – gehörte ein starkes Seil zu seinem Handgepäck, er hat es überall mit sich geführt. An diesem Morgen in New York hat der Schriftsteller und Revolutionär Ernst Toller, 45 Jahre alt, der Versuchung nicht länger standhalten können – auch er, wie ein Freund sagt, *ein Opfer des Kriegs,* auch wenn dieser Krieg noch gar nicht richtig ausgebrochen ist.

Toller ist ein «Kind seiner Zeit», aufgewachsen in einem jüdischen Elternhaus bei Posen und zu Beginn des Ersten Weltkriegs zwanzig Jahre alt. 1916 hat er bei Verdun gekämpft, in dieser furchtbaren Materialschlacht mit Tausenden von Toten am Tag, in dauernder panischer Angst, umgeben von Tod, Schlamm, Ratten und Leichenteilen – ein ganzes Jahr lang. Er reagierte auf den absoluten Irrsinn des Kriegs wie jeder normale Mensch mit einem völligen psychischen und physischen Zusammenbruch. Das Fronterlebnis, das in Männern wie Hitler die Überzeugung entstehen lässt, der Krieg sei nur ein Abbild des grausamen Lebens, wie es die Natur verlange, dieses Erlebnis macht Toller zum Pazifisten. Am revolutionären Umsturz in München beteiligt, wird er als Mitbegründer der Räterepublik nach ihrer Niederschlagung durch rechtsradikale Truppen zu fünf Jahren Haft verurteilt. Beim Prozess vor dem Standgericht, im Juli 1919, rettet ihn vermutlich die Aussage seines Professors Max Weber, bei Toller handele es sich um einen «absolut lauteren Gesinnungsethiker». Die in der Haft geschriebenen Briefe Tollers, «Briefe aus dem Gefängnis», werden erst 1935 veröffentlicht. Seine Erinnerungen an die turbulenten frühen Jahre in Krieg und Nachkriegszeit, das Buch «Eine Jugend in Deutschland», erscheint in demselben Jahr, in dem er Deutschland verlässt, 1933, sofort nach Hitlers Machtergreifung.

Sein Tod ist ein Schock für seine Freunde.

22. Mai, Hotel Bedford, New York. Morgens um sechs hat ein Freund im Bedford angerufen. Toller ist tot – *was sich später in den Zeitungen ausführlich-schrecklich bestätigt.* Klaus Mann ist erschüttert. Der Selbstmord, das ist doch *seine* Domäne. Vor ein paar Wochen hat er geschrieben, der Gedanke an den Tod sei das Einzige, das ihm das Leben erträglich mache. *Ich kann und will nicht mehr lange leben. Ir-*

gendwann werde ich den Tod doch wieder auf dem holden, schaurigen Umweg über die Droge suchen … Aber dies wird nicht aus Schwäche geschehen, glaubt er, sondern weil er es so will. Doch jetzt, in diesen Stunden und Tagen des *großen Grauens* und der Erschütterung über Tollers einsamen und verzweifelten Freitod, begreift er, dass man, ehe man sich tötet, längst aus allen menschlichen Bindungen getreten sein müsste. Man fügt den anderen sonst einen zu großen Schmerz zu. *Die Selbstvorwürfe, all das Versäumte, das nie wiedergutzumachen ist.*

Er erinnert sich an das Treffen im Weißen Haus in Washington, an die gemeinsame Bahnfahrt zurück nach New York, das Frühstück in einer Cafeteria nahe der Pennsylvania Station – Toller sah so *verwüstet* aus, so *grau*. Jetzt kommt es Klaus Mann so vor, als habe ihm Toller damals, vor zehn Tagen, beim Abschied die Hand länger als sonst gedrückt, ihm etwas nachdrücklicher in die Augen geschaut. *Ich konnte nicht in New York bleiben und hatte keine Gelegenheit, ihn wiederzusehen.*

Fünf Tage später findet in der Campbell Funeral Chapel die Trauerfeier statt, an der viele deutsche und amerikanische Freunde und als Redner der Autor Sinclair Lewis, der spanische Ex-Ministerpräsident Juan Negrín, der Schriftsteller Oskar Maria Graf und Klaus Mann teilnehmen. *Nah am Weinen*, notiert Klaus Mann, *als ich sprechen musste (Neben mir der Sarg. Der schauerliche Duft der Blumen, mit dem «anderen» vermischt).* Am nächsten Tag, dem 28. Mai 1939, wird man den Leichnam Tollers einäschern.

Dienstag, 23. Mai, Berlin. Adolf Hitler hat die Oberbefehlshaber der drei Wehrmachtsteile und weitere führende Militärs zusammengerufen. Auf der Tagesordnung steht, wie es im Protokoll von Hitlers Chefadjutant, Oberstleutnant Rudolf Schmundt, heißt, der «bevorstehende Waffengang», wobei die Ziele klar abgesteckt werden. «Danzig ist nicht das Objekt, um das es geht», sagt Hitler. «Es handelt sich für uns um die Erweiterung des Lebensraums im Osten und Sicherstellung der Ernährung. In Europa ist keine andere Möglichkeit zu sehen. Es entfällt also die Frage, Polen zu schonen, und es bleibt der Entschluss, bei erster Gelegenheit Polen anzugreifen.» Hitler erläutert den Plan zu einem schnellen Krieg gegen Polen, der folgenden Besetzung Belgiens und Hollands und des anschließenden Angriffs auf Frankreich, wobei nicht nach Paris, sondern erst schnell zu den Häfen an der Atlantikküste vorgestoßen werden soll, um den Bomben- und Blockadekrieg gegen Großbritannien beginnen zu können: «Recht oder Unrecht oder Verträge spielen keine Rolle. Gelingt es, Holland und Belgien zu besetzen und zu sichern sowie Frankreich zu schlagen, dann ist die Basis für einen erfolgreichen Krieg gegen England geschaffen. Der Krieg mit England und Frankreich wird ein Krieg auf Leben und Tod.»

23. Mai, auf hoher See. Die «St. Louis» ist ein echter Luxusliner. Salons mit schönen Teppichen, Speisesäle mit Tischen voll funkelnder Gläser und Silberbesteck auf weißem Leinen, kristallene Leuchter, die sich in den großen Spiegeln vervielfachen. «Hummer an Sauerrahm» und ähnliche Köstlichkeiten für Menschen, die teilweise erst vor einer Woche aus dem KZ entlassen worden sind. Respektvolle Umgangsformen. Auf drei Decks verteilt gibt es eine Rollschuhbahn für die Kinder, mehrere Swimmingpools, Restaurants, ein Musikzimmer, eine Bibliothek – und sogar eine «Synagoge». Schröder hat einfach einen Salon umgestalten lassen, sogar das Bild des *Führers* wird jedes Mal, für die Gottesdienste, entfernt. Die Kinder nehmen kostenlose Englisch-, Spanisch- oder Gitarren-Stunden beim Bordpersonal. Jeden Morgen werden im Festsaal auf der großen Seekarte die Positionsfähnchen ein kleines Stückchen weitergerückt.

An diesem Mittwochnachmittag bringt der Funker dem Kapitän ein Telegramm der Reederei, mit dem schlagartig alles anders wird: *Mehrheit Ihrer Passagiere in Zuwiderhandlung gegen neues kubanisches Gesetz 937 wird voraussichtlich keine Landeerlaubnis erhalten. Halten Sie Kurs bei, da Lage nicht ganz klar.* Schröder geht im Geist seine Passagiere durch und wählt fünf Männer aus, die er zu sich bittet. Sein «Bordkomitee», das er ins Vertrauen zieht. Vorsitzender wird Dr. Josef Joseph, der Anwalt aus Rheydt. Zuerst versuchen sie herauszufinden, was geschehen ist. Nahezu alle Auswanderer haben Papiere, die vom Direktor der kubanischen Einwanderungsbehörde, Manuel Benítez, unterzeichnet sind, keine regulären Visa, wie sich zeigt, aber immerhin offizielle touristische Einreisegenehmigungen, gekauft für 150 Dollar das Stück. Und jetzt hat der kubanische Präsident, Federico Laredo Brú, befeuert von antisemitischen Kampagnen deutscher Diplomaten in Havanna, ein Dekret erlassen, das alle diese Papiere für ungültig erklärt.

Das Bordkomitee beschließt, zunächst ein Telegramm an das jüdische Hilfswerk «American Jewish Joint Distribution Committee» zu schicken. Sie hoffen, dass in einem Fall wie diesem, falls die Kubaner sich wirklich sperren, die USA die Flüchtlinge aufnehmen. Auch Schröder verspricht, dass er sein Möglichstes tun wird, um zu verhindern, dass seine Passagiere nach Deutschland zurückmüssen.

Einstweilen vereinbart man Stillschweigen.

23. Mai, Paris. Vorletztes Jahr hat man das alte Hôtel Foyot in der Rue de Tournon wegen Baufälligkeit abgerissen, sein Pariser Lieblingshotel, und er war in ein winziges Zimmer gegenüber gezogen, direkt über dem Café Tournon. Ein letzter Verlust eines letzten Restes Heimat. Die gesundheitliche Lage des vierundvierzigjährigen Joseph Roth verschlechtert sich seit zwei Jahren ebenso rapide wie seine finanzielle. Er ist berühmt, immer noch, vor allem mit seinen großen Romanen über den Zerfall der Habsburger Monarchie, *Radetzkymarsch* und *Kapuzinergruft*, und auch jetzt nehmen die kleinen Exilzeitschriften gern Texte von ihm, wenn sie dafür auch kaum zahlen können. Immerhin hat er auch einen glänzenden Ruf als Reporter, er war Feuilletonkorrespondent der «Frankfurter Zeitung», er hat für den «Tag» in Wien geschrieben und für das «Prager Tagblatt».

Er ist betrunken. Seit heute früh, seit der schrecklichen Nachricht vom Freitod Tollers, hat er ununterbrochen getrunken. Vor vier Jahren, 1935, haben sie alle noch in Ostende zusammen gelebt, Toller,

Zweig, Kisch und viele andere. Freundschaft, Geborgenheit, auch das ist alles dahin, wie das Foyot. Allerdings trinkt Roth auch ohne besondere Anlässe, es gibt immer reichlich Gelegenheiten zum Trinken, mehr als reichlich, vor allem seine eigene unabweisbare, tiefe Traurigkeit, die aus diesen unerträglichen Zeiten kommt, aber auch aus einem schwierigen Leben. Seine letzte Geliebte, die ebenfalls im Exil lebende Schriftstellerin Irmgard Keun, hat ihn Mitte der dreißiger Jahre in Paris kennengelernt und so beschrieben: «… da hatte ich das Gefühl, einen Menschen zu sehen, der einfach vor Traurigkeit in den nächsten Stunden stirbt. Seine blauen Augen starrten beinahe blicklos vor Verzweiflung, und seine Stimme klang wie verschüttet unter Lasten von Gram.»

Im Zentrum der *Bedrückung* Roths, in den Tiefen des Schmerzes, steht das Schicksal seiner Ehefrau, Friederike *(Friedl)*, die seit 1928 unheilbar krank in einer österreichischen Nervenheilanstalt lebt, im Sanatorium Rekawinkel bei Wien.[4] Für ihn ist das der Quell seines untröstlichen Kummers, seiner Zweifel und Selbstvorwürfe – er sieht diesen «Wahnsinn» als einen «Fluch Gottes», wie die orthodoxen Juden seiner Heimat Galizien behaupten, zu denen er freilich schon lange nicht mehr gehört. Nie war er bereit, die Unheilbarkeit der Krankheit zu akzeptieren, er rebellierte und hoffte auf ein Wunder, das nicht kam. Damals begann seine eigene Krankheit, die Alkoholkrankheit.

Am 30. Januar 1933, dem Tag der «Machtergreifung», noch bevor seine Bücher verbrannt wurden, hat er hellsichtig Deutschland verlassen: *Ich gebe keinen Heller mehr für unser Leben. Es ist gelungen, die Barbarei regieren zu lassen. Machen Sie sich keine Illusionen, die Hölle regiert*, schreibt er damals seinem Freund Stefan Zweig.

An diesem Abend steigt Joseph Roth die Treppe hinauf in sein Zimmer, torkelt zum Bett, liegt dort stundenlang im Rausch, obendrein ist er heftig erkältet, mit hohem Fieber (wie man nach der späteren ärztlichen Diagnose annehmen muss). Die Einzelheiten dieser Nacht sind unklar. Offensichtlich geht er noch einmal hinunter ins Café, wo er schließlich zusammenbricht. Man schafft ihn in das Hôpital Necker, ein Armenspital, dort diagnostiziert der Arzt eine doppelseitige Lungenentzündung.

Vier Tage später, am 27. Mai 1939, stirbt Joseph Roth. Die Trauergesellschaft, die sich sogar an seinem Grab noch über ihn streitet, spiegelt seine eigene Zerrissenheit: Kommunisten, Katholiken und Juden reklamieren diesen Toten für sich. Begraben wird er im katholischen Teil des Cimetière de Thiais, und die Inschrift auf seinem Grab lautet einfach und richtig: *Poète autrichien – mort à Paris en exil.*

23. Mai, Leipzig. Ein Elternpaar mit dem Familiennamen K. hat an diesem Morgen ein Gespräch mit dem Direktor der Leipziger Universitäts-Kinderklinik, Prof. Dr. Werner Catel. Sie wollen wissen, welche Lebens- und Überlebenschancen ihr behindert («missgebildet») auf die Welt gekommenes Kind hat. Catel erklärt den Eltern, er halte die «Erlösung des Kindes durch einen baldigen Tod» für den besten Ausweg. Catel empfiehlt den Eltern, über die «Kanzlei des Führers» in Berlin ein entsprechendes Gnadengesuch direkt an Adolf Hitler zu richten. Hitler soll die Tötung des Kindes genehmigen.

Beinahe jeder weiß, wie der «Führer» darüber denkt, er hat es in vielen Reden öffentlich entwickelt. Er glaubt, dass sich für den «Kampf ums Dasein» im «unvermeidlichen Ringen der Völker gegeneinander» nur ein «rassereines Volk» durchsetzen kann. Dazu muss man nicht nur das «minderwertige jüdische Rasse-Element» ausmerzen, man muss auch die einzelnen Individuen kritisch auf ihre «Erbgesundheit» hin betrachten. 1929 hat Hitler in Nürnberg unter Beifall geäußert, dass die «Beseitigung der siebenhunderttausend schwächsten von einer Million Neugeborener jährlich» durchaus nicht inhuman sei, sondern eine enorme «Kräftesteigerung des Volkes» bedeute (man erschaudert noch heute bei der Einsicht, dass ein großer Teil des Hitler'schen Weltbildes aus der schäbigsten Traktatliteratur des späten 19. Jahrhunderts stammt). Ebenfalls in Nürnberg sagte Hitler 1935 gegenüber dem Reichsärzteführer Gerhard Wagner, dass er die unheilbar Geisteskranken zu «beseitigen» suche, und zwar «spätestens im Falle eines künftigen Krieges».

Dieser Krieg, den er seit langem plant, wird jetzt immer wahrscheinlicher. Damit wird auch das «Euthanasie-Problem» aktuell.

Es sind übrigens nicht die Nazis, die diese pseudowissenschaftliche Sicht entwickelt haben. Schon vor ihnen übertrugen viele Mediziner – sowohl sozialistische als auch christliche Kapazitäten ihres Fachs – die darwinistische Selektionstheorie *(survival of the fittest)* auf den Menschen. Was hier «Rassenhygiene» genannt wird, ist die Utopie einer «Menschenzucht» analog zur Viehzucht. Sowohl auf der Ebene des Individuums als auch der Völker werde sich immer der Stärkere durchsetzen, und alle religiösen und humanistischen Argumente gegen dieses Prinzip seien letzten Endes widernatürlich. Man müsse das Starke (das «Gesunde») fördern und das Schwache (das «Kranke») ausmerzen. «Stellt es sich heraus, dass das Neugeborene ein schwächliches und missratenes Kind ist, so wird ihm vom Ärztekollegium [...] ein sanfter Tod bereitet, sagen wir durch eine kleine Dosis Morphium», schrieb im Jahr 1895 Alfred Ploetz, der Begründer der deutschen «Rassenhygiene».

Ploetz nannte dieses Töten «Gnadentod».

Das Gnadengesuch der Leipziger Eltern trifft Ende Mai in der Kanzlei des Führers, Hitlers Privatkanzlei, ein, wo sich im Hauptamt II b Hans Hefelmann mit Gnadengesuchen, zum Beispiel der Aufhebung von Todesurteilen durch den «Führer», befasst. Gemeinsam mit seinem Vorgesetzten, dem Leiter des Hauptamtes II, Viktor Brack, beschließt Hefelmann, den «Leibarzt des Führers», Dr. Karl Brandt, einzuschalten. Er soll Hitler das Problem vortragen.

Hitler ordnet an, allen derartigen Gesuchen stattzugeben, sofern die Unheilbarkeit des Leidens erwiesen sei. Er lässt über Dr. Brandt dem Leipziger Klinikdirektor Prof. Catel ausrichten, dass, wenn er durch die vom Führer gestattete Tötungsaktion in irgendein juristisches Verfahren verwickelt würde, dieses niedergeschlagen werde.

Das «Kind K.» wird in Leipzig von Prof. Catel oder seinem Assistenten Dr. Helmut Kohl «eingeschläfert». Es hat nur fünf Monate in dieser Welt gelebt. Ein paar Wochen später befiehlt Hitler seinem Leibarzt Karl Brandt und dem Leiter der «Kanzlei des Führers», Philipp Bouhler, dieses Problem jetzt endlich systematisch anzugehen. Viktor Brack vom Hauptamt II soll dabei den organisatorischen Teil übernehmen.

Samstag, 27. Mai, Havanna, Kuba. Hunderte stehen an der Reling, als Kuba in Sicht kommt, eine türkisfarbene See, ein warmer Wind, der durch hohe Königspalmen weht, kleine Hütten auf weißen Stränden, schließlich der Hafen von Havanna, links die alte spanische Festungsanlage mit den Kanonen, *El Morro*, und rechts die Altstadt mit der Kathedrale. Die Passagiere tragen schon ihre Koffer an Deck, das Schiff legt aber nicht an, sondern wirft in der Bucht Anker. Schon nähern sich Boote, Freunde und Verwandte, die ihre Flucht bereits früher geschafft haben, sie rufen: «Alles wird gut!»

Ja, warum denn auch nicht?

Jetzt laufen die ersten Gerüchte um. Man müsse warten, zuerst komme eben immer die Gesundheitsbehörde an Bord. Ach nein, das nicht, aber am Wochenende wird nicht ausgeschifft. Dann heißt es, es gibt Schwierigkeiten mit den Landeerlaubnissen. Polizei kommt an Bord, Hapag-Vertreter kommen, und die *Jewish Joint* hat einen Anwalt geschickt. Was die betroffenen Passagiere noch kaum begreifen, wird in Havanna seit Tagen heftig diskutiert: das Verbot der Aufnahme dieser jüdischen Flüchtlinge aus Deutschland. Die Presse fordert von Präsident Brú die sofortige Rücknahme seines Dekrets, aus Gründen der Humanität, doch der bleibt hart: Die Hapag, die diese Passagiere «mit illegalen und durch Bestechung erworbenen Dokumenten hierhin gebracht hat», müsse nun auch für die Rückreise sorgen. Kapitän Schröder wendet sich hilfesuchend an das deutsche Konsulat in der Stadt, man sagt ihm: «Aber Herr Kapitän, es sind doch Juden. Bringen Sie sie zurück und lassen Sie jemand anderen die Verantwortung übernehmen.»

Zurück nach Deutschland?

Der erste Verzweifelte schneidet sich die Pulsadern auf und springt über Bord. Er wird gerettet und an Land gebracht (und wird ironischerweise der einzige ‹Illegale› sein, der auf Kuba bleiben darf). Von den 937 Passagieren, so zeigt es sich jetzt, haben nur 28 wirklich gültige Papiere. Unter Tränen trennen sie sich von den anderen, um die Boote zu besteigen.

Dr. Joseph, der Vorsitzende, hängt eine Bekanntmachung aus: «Die kubanische Regierung hat uns befohlen, den Hafen zu verlassen [...]. Unsere Abfahrt bedeutet jedoch nicht das Ende der Verhandlungen [...]. Alle werden sich bemühen, eine Landung außerhalb Deutschlands zu ermöglichen.» Die Schiffsmotoren werden angeworfen, die Sirene heult auf, und ein paar hundert Menschen stampfen so heftig auf den stählernen Boden, dass es im ganzen Schiff widerhallt: Wir wollen nicht weg! Wir wollen nicht weg!

Um diese Zeit lässt in Deutschland Goebbels im Radio erklären: «Da niemand die schäbigen Juden der ‹St. Louis› haben will, werden wir sie wohl zurücknehmen und versorgen müssen.» Denn das ist es, was er erreichen will: der Welt zu zeigen, dass diese Menschensorte überall auf der Welt genauso unwillkommen ist wie in Deutschland.

Sonntag, 4. Juni, London. Vor genau einem Jahr hat er die Stadt, in der er sein Leben verbrachte, verlassen. In Wien war er, vor einer halben Ewigkeit, zuerst Dozent für Neuropathologie an der Universität gewesen, ehe er 1886 seine eigene psychiatrische Praxis eröffnete und damit allmählich die Grundlagen seiner Psychoanalyse entwickelte, ein grundlegend neues Therapieverfahren und ein ebenso neues Bild vom Menschen, von seiner Seele. Die «Drei Abhandlungen zur Sexualtheorie von Prof. Dr. Sigm. Freud», 1905 erschienen, in denen er den Geschlechtstrieb als den hauptsächlichen Trieb des Menschen beschreibt, machten ihn schlagartig berühmt und berüchtigt. Auch in den schon vorher erschienenen Werken «Die Traumdeutung» und «Zur Psychopathologie des Alltagslebens» steckt ungeheurer Zündstoff, denn Freud sieht individuelle Fehlentwicklungen oder Neurosen auch als Folge gesellschaftlicher Zwänge, Normen und Tabus, die schon in früher Kindheit erfahren werden.

Aber nicht deshalb – oder nicht *nur* deshalb, denn seine Schriften sind schon 1933 verbrannt worden – musste der zweiundachtzigjährige Sigmund Freud Wien im vergangenen Jahr verlassen, sondern weil er in Österreich, nachdem es dem Großdeutschen Reich «angeschlossen» wurde, wie alle anderen Juden mit dem Tod bedroht war. Er erinnert sich genau an den Tag des Einmarsches der deutschen Truppen, damals im März 1938, an die dramatische Abschiedsrede Kanzler Schuschniggs im Radio, die Panik unter jüdischen Menschen, die massive Flucht. *Finis Austriae,* notierte er. An diesem Abend waren die Landstraßen verstopft, die Züge in Richtung Prag und Zürich überfüllt, selbst der Flughafen voll von angstvollen und hilflosen Menschen, während «das Volk» noch voller Jubel war über diesen «Anschluss». Ein unglaubliches Gemisch, das da aufbrach, die halbe jüdische Welt Wiens: Fürsten und Bankiers, Proleten und linke Parteiführer, Damen im Pelz und kleine Hausmädchen, Offiziere, Staatsbeamte, Journalisten – sogar christliche Priester, sofern sie jüdische Großeltern hatten.

Schlagartig war Österreich ein Land geworden, in dem sich der Antisemitismus unter dem Schutz der deutschen Truppen und des Sicherheitsdienstes der SS austoben durfte: eine widerliche Mischung aus geplanten Säuberungen der Deutschen und Tausenden von spontanen Übergriffen biederer Wiener Bürger, eine *Schreckensherrschaft*, wie Carl Zuckmayer, der diese Tage erlebt hat, schreibt: «Die Unterwelt hatte ihre Pforten aufgetan und ihre niedrigsten, scheußlichsten, unreinsten Geister losgelassen.» Die Deutschen verhängten einen Boykott gegen jüdische Geschäfte, aber der Pöbel plünderte sogleich die Läden und drang in jüdische Privatwohnungen ein. Schlägertrupps in Braunhemden und Jugendbanden, plötzlich alle mit Hakenkreuzbinden am Arm, trieben orthodoxe und an der Kleidung erkennbare «Ost-Juden» vor sich her durch die Straßen, andere brüllten vor Vergnügen, wenn ihre jüdischen Opfer es nicht schafften, mit Zahnbürsten die Parolen gegen die Volksabstimmung von den Gehwegen zu putzen: «Endlich Arbeit für Juden! Wir danken unserem Führer!» Englische, amerikanische und schweizerische Journalisten waren Zeugen all dieser Misshandlugen in der «Stadt der Fröhlichkeit an der bezaubernden blauen Donau».

Sie notierten auch, dass oft Männer in deutschen Uniformen den Mob auseinandertreiben mussten, um das Allerschlimmste zu verhindern. Alles dies geschah inmitten eines feierlich-patriotischen Vereinigungstaumels mit Fahnen, Marschmusik und Dankgebeten. Die katholische Kirche, mit Kardinal Innitzer an der Spitze, begrüßte die deutschen Truppen enthusiastisch, während in den Städten und Dörfern die «Zwischenfälle» noch abscheulicher waren als alles, was bis dahin im Deutschen Reich geschehen war.

Sigmund Freud saß in seiner Wohnung, Berggasse 19, tagelang am Radio, umgeben von wenigen Freunden und seiner Tochter Anna. Am 15. März 1938, am Tag nach Hitlers Ankunft in Wien, drangen Braunhemden in die Wohnung ein und durchsuchten auch das Büro des Psychoanalytischen Verlags, Berggasse 7. Sie fanden nichts, versprachen aber wiederzukommen. Freud hatte über die Jahrzehnte ein Werk aufgebaut, das er nicht im Stich lassen wollte; an eine spontane Flucht war deshalb nicht zu denken.

Mit Hilfe des amerikanischen Diplomaten William C. Bullitt, eines Anhängers der Psychoanalyse, erhielten sie am 2. Juni von den Nazi-Behörden ihre Pässe, und zwei Tage danach brachen sie auf. Es war ein Abschied für immer. Am nächsten Tag, bei Freuds Ankunft in Paris, gab es einen Menschenauflauf auf dem Austerlitz-Bahnhof, viele Fotografen, Reporter, auch Schaulustige. Freud, mit dem berühmten weißen Vollbart, der dunklen Hornbrille und dem Hut auf dem Kopf, schaut aus dem Zugfenster, neben ihm Anna. Am Tag darauf, in der Londoner Victoria Station, der gleiche Auflauf, Kamerateams, Interviews im Blitzlichtgewitter. Er sei gekommen, sagt der alte Mann, um «in Freiheit zu sterben».

Seit Anfang September 1938, kaum drei Monate nach seiner Flucht aus Wien, gab es alarmierende Anzeichen, dass der Krebs, gegen den er seit fünfzehn Jahren kämpfte, wieder aktiv geworden ist. Sein Chirurg, Dr. Pichler, kam eigens aus Wien nach London und nahm eine große Operation vor. Er schnitt von außen durch die Wange, um an den Tumor heranzukommen. Danach war Freud sehr gebrechlich. Trotzdem begann er wieder zu arbeiten, wenn der

Schmerz ihn dazu kommen ließ. Er empfing Patienten in seinem Haus in Hampstead, und er schrieb an seinem Moses-Buch («Der Mann Moses und die monotheistische Religion»). *Seine* Bücher, *seine* Antiquitäten, *seine* berühmte Couch, all das hat seine Tochter Anna den Nazis, denen jetzt auch Österreich gehört, abkaufen müssen. Doch immerhin waren diese Dinge, die er als Umgebung braucht, endlich in London eingetroffen.

Die Kriegsdrohung hängt über der Welt wie ein dunkles Verhängnis, dem niemand entkommen kann. Als sich Chamberlain und Daladier im September 1938 mit Hitler trafen, um ihm Teile der Tschechoslowakei auszuliefern, schrieb Freud in seine *Chronik* nur das Wort *peace*. Am 10. November notierte er *pogroms in Germany*. Siebentausend demolierte jüdische Geschäfte, Hunderte von niedergebrannten Synagogen, fünfzigtausend deutsche Juden, die ins KZ gebracht werden.

Das Ende des jüdischen Lebens in Deutschland.

Sonntag, 4. Juni, Karibik, vor der Küste Floridas. Die «St. Louis» steuert auf die Küste Floridas zu. Der zwölfjährige Herbert Karliner wird die bonbonbunten Häuser Miamis, die er sieht, niemals vergessen.[5] Plötzlich macht sich auf dem Schiff große Zuversicht breit: Amerika, das Mutterland der Demokratie, das weiß man doch, die Zivilisation, man wird sie ganz sicher aufnehmen. Jemand rezitiert den Text von der Freiheitsstatue im Hafen von New York:

Give me your tired, your poor,
Your huddled masses yearning to breathe free,
The wretched refuse of your teeming shore;
Send these, the homeless, tempest-tost to me ...[6]

Und hier sind sie, die Heimatlosen, die vom Sturm Getriebenen, 908 sind es auf diesem Schiff ... Doch die US-Küstenwache lässt sie in keinen Hafen einlaufen. Roosevelt befindet sich im Wahlkampf, seine eigenen Leute haben ihn unter Druck gesetzt, diese Schiffsladung Juden nicht ins Land zu lassen, man dürfe keinen Präzedenzfall schaffen. Zwölf Millionen arbeitslose amerikanische Wähler, die bestimmt niemanden reinlassen wollen! Es nützt auch nichts, zu sagen, dass alle diese Flüchtlinge bereits seit langem im Besitz einer Einreisenummer sind, die ihnen in irgendeiner Zukunft ohnehin die Einreise erlauben würde – warum also jetzt nicht einfach eine vorgezogene Aufnahme? Doch der Präsident bleibt hart.

Es ist still an Bord. Das Orchester spielt nicht mehr, das Kino bleibt leer, das Schiff kreuzt zwischen Kuba und Florida hin und her. Schröder und sein Bordkomitee schicken Telegramme an die Regierungen der halben Welt, flammende Hilferufe, die meisten werden nicht einmal beantwortet, die anderen abschlägig. Der Kapitän hat «Selbstmordverhütungsrundgänge» angeordnet, Scheinwerfer leuchten nachts die Decks aus, Joseph Karliner erinnert es an die tastenden Suchscheinwerfer Buchenwalds.

Dann das Telegramm aus Deutschland, von der Hapag: «Sofort nach Hamburg zurück!» Kapitän Schröder akzeptiert das nicht. In einer Serie von Telegrammen kündigt er an, das Schiff an der britischen Küste in Brand stecken zu lassen. Er könne auch nicht garantieren, dass sich auf dem Schiff während der Rückreise nicht ein organisierter Massenselbstmord ereigne, neunhundert Tote auf einem Schiff, vielleicht vor dem Hafen von Southampton … Schließlich kommen die Antworten. Sie kommen von den Regierungen Hollands, Belgiens, Frankreichs und Großbritanniens. Man wird die «Verdammten der ‹St. Louis›», wie die Presse sie schon nennt, aufnehmen.

Montag, 5. Juni, Algier. An diesem Morgen erscheint im «Alger républicain» der erste Teil einer Artikelserie eines jungen Reporters über die Kabylei, eine von Berbern bewohnte nordalgerische Region: «Misère de la Kabylie». Der erste Artikel steht unter der Überschrift: «Griechen in Lumpen» und beschreibt die Hungerkatastrophe bei den Kabylen, um die sich bisher niemand in der politischen Führungsschicht oder der Verwaltung der französischen Kolonie Algerien gekümmert hat. Sie leben in einer dichtbevölkerten Region, müssen Weizen und andere Nahrungsmittel importieren, können sie aber nicht bezahlen. Tausende sterben, und Algier und Paris schauen weg. Einer der Hungernden hat dem Reporter gesagt: «Hoffentlich kommt es bald zum Krieg, dann wird man uns brauchen und uns endlich zu essen geben.» Im Ersten Weltkrieg hat Frankreich Hunderttausende junge Männer aus den Kolonien zu französischen Soldaten gemacht, die gegen Deutschland kämpften.

Die Berber in der Kabylei sind am Ende ihrer stolzen tausendjährigen Geschichte in der kolonialen Misere angekommen; sie sind *Griechen in Lumpen.*

Der bisher kaum bekannte junge Reporter heißt Albert Camus. Zehn Tage lang hält er seine Leser, das heißt den liberalen, aber ahnungslosen Teil der französisch-algerischen Bevölkerung, mit seiner Anklage in Aufregung. Am Schluss schreibt der Sechsundzwanzigjährige: «Wenn die koloniale Eroberung überhaupt irgendeine Rechtfertigung hätte, dann müsste sie darin bestehen, den kolonisierten Völkern zu helfen, ihr Leben und ihre kulturelle Eigenart zu bewahren.»

Camus ist selbst eine Art Grieche in Lumpen, ein hellenistischer Philosoph und Augustinus-Kenner aus der Arbeitervorstadt Belcourt, aufgewachsen neben dem Schlachthof am Meer, wo der Wind nach Blut und Salz riecht, in einer spanisch-französischen, sehr armen Einwandererfamilie. Seine Mutter, die er über alles liebt, ist Analphabetin; ihr Mann, Alberts Vater, der sich als Kutscher durchgeschlagen hat, ist bereits in der Marneschlacht für das «Vaterland», Frankreich, gefallen. Der 1913 geborene Albert hat den Vater nie bewusst erlebt. Die Witwe zog mit den Kindern zu ihrer eigenen Mutter, einer herrschsüchtigen Alten aus Mallorca, unter deren strenges Regiment sich auch die junge Frau beugen musste.

Als Albert zehn war, haben seine Grundschullehrer seine Mutter weichgeklopft, sie möge ihm doch gestatten, sich für die Aufnahmeprüfung des Gymnasiums vorzubereiten. Albert bestand glänzend und pendelte seitdem zwischen der Welt der Armen und dem bürgerlichen Milieu der Schule, wo er sich manchmal seiner Herkunft schämte. Mit neunzehn legte er das *bac* ab, das Abitur. Sein Traum war die École normale supérieure in Paris, die Elitehochschule (an der ein paar Jahre zuvor Sartre und Beauvoir, die er bald kennenlernen wird, studiert hatten), doch gibt es in Algerien keine Möglichkeit, sich auf diese Aufnahmeprüfung vorzubereiten.

Albert hat sein Philosophiestudium mit einer Arbeit über Plotin und Augustinus abgeschlossen; er spielt halb professionell Fußball, allerdings zwingt ihn seine Asthma-Erkrankung, damit aufzuhören; er inszeniert am Théâtre du travail avantgardistische Stücke und steht auch selbst auf der Bühne; der junge Intellektuelle war Mitglied der Kommunistischen Partei, bis man ihn aus der Partei ausschloss. Die Parteiführung in Algier hat auf Weisung Moskaus jegliche antikolonialistische Propaganda eingestellt – und damit Albert die Grundlage seines Denkens und Handelns entzogen. Stalin will nicht, dass Frankreich gegenüber dem aggressiv aufrüstenden Deutschland «im Inneren geschwächt» wird, auch nicht in den Kolonien selbst. Aber Camus sieht nicht ein, dass er für derlei taktische Manöver eine grundlegende Wahrheit verraten soll.

Diese Wahrheit ist einfach und gilt überall in den Kolonien auf ähnliche Weise: Achthunderttausend «Algerienfranzosen» herrschen über acht Millionen Araber. Die erste Gruppe besteht aus Europäern, Franzosen, Italienern, Spaniern, assimilierten Juden; die Menschen der anderen Gruppe, selbst wenn sie frankophil und gebildet sind, haben in Algerien keinerlei Bürgerrechte.

Jetzt hat Camus über seinen Freund, den Journalisten Pascal Pia, den Reporterjob bei «Alger républicain» bekommen, wo man ihn seine Meinung sagen lässt.

Er hasst die Ungerechtigkeit, und er liebt das Leben. *Die Forderungen der Geschichte, aber auch die Sonne.* Er ist jung, er sieht blendend aus, er lebt in einer – trotz aller Armut – sinnenfrohen Stadt. Die Sommerabende in Algier, dieser weißen Stadt auf Hügeln rings um eine großartige Bucht, sind wunderbar – selbst für arme Menschen. Die weiß aufschäumende Brandung in der Sternennacht, das Lachen der vorbeigehenden Passanten an der Uferpromenade, die schönen Frauen. Zum Beispiel jene, die an der Terrasse des Café des Facultés in der Rue Michelet vorbeigehen in ihren bunten, fließenden Gewändern – *man kann sie ohne falsche Scham betrachten, denn zu diesem Zweck gehen sie ja vorbei.* Ohne eigene Wohnung, lebt Camus mal hier, mal dort bei Freunden; er schreibt an ihren Küchentischen. Er schreibt viel, neben der Zeitungsarbeit. Gerade hat er einen Essay *über das Absurde* begonnen (den er später «Le Mythe de Sisyphe» nennen wird): über Sisyphos, den die Götter verurteilt haben, einen Felsen immer wieder neu den Berg hinaufzuwälzen; ein Bild der absoluten Sinnlosigkeit. Doch darin, schreibt Camus, «besteht die verborgene Freude des Sisyphos. Sein Schicksal gehört ihm. Der Kampf gegen Gipfel vermag ein Menschenherz auszufüllen. Wir müssen uns Sisyphos als einen glücklichen Menschen vorstellen.» Außerdem macht er sich erste Notizen für einen sehr merkwürdigen Roman, den er zunächst «L'Indifférent» (Der Gleichgültige) nennt. Ein junger Algerienfranzose tötet einen jungen Araber am Strand, niemand weiß warum. Fremdheit ist seine existenzielle Bedingung, und er ist sich auch selbst der Fremde, *l'étranger.*

Von dieser afrikanischen Küste aus betrachtet, ist Europa sehr fern, eine hinter dem flirrenden Horizont liegende Welt. Und doch werden bald auch hier die Menschen, Albert Camus und alle seine Freunde, auch die Araber, in den Strudel des Krieges gerissen, den Hitler entschlossen herbeiführt. Auch die Situation der Kolonie, ihre ganze Zukunft, wird sich dadurch dramatisch verändern.

Und wer wird noch ein «eigenes Schicksal» haben?

Dienstag, 6. Juni, New York. An seinem vierundsechzigsten Geburtstag geht der Schriftsteller Thomas Mann, der seit dem vergangenen Herbst in den USA lebt, auf seine letzte Europareise vor dem Krieg. Von ihrem Haus in Princeton lassen sich Thomas, Katia und Erika Mann direkt in den New Yorker Hafen fahren, wo die ihnen gutbekannte «Île de France» liegt. Sie haben auf dem vornehmen A-Deck in der ersten Klasse die Kabine 295 gebucht. Klaus Mann bleibt in Amerika zurück und notiert abends im Tagebuch: *Heute auf der Île de France bei der Abreise von Eltern und E. wieder den Tränen nahe ... Die Abschiede werden immer bitterer.*

Thomas und Katia Mann sind sich ihres Reiseziels nicht ganz sicher. Eigentlich wollen sie noch einmal, ehe der Krieg sie von der Alten Welt abschneidet, in die Schweiz. Doch die greisen Eltern von Katia, Alfred und Hedwig Pringsheim in München, haben bei den Nazi-Behörden einen Antrag auf Ausreise in die Schweiz gestellt; der berühmte Mathematiker Pringsheim ist nach geltenden Nazi-Gesetzen jüdischer Abstammung. Und Thomas Mann möchte nicht, dass durch sein bloßes Erscheinen Schwierigkeiten für die Auswanderung entstehen. Schlimm genug, dass gerade wieder das «Schwarze Corps», die SS-Zeitung, Thomas Manns Bruder Heinrich unflätig angegriffen hat, den engagierten Schriftsteller, eine der zentralen Figuren des publizistischen Widerstands gegen die Nazis. Heinrich lebt in Paris im Exil. Thomas Mann notiert am Tag der Abreise, er halte es für nötig, mindestens bis August *ante portas* zu bleiben. Vielleicht in einem der schönen holländischen Seebäder?

Es sind Tage, in denen der Schriftsteller seinem Tagebuch eine große Krise anvertraut: *Leidende Tage, Thränen und Pein. Spät gefundener Schlaf. Ekel vor Speisesaal, Kellnern, Salon. Kommandanten-Dinner abgesagt ... Tiefe Nervendepression.*

Er versucht, am achten Kapitel von «Lotte in Weimar» weiterzuarbeiten.

Samstag, 10. Juni, Greifswald. Die Bahnfahrt hat eine Ewigkeit gedauert, von Siegburg über Köln und Hannover nach Berlin, und dann die dreistündige Fahrt nach Greifswald. Die zwanzigjährige Ilse Fröhlich hatte sich vorgenommen, während der Reise noch einmal gründlich über alles nachzudenken. Aber es gibt nichts nachzudenken. Sie wird ihrem Vater viel Kummer bereiten, aber wer kann verlangen, dass sie ihr eigenes Herz verrät? Mit solchen Formulierungen, die sie in Gedanken ausprobiert, wird sie morgen oder übermorgen einen Abschiedsbrief an den Vater schreiben.

Sie stellt sich vor, wie in drei, vier Tagen der Vater in seinem kleinen Hutgeschäft an der Siegburger Kaiserstraße den Brief aus der Hand des Postboten nimmt und ihn öffnet. Es wird ihm sehr wehtun, ihn zu lesen. *Aber es ist ja doch alles Schicksal und Bestimmung.*

In der Handtasche hat sie ihren Reisepass; er stammt noch aus dem Jahr 1934, deshalb steht dort nur ihr wirklicher Name, Ilse Fröhlich. Auf der Kennkarte, die man ihr kürzlich in Siegburg ausgestellt hat, heißt sie mit zweitem Vornamen Sara; außerdem steht auf der Seite ein großes J. Sie hat die Kennkarte zu Hause gelassen.

Ilse ist weizenblond und hat funkelnde blaue Augen; das Stereotyp einer «Arierin». Sie denkt an Rudi, er wird sie in Greifswald am Bahnhof erwarten. Der Gedanke macht sie glücklich, ein Gefühl der Vorfreude, wie immer, wenn sie ihn trifft. Ilse Fröhlich und Rudolf Marx lieben sich schon seit anderthalb Jahren.

Jetzt wissen sie nicht mehr weiter. Sie ist Jüdin, er deutscher Soldat, stationiert in Greifswald bei der 10. Kompanie des 92. Infanterieregiments. Wenn sie sich ihm hingibt, mitten in der Lust, fällt ihr manchmal dieses ekelhafte Wort aus der Zeitung ein: *Rassenschande*. Rudi ist «Staatsangehöriger deutschen Blutes», ihm ist sowohl die Heirat als auch der Sex mit der Jüdin verboten. Ihre Liebe ist also ein strafwürdiges Vergehen, es kann sogar mit Zuchthaus bestraft werden. Ilse vermutet, dass Rudi manchmal unter seiner Liebe zu ihr leidet. Er bewundert doch den Führer so sehr. Und was ist, wenn der Führer vielleicht doch recht hat und diese Liebe ein Verbrechen ist – gegen die *Rassereinheit* des deutschen Volkes? Wo können sie hingehen, wie diesem ungeheuren Druck entkommen?

Bei der Einfahrt in den Bahnhof beugt sie sich aus dem Fenster, in den Wind. Es ist heiß, ein früher strahlender Sommertag. Als sie aussteigt, sieht sie Rudi auf sich zukommen. Er ist ohne Uniform. Sie läuft ihm entgegen, er nimmt sie in die Arme. «Schau mal», sagt Rudi. Er hat Fahrkarten nach Ahlbeck auf Usedom gekauft. Das Kaiserbad.

Und er hat drei Tage Urlaub, bis Dienstagmorgen.

Dienstag, 13. Juni, Usedom. Jemand hat Schüsse gehört, drei Pistolenschüsse, die rasch hintereinander abgegeben wurden. Sie kamen vom Strand. Gegen 5.30 Uhr morgens kommt ein herbeigerufener Gendarmeriemeister an den Ahlbecker Strand in Höhe der Dünenstraße 41. In einem Strandkorb findet er zwei reglose Personen, die sich umarmen, einen Mann und eine Frau. Sie sind blutüberströmt; der junge Mann hält eine Pistole in der Hand. Der Polizist lässt sofort einen Arzt aus dem Ort holen. Dr. Güthenke stellt Minuten später fest, dass die junge Frau tot ist; der Mann «gibt noch schwache Lebenszeichen von sich», wie es im Protokoll heißt. Aus den Papieren des Mannes ergibt sich, dass er Soldat ist; also lässt ihn der Arzt mit einem herbeigerufenen Sanitätswagen in das Marinehospital Swinemünde bringen.

Viele Menschen, Einheimische wie Urlauber, stehen um den Strandkorb herum. Es ist schon warm, die Sonne steht über der Ostsee, ein strahlender Sommertag hat begonnen. Der Gendarmeriemeister untersucht die Pistole («ausländisches Fabrikat») und stellt fest, dass daraus drei Schüsse abgegeben wurden. Der Hergang der Tat scheint eindeutig: Der Mann hat zuerst zwei Schüsse auf die Frau abgegeben, einen seitlich durch die Stirn, den zweiten ins Herz; dann hat er sich selbst eine Kugel in den Kopf geschossen. Möglicherweise also ein Mörder, der versucht hat, sich anschließend selbst zu richten. Dagegen spricht allerdings die Tatsache, dass beide so eng umschlungen im Strandkorb liegen.

Aus den Papieren ergibt sich, dass es sich bei der Toten um «Ilse Fröhlich, geb. am 11. Febr. 1919, wohnhaft in Siegburg bei Köln, Kaiserstraße 20» handelt. Der Mann ist laut seinen Papieren Rudolf Marx aus Bonn, zurzeit Soldat bei der 10. Kompanie des 92. Infanterieregiments in Greifswald. Gegen 9 Uhr, während der Polizist noch seinen Bericht tippt, wird mitgeteilt, dass Rudolf Marx im Marinehospital verstorben ist.

Genau um diese Zeit wird auf dem örtlichen Postamt ein Brief abgestempelt, der am späten Abend oder in der Nacht in den Briefkasten geworfen wurde und für Herrn M. Fröhlich in Siegburg bestimmt ist. Michael Fröhlich, der Vater von Ilse, erhält den Brief am nächsten Tag. Er ist an ihn und an seine langjährige Mitarbeiterin und Lebensgefährtin Paula Degen gerichtet: *Lieber Vater, liebe Degen! Wenn Ihr diesen Brief bekommt, dann haben Rudi und ich uns erschossen. Trotz aller Schwierigkeiten sind wir zusammengekommen. Ich danke Euch von ganzem, ganzem Herzen für alles, was Ihr für mich getan habt. Ich bin Euch so dankbar, denn Ihr habt mich sorglos leben lassen. Es ist alles Schicksal und Bestimmung. Sicher, ich hab Euch viel Kummer gemacht, aber ich konnte nicht gegen mein Herz an. Vergesst den Schmerz u. all das, was ich Euch antue u. denkt daran, dass wir jetzt glücklich sind. Meine letzte Bitte ist nur, dass Ihr Rudi und mich zusammen in ein Grab legt. Ich flehe Euch an, erfüllt mir diese Bitte. Ich grüße und küsse Euch zum letzten Mal. Eure Ilse.*

Die letzte Bitte der Ilse Fröhlich wird nicht erfüllt. Der Vater[7] lässt das Mädchen auf dem jüdischen Friedhof in Siegburg beisetzen. Auf dem Grabstein steht: «Hier ruht mein innigst geliebtes einziges Kind Ilse Fröhlich». Rudolf Marx wird auf dem Bonner Nordfriedhof in einem Reihengrab beerdigt.

Mittwoch, 14. Juni, Dresden. Der Oberbefehlshaber der Heeresgruppe 3, General Johannes Blaskowitz, befiehlt im Auftrag Hitlers seinen Einheiten, alle Vorbereitungen für den Aufmarsch gegen Polen bis zum 20. August 1939 abzuschließen. Auf militärischer Seite läuft damit alles nach Plan, wie es in Hitlers Weisung zum «Fall Weiß» vorgesehen ist. Eine Woche später wird das Oberkommando der Wehrmacht den genauen Ablaufplan für den deutschen Angriff gegen Polen vorlegen.

Mittwoch, 14. Juni, Paris. Sie sehen das neue Stück von Giraudoux, «Undine», im Théâtre de l'Athénée, und in der Pause spüren sie das übliche Getuschel, die feindseligen Blicke. Noch sind sie nicht die «Monster», die das französische Bürgertum nach dem Krieg aus ihnen machen wird, auch nicht die «heiligen Monster», denen eine weltweite Gemeinde von «Existenzialisten» zu Füßen liegen wird.

Doch die Ideen, die Haltung und der Stil dieses einzigartigen Paares – auch ihr schlechter Ruf – sind schon entwickelt. Sartre und Simone de Beauvoir leben in Hotels, sie schreiben in den Cafés, im Flore oder im Dôme, sie leben ganz nach ihren eigenen Bedürfnissen und Vorstellungen. Weder Sartre noch Simone de Beauvoir interessieren sich für politische Aktivitäten, nicht einmal der spanische Krieg hat sie aufgerüttelt. Der Mann, der später leidenschaftlich die *littérature engagée* propagiert, ist gesellschaftlich nicht im Geringsten engagiert. Sie können stundenlang über einen Satz von Montaigne, aber ebenso über die Geschichte des Nagellacks reden, sie tauschen den neuesten Klatsch aus, Details über das Sexualleben ihrer Freunde oder über die letzte Gräueltat in den Gazetten, wie gerade jetzt über den Serienmörder Eugène Weidmann. Zugleich arbeiten sie aber ernsthaft. Im vergangenen Jahr hat Jean-Paul Sartre, nach langem Zögern des Verlags Gallimard, seinen ersten Roman veröffentlicht, «Der Ekel», und damit sind die Jahre des Misserfolgs, der Depression und des Selbstzweifels für ihn überwunden.

Im Jahr 1933 ist Sartre, nachdem er die Phänomenologie Edmund Husserls entdeckt hat, nach Berlin gegangen. Von der Machtergreifung Hitlers und der einsetzenden Repression hat er damals nicht viel mitbekommen, er war ganz von Heidegger inspiriert, lebte in Texten und Ideen, und in seiner Freizeit versuchte er, möglichst viele deutsche «Fräuleins» umzulegen, musste aber feststellen, dass er ohne seine Sprache überhaupt keine Wirkung auf Frauen hat. Immerhin entwickelte sich langsam sein erstes philosophisches Werk, «Die Transzendenz des Ego», 1937 erschienen.

Er ist sehr klein, einen ganzen Kopf kleiner als sie, und wegen einer Krankheit schielt er seit seiner Jugend, er ist also, wie er weiß, *hässlich*, er sieht es am *Blick der anderen*: «Normalerweise ist der Mensch, der mich ansieht und der mir auf der Straße begegnet, feindselig.» Seine Stimme aber ist angenehm und tief. Sie ist das Medium seines Geistes, eines verführerischen Geistes. Denn dieser «hässliche Zwerg», wie ihn seine Gegner nennen, ist tatsächlich ein «homme à femmes», seltsamerweise. Einzig mit dem Charme seines

Geistes vermag er Frauen zu verführen – es sind nicht gerade wenige, Louise, Natascha, Bianca, und immer mehrere zugleich. Seinen Jünglingstraum, «als Mittelpunkt in einer Welt von Frauen zu leben, als Souverän», wie er selbstironisch sagt, «in einer ausgewählten Gesellschaft zauberhafter Mädchen, in der ich König wäre» – diesen Traum hat er verwirklicht. Er will sich nicht damit abfinden, früher oder später in das «Vernunftalter», in die Epoche der Nützlichkeit, eintreten zu müssen.

Beide sind Philosophielehrer, und zumindest Simone liebt diese Arbeit. Die Schülerinnen des Lycée Molière sind fasziniert von dieser jungen gutaussehenden Frau, die kaum ein paar Jahre älter ist: «Sie war schön, jung, geschminkt und sehr lebendig», so wird man noch Jahre später von ihr sprechen. Die kühneren Schülerinnen warten morgens an der Métro-Station, um sie zur Schule zu begleiten, die schüchternen bewundern sie von fern, ihre atemberaubend eigenwillige Art, sich zu kleiden – bunte Gewänder, Turbane aus kostbaren Stoffen, dazu den billigsten Modeschmuck aus Marokko. Nicht gerade der Stil von «Marie Claire». Simone de Beauvoir fasziniert, weil sie für sich konsequent eine *intellektuelle Existenz als Frau* entworfen hat.

Zwei oder drei der ehemaligen Schülerinnen werden auch zu privaten Freundinnen, und mit einer, der Russin Olga Kosakiewicz, haben Sartre und Simone das Modell des *Erotischen Trios* durchgespielt, eine nervenaufreibende Zeit, über die Simone gerade einen Roman zu schreiben versucht, «L'invitée» – für Sartre war es «die Zeit meines Wahnsinns und meiner Leidenschaft für O.».

Seit zehn Jahren, seit 1929, als sie sich in der Abschlussklasse der École normale supérieure kennenlernten, ist er mit Simone de Beauvoir zusammen: eine eigenartige und einzigartige Beziehung, eine Bindung in der Freiheit, die Freiheit in einer unauflöslichen Bindung, beide versuchen zu leben, was sie als die «einzig wahre Gestalt der Liebe» empfinden – oder sich vielleicht auch ausgedacht haben: Aufrichtigkeit, kompromisslose Offenheit, Verzicht auf Ausschließlichkeit, Verzicht auf sexuelle Treue, damit nicht «die Freiheit des

Begehrens im Namen des Besitzes unterdrückt» werde. Beide sprechen dieser Liebe den Status der *Notwendigkeit* zu – gegenüber dem flüchtigen, unvorhersehbaren und schließlich auch recht vergänglichen Begehren. Eine Liebe, die die vollständige Freiheit des Anderen will und ausdrücklich fordert. «In Wirklichkeit behandele ich meine Gefühle wie Ideen», wird er später erkennen. Das ändert aber nichts an der Kraft, die diese Liebe ihm verleiht, «eine olympische Sicherheit und das große Glück» ... Wie eine Filmfigur, die sie beide lieben (Kay Francis in «Cynara»), sagen sie sich manchmal: *Auf meine Art bin ich dir treu, Cynara.*

Nach der Krise zur Zeit des Münchener Abkommens im letzten Herbst, dem tiefen Schock eines plötzlich drohenden Krieges, ist Simone wieder voller Euphorie: «In Deutschland und wahrscheinlich auf dem Balkan würde Hitler weiter sein Unwesen treiben, aber ich glaubte, in Frankreich hätten wir von seinen Expansionsgelüsten nichts zu befürchten.» Manche ihrer Freunde sind peinlich berührt angesichts dieser Egozentrik. «Zu meiner Schande muss ich gestehen», gibt sie später zu, «dass ich gänzlich auf die eigene Person fixiert war – und dass ich erst durch den Krieg begriffen habe, dass ich *in der Welt* lebe und nicht außerhalb davon.»

Donnerstag, 15. Juni, Paris. Vorgestern sind sie spät in Paris angekommen; es war eine stürmische Nacht, kalt und verfroren. Für ihre einundzwanzig Gepäckstücke haben sie eine Droschke mit Gepäckdach gefunden, die sie zum Étoile brachte, wo sie im Hotel Astoria Zimmer reserviert hatten. Paris ist trotz des schlechten Wetters *sehr voll*, da dieses Jahr *niemand nach Deutschland und Italien* geht, glaubt Thomas Mann. Wie schon auf dem Schiff findet er auch in Paris nur schwer in den Schlaf, meistens muss er sein bewährtes *Mittel* nehmen (Phanodorm), dann allerdings schläft er bis tief in den Vormittag, was er hasst.

Gestern Nachmittag hat er seinen Bruder Heinrich getroffen, sie haben sich ihre gegenseitigen Pläne dargestellt. Heinrich, der sich nicht akut bedroht fühlt, denkt an Südfrankreich als eine ihm gemäße Gegend für ein längeres Exil. Nach Amerika auszuwandern, das kann er sich nicht vorstellen. Abends waren sie alle zusammen im Théâtre de l'Athénée, wo sie Giraudoux' neues Stück «Undine» sahen. *Dann Champs-Élysées, zum Essen ins Hungaria. Vollständig verfehlter Abend.*

Und jetzt packen sie bereits wieder. Der D-Zug (den er jetzt immer Pullman nennt) wird sie nach Holland bringen, wo sie sich in Noordwijk einquartieren wollen bis in den späten Sommer. Er muss seine innere Ruhe wiederfinden, um mit dem «Lotte»-Roman weiterzukommen. Die letzte Nacht in Paris war schlimm: *Nachts Erregung, Todestraurigkeit u Thränen. Mit roter Kapsel spät eingeschlafen.*

Er wird den ganzen Sommer, diesen letzten Sommer vor dem Krieg, an seinem Roman arbeiten.

Samstag, 17. Juni, Versailles. Seit dem vergangenen Abend gleicht die Szene immer mehr einem Volksfest. Zehntausende Schaulustige sind aus Paris nach Versailles gekommen, die wenigen Hotels und Herbergen sind voll, die Kneipen der Stadt haben die ganze Nacht hindurch geöffnet. Ein tolles Geschäft. Der Lärm ist so groß, dass Eugène Weidmann in seiner Zelle im Gefängnis Saint Pierre ihn hören kann. Um 3.45 Uhr in dieser Nacht soll er durch das Fallbeil hingerichtet werden. Staatspräsident Albert Lebrun hat Roger Million zu lebenslanger Haft begnadigt und das Todesurteil gegen Weidmann bestätigt.

Unmittelbar vor dem Gefängnis, direkt am großen Eingangstor, ist die Guillotine aufgebaut. Der Andrang der Schaulustigen ist so groß, dass der Zeitplan der Hinrichtung durcheinandergerät. Erst mit Verspätung hat man die Menge zur Aufrechterhaltung einer gewissen, dem Anlass angemessenen Ordnung gebracht. Trotz eines strengen Fotografier- und Filmverbots hat sich ein Kameramann in einem schräg gegenüberliegenden Eckzimmer eingenistet, von dem er einen optimalen Blick auf das Geschehen hat. Der Scharfrichter und seine Mitarbeiter sind mit schwarzen Gehröcken und schwarzen Hüten, wie man sie zu Beerdigungen trägt, bekleidet. Man sieht jetzt, dass das Gefängnistor sich öffnet. Weidmann wird herausgeführt. Vermutlich hat die Menge in diesem Moment aufgeschrien, doch der Ton wurde nicht aufgezeichnet. Weidmann steht jetzt auf dem halbhohen Gerüst, fast ein bisschen ratlos. Plötzlich werfen ihn zwei Helfer auf das Klappbrett der Guillotine. Der Scharfrichter, Jules-Henri Desfourneaux, löst den Mechanismus aus, der das Beil freigibt, das so schnell heruntersaust, dass man es auf dem Film nicht sieht. Sofort kippen die Helfer das Klappbrett um, und der kopflose Körper fällt in eine seitlich bereitstehende Truhe. Ein anderer Helfer packt den abgetrennten Kopf Weidmanns an den Haaren, holt ihn aus dem dafür vorgesehenen Gefäß und hebt ihn hoch. Durch die Menge geht eine heftige Bewegung. Von der Niederwerfung Weidmanns auf das Klappbrett bis zu diesem Moment sind genau zehn Sekunden vergangen. Ein siebzehnjähriger englischer Tourist, der spätere Schauspieler Christopher Lee, wird diese Hinrichtungsszene niemals vergessen.

Eine Woche später erlässt Ministerpräsident Daladier wegen des «unwürdigen und hysterischen Verhaltens» der Öffentlichkeit während der Hinrichtung eine Verordnung, wonach Hinrichtungen nur noch nichtöffentlich, hinter den Mauern der Gefängnisse, stattzufinden haben.

17. Juni, Danzig. Der deutsche Reichspropagandaminister Joseph Goebbels ist zu Besuch in der Freien Stadt Danzig und hält eine Rede, um weiter gezielt die deutsch-polnischen Spannungen anzuheizen: «Ihr wollt zum großen Deutschen Reich gehören. Euer Wille ist verständlich, klar, eindeutig und, wie ich in eurer Haltung feststellen kann, unerschütterlich.» In seiner unverfrorenen Art wirft Goebbels wiederum der polnischen Seite «Scharfmacherei» vor. Dabei gab es eine Woche zuvor eine deutsche Machtdemonstration in Danzig, eine Parade von sechstausend SA-Männern, ausgerüstet mit Stahlhelm und Gewehr. Goebbels wirft den Briten, diesen «Großsprechern», vor, sie würden den frechen Polen auch noch einen «Blanko-Scheck» ausstellen. In einer Weisung an die deutsche Presse hat

Goebbels verfügt, dass «nach wie vor die Polengräuel die entscheidende Aufmachung bleiben müssen. Was das Volk oder das Ausland von den Polengräueln glaubt oder nicht, ist unwichtig. Entscheidend ist, dass diese letzte Phase des Nervenkrieges nicht von Deutschland verloren» wird.

Samstag, 17. Juni, Southampton, England. Goebbels hat sich geirrt, es gibt doch noch Länder, die Juden aufnehmen. Vor ein paar Tagen hat die «St. Louis» den Hafen von Antwerpen erreicht, wo die Passagiere für Holland, Belgien und Frankreich ausgestiegen sind: 181 gehen nach Holland, 214 nach Belgien, 224 nach Frankreich. Sie feiern zum Abschied ihren Helden, er heißt Gustav Schröder.[8] Die übrigen 287 laufen heute in den Hafen von Southampton ein, während noch einmal die Bordkapelle spielt.

Alle diejenigen, die auf dem Festland geblieben sind, werden dem Krieg und der Verfolgung nicht entkommen sein. Die Flucht wird für sie noch einmal von vorn beginnen. Nach dem deutschen Überfall, im Mai 1940, und der Besetzung Hollands, Belgiens und Frankreichs werden sie abermals gejagt. Herbert Karliner, der Junge, wird sich auf Dachböden verstecken, während seine ganze Familie, von französischen Milizen aufgespürt, 1942 nach Osten transportiert wird, «Direktion: Auschwitz», wie es in den Papieren heißt. Und Ilse Marcus, das Mädchen aus dem «Bekleidungshaus Meyer», wird sich ihr Leben lang, ohne Trost, an den Moment erinnern, als sie sofort nach der Ankunft in Auschwitz an der Rampe von ihrer Mutter getrennt wurde, ohne Umarmung oder Kuss, nur mit einem letzten Blick. Ungefähr ein Drittel der Passagiere der «St. Louis» wird in den Konzentrationslagern getötet.

Die Josephs sind nach England gekommen, deshalb überleben sie den Krieg. Auch Oskar Blechner kommt an diesem Tag in Southampton an. Unverzüglich schreibt er eine Postkarte an seine Familie in München.

Sonntag, 25. Juni, Berlin. Endlich die Sonne auf der Haut, eine grelle Sommersonne, man muss die Augen zu Sehschlitzen verengen. Es riecht nach Nivea-Creme, nach Käsestullen, nach nassen Handtüchern, die in der Sonne trocknen. Geschrei von tausend Stimmen, die wie eine lärmende Wolke langsam über den See treiben. Es ist der erste Sommersonntag, und viele Berliner sind raus zum Wannsee gegangen, die meisten *mit Kind und Kejel*. Von oben, aus einem Flugzeug betrachtet, würden sich zehntausend Körper als winzige Pünktchen zu einem pointillistischen Sommerbild verbinden.

Seit 1907, als es entstand, hat das Strandbad Wannsee im Bezirk Zehlendorf den Einwohnern der Hauptstadt als *Badewanne* gedient, eine Art Sommerfrische für jene, die sich die Ostsee nicht leisten können, mit «Arbeiterschwimmverbänden» und anderen Clubs, den «Wannseaten» zum Beispiel oder dem «Club fideler Sonnenbrüder», es war lange ein lebensreformerisches und proletarisches Freibad. Die Nazis haben es nie gemocht, und seit sie an der Macht sind, haben sie zuerst einen Trupp SA-Männer gegen den (sozialdemokratischen) Direktor der Anlage, Hermann Clajus, gehetzt und ihn in den Tod getrieben, dann das komplette Personal ausgewechselt, die Arbeiterverbände und das Nacktbaden verboten, schließlich auch den *Zutritt für Juden verboten* – außer in den kurzen Wochen der Olympischen Spiele 1936, als man sich weltoffen und liberal gab.

An Sonntagen wie heute spielen auch Wehrmachtskapellen auf, und SA-Trupps marschieren zur Marschmusik am Strand entlang, was inmitten der vielen sonnenhungrigen und halbnackten Menschen eigenartig aussieht. Gegen Abend werden auch *deutsche Tänze* gespielt, und diverse Gymnastikgruppen der Organisation KdF («Kraft durch Freude») tanzen dazu.

An diesem ersten schönen Tag im Sommer 1939 gehen viele Berliner aber auch deshalb hinaus zum Wannsee, weil sie der aufgeheizten politischen Stimmung für ein paar Stunden entfliehen und die ganze Politik vergessen wollen, die aktuellen Gräuelgeschichten aus Polen vor allem (Goebbels hat am Vortag die Presse angewiesen, «die Sache am Kochen zu halten»). Manche Badegäste haben jedoch tragbare Radios dabei, wie es sie neuerdings gibt, und so dringt die Welt von draußen doch bis an den Strand vor. In Gruppen umlagert man die kleinen Empfänger und hört die Reportagen. Immerhin gewinnt nachmittags die deutsche Fußball-Nationalelf vor fünfunddreißigtausend Zuschauern in Kopenhagen gegen Dänemark 2:0. Und etwas später, am frühen Abend, wird bekannt, dass beim Großen Preis von Belgien in Spa der deutsche Pilot Hermann Lang (Mercedes-Benz) als Erster durchs Ziel gefahren ist, schon sein vierter Sieg in dieser Saison. Letzten Sonntag ist in einem wirklich unvergesslichen Spiel wieder einmal, zum vierten Mal, der Verein Schalke 04 vor hunderttausend Zuschauern im Berliner Olympia-Stadion deutscher Fußballmeister geworden – mit einem unglaublichen 9:0 gegen den Club Admira Wien (der wie alle österreichischen Clubs jetzt ein deutscher Verein ist) – im ersten «großdeutschen» Endspiel. Gegen den *Schalker Kreisel*, das schnelle und präzise Flachpassspiel der Jungen aus dem Kohlenpott, hatten die Wiener keine Chance.

Übrigens ist das schönste Modell dieser tragbaren Radios wohl das «Philco»-Radio. Es kommt aus England, hat Batterien für bis zu zweihundert Stunden Empfang und kostet 115 Reichsmark. In England werben die Hersteller bereits mit dem Slogan «Wenn das Schlimmste passiert, brauchen Sie ein Kofferradio von Philco!», etwa wenn durch einen Bombenangriff die Stromleitungen unterbrochen sind.

Ungestörter Rundfunkempfang bei Luftalarm.

Sonntag, 2. Juli, Stuttgart. Max Schmeling gilt als ein Mann, der seine besten Jahre hinter sich hat. Vor genau einem Jahr hat ihn Joe Louis, der «braune Bomber», schon in der ersten Runde, nach hundertvierundzwanzig Sekunden, k.o. geschlagen. Ausgeträumt der Traum von der Weltmeisterschaft im Schwergewicht. Die Nazis, die ihn zuvor zwei Jahre lang als arischen Vorzeigesportler bejubelt hatten, ließen ihn fallen, Hitler lud nicht mehr zum Tee, und Goebbels rief nicht mehr an. Nur Schmelings Frau, Anny Ondra, und seine alten Freunde glauben noch an ihn. *They'll never come back*, sagen seine amerikanischen Freunde über gestürzte und geschlagene Meister. Doch er will noch einmal antreten, diesmal zu einem Kampf um die Europameisterschaft im Schwergewicht, gegen den amtierenden Meister Adolf Heuser.

Die Vorbereitung auf diesen Kampf kostet seine ganze Kraft, absorbiert seine ganze Aufmerksamkeit. Von Henry und Werner Lewis, den Söhnen eines jüdischen Bekannten, erhielt er einmal, auf indirektem Weg, Nachricht: Sie sind gut in New York angekommen.[9] Ansonsten hat er die drei Nächte im November letzten Jahres, damals in seinem Berliner Hotel, schon lange vergessen; er wird auch später niemals darüber sprechen, nicht aus falscher Bescheidenheit, sondern weil es für ihn vollkommen selbstverständlich war, die beiden Jungen zu beschützen.

Die Nazis haben ihn abgeschrieben, aber bei den Fans ist Schmeling nach wie vor der beliebteste deutsche Sportler. Die Adolf-Hitler-Kampfbahn in Stuttgart ist voll, sechzigtausend Menschen wollen sehen, ob der inzwischen vierunddreißigjährige Schmeling, den dieser amerikanische Neger vor einem Jahr so übel zugerichtet und gedemütigt hat, es noch einmal schafft. Adolf Heuser ist nicht zu unterschätzen.

Der Gong zur ersten Runde, und Schmeling geht ran wie damals Joe Louis gegen ihn, von Anfang an, da gibt es kein Abtasten des Gegners, kein Ausprobieren der kämpferischen Mittel. Eine Serie schneller Schläge, links-rechts, dazwischen die gestreckte Rechte, und Schmeling spürt, dass dies den Gegner bereits einschüchtert. Den Bruchteil einer Sekunde ist die Deckung Heusers nicht ganz geschlossen, und durch diese winzige Öffnung bricht die trockene Rechte Schmelings durch und landet hart am Kinn des Gegners. Erst einundsechzig Sekunden sind vergangen, und Adolf Heuser geht zu Boden. Der Ringrichter beginnt zu zählen, die Menge ist wie mit einem einzigen Schrei aufgesprungen und zählt mit. Heuser erhebt sich nicht mehr. Schmeling, der in seiner Ecke abgewartet hat, geht zur Mitte des Rings, wo der geschlagene Europameister liegt, und hilft dem Ringrichter, den Mann wieder auf die Beine zu bringen. Dann erst hebt er triumphierend die Arme über den Kopf und schüttelt die Fäuste.

In zwei Monaten wird der Krieg beginnen, und die Nazis werden Schmeling ein letztes Mal benutzen und vor den Kameras der Wochenschau zum Fallschirmjäger ausbilden.

Montag, 3. Juli, Berlin. Beim Leiter des Hauptamtes II in der «Kanzlei des Führers» (KdF), SS-Standartenführer Viktor Brack, treffen sich morgens um neun Uhr die folgenden Herren: die Brack-Mitarbeiter Hefelmann und Hegener, der Sachbearbeiter für Heil- und Pflegeanstalten im Innenministerium, Herbert Linden, der Leibarzt Hitlers, Karl Brandt, der Augenarzt Hellmuth Unger, der Kinderarzt Ernst Wentzler, der Jugendpsychiater Hans Heinze und der Kinderarzt und Klinikleiter Prof. Werner Catel, der Mann also, der die erste Tötung eines behinderten Kindes mit Hitlers Zustimmung in Gang gesetzt hat. Alle diese Ärzte sind von Brack ausgewählt, weil sie «zuverlässig» und gegenüber der «Sache», um die es geht, «positiv» eingestellt sind.

Die Männer gründen den «Reichsausschuss zur wissenschaftlichen Erfassung von erb- und anlagebedingten schweren Leiden» – dies ist der irreführende Name der Tarnorganisation, die das Kinder-Euthanasie-Programm durchführen wird. Postalisch betrachtet ist es eine Briefkastenfirma, denn diesen «Reichsausschuss» kann man nur per Post (Berlin W9, Postschließfach 101) erreichen. Von hier geht jede Post direkt an die KdF, Voßstraße 4, also an Bracks Mitarbeiter.

Es wird ein Runderlass vorbereitet (Az IVb 3088/39 – 1079 Mi), der am 18. August 1939 in Kraft treten wird. Darin werden Ärzte und Hebammen sowie alle Entbindungsheime und geburtshilflichen Abteilungen von Krankenhäusern verpflichtet, über die Geburt von behinderten Kindern *formblattmäßig* Mitteilung an das zuständige Gesundheitsamt zu machen, unter anderem in allen Fällen von Idiotie,

Mongolismus, Blindheit, Taubheit, Lähmungen und Missbildungen jeder Art.

Wie immer im Nationalsozialismus soll eine nahezu perfekte Bürokratie aufgebaut werden, die sich in den Dienst des staatlichen Verbrechens stellt: Die Gesundheitsämter übersenden die Meldebogen an den «Reichsausschuss», wo das dahinterstehende Amt II b der KdF, also medizinische Laien wie Hefelmann und Hegener, die Meldungen einer «Vorauswahl» unterziehen. Die meisten Bogen – etwa zwanzigtausend während der ganzen Aktion – gehen an drei Gutachter, die Ärzte Werner Catel, Hans Heinze und Ernst Wentzler, die bekannten Gründungsmitglieder des «Reichsausschusses». Die Urteile über Leben und Tod der gemeldeten Kinder werden ausschließlich anhand der Meldebogen getroffen, die Gutachter werden nie die entsprechenden Krankenakten konsultieren, eines der Kinder persönlich untersuchen oder auch nur zu Gesicht bekommen.

Bei «positiver Entscheidung» der Gutachter wird für die betroffenen Kinder die Aufnahme in eine «Kinderfachabteilung» angeordnet. Dies ist der von Brack erfundene Name für die mehr als dreißig Tötungsanstalten, die nach und nach im Reich eingerichtet werden, um die unerwünschten Kinder zu töten. Das Wort «Kinderfachabteilung» soll auch die Eltern über den Zweck der Einweisung täuschen, indem es eine besonders gute Betreuung und Behandlung ihrer Kinder suggeriert.

Samstag, 15. Juli, Berlin. Keiner der beteiligten Künstler und Techniker ist so richtig zufrieden mit der Aufnahme. Die Sängerin findet, dass Text und Melodie überhaupt nicht zusammenpassen, einfach albern dieser Marschrhythmus zu einem derart melancholischen Text; der Komponist umgekehrt hält die Phrasierungen der Sängerin für unerträglich und den Backgroundchor für grauenvollen Kastratengesang; der leitende Studiomusiker, der Pianist und Kapellmeister Carl Friedrich Pasche, ist nahe dran, das Handtuch zu schmeißen.

Und doch wird an diesem Tag in den Berliner Electrola-Studios ein Lied eingespielt, das zu den bekanntesten und erfolgreichsten des ganzen Jahrhunderts gehören wird. Lale Andersen (eigentlich Liselotte Helene Bunnenberg) ist vierunddreißig Jahre alt und hat bereits eine wechselvolle Karriere als Schauspielerin und Sängerin hinter sich. Sie stand auf der Bühne der Münchner Kammerspiele, aber auch auf Kleinkunst- und Kabarettbühnen, im Simpl, im Groschenkeller, beim Kabarett der Komiker. Sie singt Chansons, aber auch Schlager. Mit der Aufnahme des Liedes von der Lili Marleen und ihrer Sehnsucht nach dem fernen Soldaten, auf den sie vor der Kaserne unter der Laterne wartet, erfüllt Lale Andersen einfach nur ihren Vertrag mit der Electrola.

Norbert Schultze, der Komponist, ist ein musikalischer Tausendsassa, ein Hansdampf in allen Tonlagen, und wird es sein Leben lang bleiben. Der achtundzwanzigjährige Komponist und Kapellmeister ist bereits außerordentlich erfolgreich, seine Oper «Schwarzer Peter» (1936 uraufgeführt) ist mit über hundert Aufführungen pro Spielzeit die meistgespielte deutsche Oper der späten dreißiger Jahre. Schultze hat um diese Zeit auch begonnen, mit dem Propagandaministerium, auch mit Goebbels persönlich, zusammenzuarbeiten.[10]

Er hat den Text in einer 1937 erschienenen Gedichtsammlung von Hans Leip, «Die kleine Hafenorgel», gefunden. Der Dichter hat den Text schon 1915 geschrieben, und er hat immer die wunderbare Entstehungslegende dazu erzählt: Er, Hans Leip, sei zu Beginn des Ersten Weltkriegs sehr verliebt gewesen, in zwei schöne Mädchen, Lili und Marleen, gerade als im April 1915 der Stellungsbefehl für die russische Front kam. An seinem letzten Abend vor dem Abmarsch, während der Wache vor der Gardefüsilierkaserne in der Berliner Kesselstraße, habe ihm der Abschiedsschmerz diese später weltberühmten, unsterblichen Zeilen eingegeben: *Vor der Kaserne / vor dem großen Tor / steht eine Laterne / und steht sie noch davor …* Da seien ihm die beiden Mädchen wie eine einzige Gestalt erschienen, das Mädchen Lili Marleen.

Das Lied, das an diesem Tag im Tonstudio niemand liebt, wird auch auf dem Plattenmarkt kaum wahrgenommen; insgesamt werden bis 1941 nur siebenhundert Exemplare verkauft, ein schlimmer Flop. Im Krieg dann macht der Soldatensender Belgrad das Lied zu seiner Erkennungsmelodie, und ab 1941 erreicht «Lili Marleen» Millionen Männer auf allen Seiten der Fronten, auf Deutsch, Englisch, Französisch, an einer verborgenen kleinen sentimentalen Stelle im Herzen. *So wollen wir uns wiedersehn / vor der Laterne wolln wir stehn ...*

Später singt es Marlene Dietrich, singen es Soldatenchöre, singt man es überall auf der Welt, im Krieg und nach dem Krieg, in Dutzenden Versionen und in achtundvierzig Sprachen.

Montag, 17. Juli, Berlin. Genau zwei Wochen nach der Besprechung bei Viktor Brack, bei der die Grundzüge der Kinder-«Euthanasie» entwickelt wurden, findet eine Beratung bei Hitler selbst statt, in seinem riesigen Arbeitssaal in der Neuen Reichskanzlei. Der «Führer» spricht mit dem Reichsgesundheitsführer Leonardo Conti, dem Chef der Reichskanzlei, Hans Heinrich Lammers, und dem Leiter der NSDAP-Parteikanzlei, Martin Bormann. Diesen Männern will Hitler an diesem frühen Nachmittag darlegen, wie er sich die politische Grundlage und die organisatorische Verwirklichung der Vernichtung von «lebensunwertem Leben» vorstellt. Da er zum Krieg entschlossen ist, will er zugleich mit diesem «Krieg nach außen» den ihm ebenso wichtigen «Krieg nach innen» führen. Beide Formen des Kriegs werden «Rasse-Kriege» sein, der unvermeidliche Kampf der Völker und Rassen gegeneinander, der nur von einem «rasse-reinen Volk», in dem obendrein alles «unwerte Leben» vernichtet ist, gewonnen werden kann.

Mit der Durchführung beauftragt Hitler jedoch nicht Leonardo Conti, den obersten Arzt des Reiches, sondern den Leiter seiner Privatkanzlei, der Kanzlei des Führers, Philipp Bouhler, dem er bereits die Federführung der soeben angelaufenen Kindertötung übertragen hat. Diese Besprechung zeigt, dass zwar die offiziellen Spitzen der Partei und des Staates, angefangen beim Führer und Reichskanzler, für die geplante Massentötung als Urheber verantwortlich sind, in dieser Funktion aber nicht in Erscheinung treten sollen.

Dienstag, 18. Juli, München. «Student also. Und was studieren Sie?» Der Stabsarzt mustert den jungen Mann, der in Badehose vor ihm steht, über seine goldumrandete Brille hinweg. «Alte Sprachen, Geschichte, Germanistik», sagt Franz Strauß, «für das höhere Lehramt.» Der Dreiundzwanzigjährige wird bereits zum dritten Mal gemustert.

Er ist nach acht Semestern beinahe fertig mit dem Studium. Einer seiner Lieblingslehrer ist der Althistoriker Walter Otto, der Werke wie «Priester und Tempel im hellenistischen Ägypten» geschrieben hat. Wenn der Student Strauß seinen Professor manchmal durch den Englischen Garten nach Hause in die Widenmayerstraße begleitet, dann wird klar, dass der Althistoriker Otto auch die gegenwärtigen Verhältnisse begriffen hat. «Es kommt zum Krieg, Strauß! Und dieser Krieg ist von vornherein verloren.»

Die Alma Mater ist in München durchgehend braun, die Nazis unter den Studenten geben den Ton an, das war sogar schon vor 1933 so. Strauß gehört zu den wenigen, die sich noch mit «Grüß Gott» begrüßen, statt «Heil Hitler» zu rufen. Es sind winzige Erkennungszeichen derer, die in dieser zur Anpassung zwingenden Zeit ihre eigene Identität zu wahren versuchen. Sie sind weit davon entfernt, Widerstand zu leisten, sie wollen nur nicht in diesen totalitären Sog geraten, den das System ihnen abverlangt. Strauß, der Junge aus dem Metzgerladen, hat zu dieser Zeit nur einen Wunsch: ohne dauernde Kriegsdrohung das Staatsexamen machen zu können und Lehrer für Geschichte und Alte Sprachen zu werden. Der junge Liebhaber lateinischer Gedichte, griechischer Dramen, subtiler philologischer Spitzfindigkeiten, dieser Strauß ist 1939 auf dem Weg, ein stiller Gelehrter zu werden. Doch der Krieg wird sein Leben vollkommen verändern.

So jung Franz Strauß auch ist, er kennt Hitler schon seit vielen Jahren, seit seiner frühen Kindheit. Damals hatte die junge NSDAP ihr Hauptquartier im schäbigen Hinterhaus des Ateliers des Fotografen Heinrich Hoffmann, in der Schellingstraße in Schwabing. Genau schräg gegenüber vom Metzgerladen der Familie Strauß. Vater Strauß hatte beinahe die ganze kommende Nazi-Führerclique als Kunden, Martin Bormann, Hermann Göring, den berühmten Jagdflieger, auch Heinrich Himmler, der zu jener Zeit eine Hühnerfarm betrieb und oft seinen Leberkäs beim Strauß kauft. «Kommen Sie zu uns, Strauß, wir kommen an die Macht, das hält niemand mehr auf», hat er oft genug zu Vater Strauß gesagt, «dann sind Sie Ihre Existenzsorgen los.» Hitler selbst kam natürlich nie: Er war schon Vegetarier. Aber sein Auto sah man oft, einen Opel Laubfrosch mit dickem Hinterteil, den die Buben «Arschauto» nannten. Hitler war damals Anfang dreißig, schlank und fesch in seinem modischen Trenchcoat mit weichem Schlapphut. In der Osteria Bavaria, einer billigen italienischen Gastwirtschaft an der nächsten Ecke, hat er zu Mittag gegessen.

Aber Vater Strauß, der erzkatholische und monarchistische Metzgermeister, mochte die Nazis nicht. Schon seit der Niederschlagung des Hitler-Putsches vom 9. November 1923 hasste er die *Deppen* von gegenüber, und sehr bald hat er seinem Sohn Franz Josef, den alle Franzl nennen, prophezeit: «Wenn die an die Macht kommen, dann gibt's Krieg.»

Der Mann mit dem Trenchcoat, der drüben vor Hoffmanns Haus aus seinem Laubfrosch stieg, ist inzwischen, fünfzehn Jahre später, der von vielen Deutschen vergötterte Führer und Reichskanzler geworden. Der dreiundzwanzigjährige Strauß, der heute gemustert wird, muss demnächst wie Millionen andere junge Männer seinen Treue-Eid auf diesen Mann ablegen. Und es sieht alles so aus, als ob Franz Josef Strauß, der Metzgermeister, mit seiner Prophezeiung recht behalten soll.

Die Musterung geht zu Ende. Strauß ist tauglich.

Er besitzt den Führerschein, er ist Motorradfahrer, er ist sogar schon bei Wettbewerben angetreten. Deshalb wird er der Schweren motorisierten Artillerie zugeteilt, mit Standort in Landsberg am Lech. Im Vergleich zur Infanterie ist das fast eine Art Lebensversicherung. Jedenfalls muss Strauß im Kriegsfall nicht zu Fuß für den *Deppen* durch Europa ziehen.

Freitag, 21. Juli, Hamburg. An diesem Freitag scheint über ganz Westeuropa die Sonne, eine strahlende Juli-Sonne. Auf den Champs-Élysées, den Promenaden in Nizza und Ostende, vor dem Café Kranzler auf dem Kurfürstendamm, dem Odeon in Zürich oder dem Greco in Rom, überall suchen die Menschen an diesem Nachmittag das Licht der Sonne, die Wärme. Am schönsten ist es im Schatten der Markisen, mit Blick auf sommerliche Szenen in flirrender Luft. Strandbäder wie der Wannsee, aber auch Hunderte anderer Freibäder, Baggerseen und Flussufer in Deutschland erleben einen massiven Ansturm der Sonnenhungrigen, ebenso die Ostseebäder.

In Hamburg eröffnet an diesem Tag der Leiter der Deutschen Arbeitsfront (DAF), Robert Ley, die «Reichstagung der NS-Gemeinschaft ‹Kraft durch Freude›». Er erklärt, worum es bei der KdF-Bewegung geht, nämlich um nichts Geringeres als «kraftvolle Männer und schöne, anmutige Frauen». Viel Kraft also, viel Freude, viel Schönheit, und durch die Hansestadt zieht obendrein ein Festzug unter dem Motto «Schönheit und Freude». «Wir wollen das Glück des Volkes», sagt Ley, «seine Gesundheit, seinen Fortschritt. [...] Wir wollen nicht nur ein kraftvolles Volk, sondern auch ein schönes Volk, ein kulturmäßig hochstehendes Volk.»

An den von der KdF organisierten Urlaubsreisen, «einschließlich Kurzfahrten und Wanderungen», haben im vergangenen Jahr mehr als zehn Millionen Menschen teilgenommen. Es gibt sogar, wenn auch nur in eingeschränktem Maß, Reisen ins befreundete Ausland, nach Italien vor allem und in die (kürzlich eroberten) «italienischen Besitzungen in Afrika», aber auch nach Spanien und Portugal. 57600 Urlauber besuchten auf KdF-Schiffen Italien, und erstmals erholten sich KdF-Mitglieder auch an der Riviera und am Gardasee. Für besonders verdiente Volksgenossen eröffnen sich sogar Möglichkeiten zu Tropenreisen, etwa eine fünfunddreißigtägige Südamerika-Kreuzfahrt auf der «Cap Arcona» für 1410 Reichsmark.

Für das inländische Fremdenverkehrsgewerbe allerdings sind die Zeiten eher schlecht geworden. Die Arbeitnehmer haben weniger Urlaub als früher (normalerweise zwischen sechs und zwölf Tage) und müssen diese knappe Zeit obendrein oft für Dienstverpflichtungen in einer der vielen Organisationen der Partei verwenden. Immer mehr Deutsche packen einfach ihr Zelt aufs Fahrrad, den Gaskocher und die Gitarre dazu, und machen Camping-Urlaub an den Seen und Flüssen. Viele andere verdingen sich im Urlaub freiwillig zum Ernteeinsatz bei den Bauern, um so, vielleicht in ahnungsvoller Befürchtung, «Beziehungen» aufzubauen für die schlechten Zeiten, die möglicherweise doch kommen. Und die Ausländer bleiben offenbar seit einem Jahr ganz weg. Jedenfalls ist die Zahl der Übernachtungen von Ausländern im «Altreich» (Deutschland vor dem «Anschluss» Österreichs) im Jahresvergleich von fast fünfeinhalb Millionen auf rund drei Millionen zurückgegangen. Auch in den deutschen Seebädern fehlen die ausländischen Touristen, statt knapp zweihunderttausend (1937) sind nur noch rund sechzigtausend (1938) gekommen – vielleicht ist vielen Ausländern ein Land doch zunehmend unheimlich, das ständig neue Krisen auslöst (Annexion Österreichs, Sudetenkrise) und das gegen eine ganze Gruppe der eigenen Bevölkerung so erschreckend brutal vorgeht wie beim Novemberpogrom im letzten Jahr.

Trotzdem sind zu dieser «Reichstagung» der Arbeitsfront Hunderte Tourismus-Unternehmer aus einundzwanzig Ländern in Hamburg erschienen. Manche mögen schon ein bisschen ahnungsvoll in die Zukunft blicken, doch der Sommer 1940 wird fest in den Blick genommen und geplant, Kontingente werden gebucht, Kampagnen vorgestellt. Mit dem Slogan «La Joie de vivre» wirbt der «Littoral Belge»: die Lebensfreude hinreißend schöner Mädchen in hautengen zweiteiligen Badeanzügen, die verführerisch blicken. Auch New York ist noch in Hamburg vertreten: «The holiday of the year, a visit to New York and its great World's Fair», am besten vielleicht mit der French Line.

Im nächsten Sommer, 1940, werden in Europa Millionen Menschen unterwegs sein, allerdings ganz und gar nicht zu touristischen Zwecken.

Sonntag, 30. Juli, Euskirchen. Heinz Küpper ist mit dem Fahrrad unterwegs, die Kirschenallee entlang in Richtung Bahndamm. Auf dem Fahrradständer hat er ein Einmachglas, er will an einem der Tümpel da draußen ein paar Feuersalamander fangen. Seit einem Sturz vor zwei Wochen liegt Heinz' linker Arm in Gips. Das Fahrradfahren geht so einigermaßen, aber aufsteigen kann er nur an einer Wand oder einem Baum oder wenn Andreas das Fahrrad hält. Andreas ist der beste Freund von Heinz. Es gibt eigentlich nur einen Punkt, an dem sich die beiden neunjährigen Jungen unterscheiden. Also, Heinz ist Nazi, und Andreas ist es nicht. Heinz hasst die Juden, und Andreas hasst sie nicht. Sonst gibt es keine Unterschiede zwischen ihnen. Beide warten darauf, älter zu werden, Pistolen tragen zu dürfen, Soldaten zu werden, am besten SS-Offiziere. Wegen der Uniform.

An einer Weide, nahe am Bahndamm, sieht Heinz einen Mann, der eine Kuh melkt. Das interessiert den Jungen. Er bremst quietschend und lässt das Rad zwischen den Beinen zu Boden gehen. Das Einmachglas ist aber heil geblieben. Die Kuh ist zusammengezuckt und hat sich weggedreht. Der Mann steht auf und tätschelt der Kuh den Rücken.

Erst jetzt erkennt Heinz den Mann. Der Mann ist ein Jude, er wohnt ein paar Straßen weiter. Der Mann sagt freundlich: *Jong, bliev met dem Rad net he stohn, due mähs me dat Rönk jeck.*[11]

Heinz gerät in Panik. Mit der freien Hand hebt er das Rad hoch und versucht aufzusteigen. Das gelingt ihm aber nicht. Der Jude sagt: *Waat, Jong,* kriecht durch den Stacheldrahtzaun und hält für Heinz das Rad fest. Beim Aufsteigen berührt Heinz mit dem nackten Bein die Hose des Juden. Er sitzt auf dem Sattel, der Jude schiebt ihn an.

«Danke», sagt Heinz. So schnell er kann, fährt er weg.

Seit dem letzten Herbst wissen Heinz und Andreas genau, was Juden sind und was man von ihnen halten muss. Da stiegen morgens früh zwei Rauchsäulen von der Annaturmstraße hoch hinauf und vereinten sich am Himmel. SA marschierte singend durch die Straßen, Feuerwehren waren unterwegs. Heinz und Andreas wollten natürlich näher ran. Sie gingen an der Rathausstraße um die Ecke und blieben plötzlich stehen. Gestern und vorgestern und letzten Sommer, immer war da ein Schaufenster gewesen mit der Aufschrift Julius Kahn, Ochsen- und Schweinemetzgerei, und darunter: Deutsche, wehrt euch, kauft nicht beim Juden!

Und jetzt war das Schaufenster weg.

Deshalb konnten sie in das *Judenhaus* reingucken. Die Waage des Ladens hing schief über der Theke und das Fleisch der enthäuteten Tiere, halbe Schweine, lag auf dem Boden, mitten in Dreck und Schutt, statt ordnungsgemäß wie in einem deutschen Metzgerladen an den Haken zu hängen. Eine gekachelte Wand war aufgeplatzt, ein großer Spiegel zertrümmert. Und dahinter, in der Wohnung der Familie Kahn, ein umgestürzter Schrank, ein kaputter Tisch, herausgerissene Schubladen.

So also sah es in einem jüdischen Haus aus. Kein Wunder, dass man diese Leute hasste. Von der Familie Kahn keine Spur. Es waren anscheinend überhaupt keine Juden mehr da. Doch dann auf einmal fuhren sie, alle zusammen, ganz langsam auf der Ladefläche eines Lastwagens vorüber, zusammen mit ein paar SA-Männern. Die Juden sahen ganz ungepflegt aus, ungekämmt und in zerrissenen Anzügen. Man spürte, dass sie schlechte Laune hatten. Trotzdem riefen sie die ganze Zeit «Heil Hitler», und die SA-Leute und auch die vielen Zuschauer lachten sich einen ab.

Jedenfalls konnte man jetzt gut sehen, wer Jude war und wer nicht. Denn die Juden in Euskirchen waren bisher so gemein gewesen, genauso zu sprechen wie die Deutschen, dasselbe harte Euskirchener Platt, und auch genauso auszusehen wie die Deutschen. Das fand Heinz immer beängstigend. Meistens wusste man gar nicht, was man sagen sollte: Heil Hitler oder Judenschwein oder Guten Tag.

Am nächsten Tag haben Heinz und Andreas zugesehen, wie die Juden die ganzen Trümmer und den ganzen Dreck vor ihrer eigenen zerstörten Kirche in der Annaturmstraße aufräumen mussten. Es waren ganz alte Juden dabei, sie trugen lange schwarze Kittel und auf dem Kopf kleine runde Käppis. Sie hatten riesige schwarze oder graue Bärte. Die Jungen sahen, wie einer dieser alten Juden einem SA-Mann die Stiefel, die durch das Herumlaufen in diesem ganzen *Judendreck* schmutzig geworden waren, putzte. Der SA-Mann war der Onkel von Brünhilde, einer Freundin der Jungen. Erst musste der alte Jude die Stiefel mit seinem langen Gewand gründlich abreiben, einen nach dem anderen, und dann mit dem dicken grauschwarzen Bart blank polieren. Die Jungen fanden es total komisch, wie der Jude dabei mit dem Kopf auf und nieder schlug.

So einen Onkel müsste man haben, hat Heinz damals gedacht.

Und jetzt hat er einen von diesen Juden direkt berührt. Mit der nackten Haut! Am Abend betrachtet der Neunjährige sorgenvoll sein Schienbein, mit dem er die Hose des Juden berührt hat. Es ist aber Gott sei Dank völlig unverändert. Er schämt sich auch ein bisschen, dass er so spontan «Danke» gesagt hat. Zu einem Juden! Aber was hätte er korrekterweise sagen sollen? Danke, Sie Judenschwein?

Berlin, Strandbad Wannsee, Sommer 1939

Viertes Kapitel

Nervenkrieg

Mittwoch, 26. Juli 1939, Berlin. Im Lokal des Weingroßhändlers Julius Ewest in der Behrenstraße 26 a, Ecke Friedrichstraße, in Berlin-Mitte trifft sich Legationsrat Julius Schnurre, ein Beamter der Wirtschaftsabteilung des Auswärtigen Amtes, mit dem sowjetischen Geschäftsträger, Georgi A. Astachow, und dem Leiter der sowjetischen Handelsdelegation, Jewgeni I. Babarin, um die Gespräche zwischen Moskau und Berlin wiederaufzunehmen, die Hitler Ende Juni, noch immer unschlüssig über Stalins Absichten, hatte abbrechen lassen. Legationsrat Schnurre hat jetzt den Auftrag zu sondieren, und er spart dabei nicht mit Schmeicheleien, wie es sich aus seinem Gesprächsprotokoll ergibt: «Von einer Bedrohung der Sowjetunion kann keine Rede sein, die deutsche Politik ist gegen England gerichtet.» Ein «weitgehender Ausgleich der beiderseitigen Interessen» sei vorstellbar, zumal es außenpolitisch keine Gegensätze gebe. England hätte der UdSSR doch nur die Feindschaft Deutschlands in einem europäischen Krieg zu bieten, während das Deutsche Reich ihr «eine ungestörte Entwicklung» – eine höchst diplomatische Umschreibung für territorialen Zuwachs – garantieren könne. Abschließend hebt Schnurre hervor, dass es «bei aller Verschiedenheit der Weltanschauung ein Gemeinsames in der Ideologie Deutschlands, Italiens und der Sowjetunion gebe: die Gegnerstellung gegen die kapitalistischen Demokratien des Westens». In den vergangenen Wochen sind es die sowjetischen Diplomaten gewesen, die immer wieder versucht haben, die Konsultationen mit Deutschland voranzutreiben; in den nun folgenden Wochen werden es die Deutschen sein, die auf einen schnellen Vertragsabschluss drängen.

Anfang August, München. Georg Elser hat in der Blumenstraße 19 ein kleines möbliertes Zimmer bezogen, im zweiten Stock, zur Untermiete. Es kostet dreißig Mark im Monat, weitere zwanzig zahlt er für das Frühstück. Da er nur von seinen Ersparnissen lebt, vor allem von seinem Lohn aus der Arbeit im Steinbruch, zwingt er sich zu äußerster Sparsamkeit. Er verbringt die meiste Zeit auf dem Sofa in seinem Zimmer, denkt nach, geht nur kurz zum Essen in irgendeine billige Gastwirtschaft. Er weiß, dass ihn das in den Augen seiner Wirtin etwas *merkwürdig* macht, doch er gleicht das mit großer Freundlichkeit aus, erledigt Einkäufe, hackt Holz im Garten. Er hat auch eine schlüssige Erklärung für seine Art zu leben: Er ist ein Erfinder. Er arbeitet an einer Erfindung.

Deshalb hat er wohl auch alle diese Dinge um sich versammelt, Uhrwerke, Batterien, ein paar Autowinker, eine leere 8-Zentimeter-Granathülse aus dem Krieg und außerdem – die Wirtin erkennt das aber nicht – einhundertfünfzig Sprengpatronen und über hundert Sprengkapseln, wie man sie zum Beispiel in Steinbrüchen verwendet. Jede zweite oder dritte Nacht bleibt er weg, weil er, wie er sagt, «an seiner Erfindung arbeitet». Nach und nach nimmt er all diese Gegenstände und sehr viel Werkzeug im Rucksack mit.

Er besucht am späten Abend den Münchner Bürgerbräukeller, trinkt ein oder zwei Bier und geht auf die Toilette, um sich unbemerkt für die Nacht einschließen zu lassen. Erst wenn alles ruhig ist, fängt seine Arbeit an. Er hat ausgerechnet, dass es ein ganz bestimmter Stützpfeiler im Großen Saal ist, den er für die Sprengung präparieren muss. Er bohrt ihn nach und nach an, um eine Höhlung zu schaffen, in der später die Sprengladung mit dem Zeitzünder Platz finden soll. Gegen Morgen muss er dieses Loch so verschließen und drapieren, dass es niemandem auffällt. Von jetzt an gerechnet hat er noch gut drei Monate Zeit, spätestens bis Anfang November muss er fertig sein. Am 6. November, so ist sein Zeitplan, will er alles fertig haben: Dann muss die Bombe in die Säule eingebaut und das Uhrwerk des Zündapparats auf den 8. November, 21.20 Uhr, eingestellt sein, wenn Adolf Hitler, wie jedes Jahr, neben diesem Stützpfeiler seine große Rede zur Erinnerung an den «Marsch auf die Feldherrnhalle» und zur Ehre der «nationalsozialistischen Märtyrer», der Toten jenes Tages im Herbst 1923, halten wird, als sein Versuch, die bayerische Regierung gewaltsam zu stürzen, im Regen, in Panik und im Kugelhagel aus bayerischen Polizeipistolen endete.[1]

Mittwoch, 2. August, Long Island, New York. Er hat den Brief nicht selbst entworfen, aber seine Unterschrift macht ihn zu einem gewichtigen Appell an die Adresse eines sehr mächtigen Mannes. Die Unterschrift lautet Albert Einstein, und der Adressat ist F. D. Roosevelt, President of the United States, White House, Washington D.C.[2] Der sechzigjährige Nobelpreisträger und Princeton-Gelehrte, der seine Sommerferien auf Long Island verbringt, warnt den mächtigsten Mann der westlichen Welt vor einer ganz neuen, einer ungeheuren Gefahr.

Die Entdeckung der Kernspaltung durch Otto Hahn und Lise Meitner im Jahr zuvor in Berlin hat in der kleinen internationalen Wissenschaftsgemeinde der Kernphysiker die Vorstellung einer nuklearen Bedrohung der Welt heraufbeschworen. In dem von Leo Szilard verfassten Brief warnt Einstein Präsident Roosevelt vor der Gefahr einer «Bombe neuen Typs». Deutschland, das offensichtlich unter Hitler bereit ist, einen großen Krieg zu beginnen, sei möglicherweise gerade dabei, diese Bombe zu entwickeln. *I believe therefore that it is my duty to bring to your attention the following facts and recommendations.* Was Einstein empfiehlt, ist der sofortige, beschleunigte Beginn eines Projekts (des später so genannten Manhattan-Projekts) mit dem Ziel, eine solche Bombe für die USA zu entwickeln. Denn andernfalls – Atombomben in Hitlers Hand – würde es die Apokalypse bedeuten. Er kennt die europäischen Atomphysiker fast alle persönlich, und er irrt sich nicht in der Annahme, dass die meisten von ihnen bereit wären, diese Bombe für Deutschland zu entwickeln.

Roosevelt wird diese Warnung aus dem Mund des bedeutendsten Wissenschaftlers seiner Zeit sehr ernst nehmen, erst recht, nachdem

Hitler vier Wochen später mit dem Überfall auf Polen einen neuen großen Krieg riskiert hat.[3]

Donnerstag, 3. August, Moskau. Der deutsche Botschafter Graf von der Schulenburg sucht den neuen sowjetischen Volkskommissar für das Äußere Wjatscheslaw Molotow auf, um noch einmal die Bereitschaft Deutschlands zum Abschluss eines Abkommens zu bekräftigen. Graf von der Schulenburg erläutert seinem Gastgeber insbesondere, dass das Deutsche Reich bereit sei, die besonderen Interessen der Sowjetunion im Baltikum und in Polen angemessen anzuerkennen.

Samstag, 5. August, Tilbury, Essex. Eine sechsundzwanzigköpfige britisch-französische Militärdelegation geht an Bord des Frachtschiffes «City of Exeter», um in die Sowjetunion zu reisen und dort die verabredeten Gespräche zu einem Militärabkommen zu beginnen. Mit dem Schiff, das höchstens dreizehn Knoten die Stunde fährt, wird die Delegation erst sechs Tage später, am 11. August, in Leningrad ankommen. Mit einem Flugzeug hätten sie innerhalb weniger Stunden ihr Reiseziel erreicht.

Sonntag, 6. August, Kelly Fields, San Antonio, Texas. Der Mann, dessen zukünftiges Schicksal in beinahe vollkommener Weise davon geprägt werden wird, was Einstein dem Präsidenten vorschlägt, lebt zu dieser Zeit auf dem Luftwaffenstützpunkt Kelly Fields bei San Antonio, wo er als 2nd Lieutenant dient. Paul Warfield Tibbets, gebürtig aus Quincy, Illinois, vierundzwanzig Jahre alt, wird in genau sechs Jahren der verantwortliche Pilot jener Boeing B-29 («Enola Gay») sein, aus der zum ersten Mal eine Atombombe ausgeklinkt wird. Um 8.13 Uhr am 6. August 1945 wird er sich in nur 580 Meter Höhe über der japanischen Stadt Hiroshima befinden, und General Carl A. Spaatz wird ihm per Funk den Befehl geben, den nuklearen Sprengsatz abzuwerfen, der eine Zerstörungskraft von zwölftausendfünfhundert Tonnen TNT entfesselt.

Der Einsatz dieser Bombe – und einer zweiten, Tage später – wird die Japaner zur Kapitulation zwingen und damit den Krieg im Pazifik beenden. Aber mehr als zweihunderttausend Menschen müssen dafür sterben.

Paul wollte immer schon fliegen. Seit seiner Kindheit war es sein Traum, einer jener *daring young men in their flying machines* zu sein, wie man sie im Kino sah, besonders im Hollywood-Film «Wings». In jener Zeit, den Zwanzigern, sah man diese tollkühnen Männer auch bei Veranstaltungen, die «Luft-Zirkus» hießen, und das amerikanische Publikum liebte diesen neuen *thrill*. Paul studierte zwei oder drei Semester Medizin, aber dann war klar, dass dies nicht sein Weg ist. 1937 trat er als Kadett in das Army Air Corps ein, den Vorläufer der U.S. Air Force, und machte in Fort Thomas, Kentucky, seine Piloten-Ausbildung. Im vergangenen Jahr, 1938, versetzte man ihn nach Kelly Fields, ein verlorenes Nest in Texas.

Aber seit ein paar Monaten ist dort die Hölle los. Hunderte von Flugzeugen wurden stationiert, seit Roosevelt als Folge von Hitlers Abenteuer mit der Tschechoslowakei, der Sudetenkrise und dem Münchner Abkommen beim US-Kongress 300 Millionen Dollar extra lockermachte, um für den Luftkrieg aufzurüsten. «Wer genug Flugzeuge besitzt», so hat der Präsident im Hinblick auf Chamberlains Treffen mit Hitler gesagt, «der hat es nicht nötig, nach Berchtesgaden zu gehen.» Jetzt herrscht Aufbruchsstimmung in Kelly Fields, man baut mehrere Landepisten und einen riesigen Kasernenkomplex mit Büros, Kantinen, Kinos. Die alten Zelte und dürftigen Holzbaracken, in denen die Männer vorher lebten, verschwinden; alles wirkt unglaublich modern und komfortabel. Paul Tibbets und seine Kameraden nennen die ganze Anlage liebevoll-spöttisch *Buckingham Palace*, später einfach nur noch *Palace*.

Dienstag, 8. August, Quai d'Orsay, Paris. Der französische Außenminister Georges Bonnet empfängt den deutschen Botschafter Johannes Graf von Welczeck, einen sechzigjährigen, altgedienten Diplomaten, der es auch versteht, ohne Worte eine Nachricht diplomatisch zu überbringen. Eigentlich ist es nur ein Höflichkeitsbesuch, von Welczeck fährt in Urlaub und will sich zuvor verabschieden. Aber die Stimmung ist gedrückt, Bonnet notiert sich später: «Indem ich ihm zuhörte, hatte ich das Gefühl, dass alles schon entschieden ist. Und als er Abschied nahm, begriff ich, dass ich ihn nicht wiedersehen würde.» Von Welczeck kehrt nicht mehr nach Paris zurück.

8. August, Berghof, Obersalzberg. Adolf Hitler empfängt heute den Danziger Gauleiter der NSDAP, Albert Forster, um mit ihm über die aktuelle Lage in Danzig zu beraten. In den Tagen zuvor haben sich die Konflikte zwischen Polen und Deutschen in der Freien Stadt verschärft, Zankapfel ist – aus deutscher Sicht – die Bewaffnung der polnischen Zollbeamten, was die Polen wiederum nur als Reaktion auf die vorangegangenen Behinderungen durch die Deutschen sehen. Hitler gibt dem Gauleiter Forster mit auf den Weg, das Feuer weiter zu schüren. Am gleichen Tag erlässt Goebbels' Reichspropagandaministerium in Berlin eine Presseweisung: «Die polnischen Gräuel gegenüber Volksdeutschen sind nach wie vor [...] zu bringen.»

Mittwoch, 9. August, Küsnacht. Zürich hat sie wie eine Heimat empfangen. Überall begrüßt man den Nobelpreisträger herzlich, beim Herrenausstatter, in der Bellevue-Apotheke, in der Buchhandlung in der Bahnhofstraße. Vor zwei Tagen sind sie nach siebenwöchigem Urlaub in Holland hier eingetroffen, und Thomas Mann genießt es sehr, *zur Haarpflege bei Bachmann* gehen zu können *(herzliche Begrüßung durch Chef u Angestellte)*. Bei Prof. Ulrich, seinem alten HNO-Arzt, lässt er seine Hörfähigkeit, an der er manchmal ein bisschen zweifelt, überprüfen, *mit vollkommen befriedigendem Ergebnis*. Beim *Scholl* findet der Schriftsteller endlich auch die ganz besonderen Hefte und Schreibblocks, die er für seine Arbeit braucht.

An diesem Nachmittag, nach dem *Thee*, steht ihm und Katia ein erschütterndes Ereignis bevor, *die Ausfahrt nach Küsnacht*. Katia hat einen kleinen Peugeot gemietet, und langsam fahren sie die *vertraute*

Strecke in der vertrauten Landschaft, dann durch den Wald, *wo ich tausendmal gegangen*. In Küsnacht biegen sie in die Schiedhaldenstraße ein, wo das Haus steht, das sie vor fast einem Jahr verlassen haben. Die Garagentür steht offen, sie stellen den Wagen dort ab und steigen die Stufen hinauf. Gras wächst aus den Fugen. Sie gehen über die Gartenterrasse und um das Haus herum. Thomas und Katia schauen durch die Fenster in die Wohnhalle *mit einigen bekannten Möbeln*, dann ins Esszimmer. Wenn er ein paar Schritte zurücktritt, hat er den *Aufblick zu meinem Arbeitszimmer*. Sie sind beide tief bewegt bei dem Gedanken, wie dicht und schön ihr Leben hier war, welche großartigen Feiern es oft gab mit einem unendlichen Besucherstrom – und welche Bücher Thomas hier geschrieben hat, da oben in dem großen Arbeitszimmer. 1933 hatten sie schon ihre schöne Villa in München verloren, als sie in Hitlers Deutschland nicht weiter leben konnten, und dann, fünf Jahre später, dieses Küsnachter Haus. *Tiefe Bewegung, erschüttertes Lebensgedenken, Trauer und Schmerz …*

Donnerstag, 10. August, Danzig. Den Weisungen seines Führers folgend, ruft heute der Danziger NSDAP-Gauleiter, Albert Forster, zu einer Großversammlung auf dem Langen Markt auf und wird dabei sehr deutlich: «Polen mag Folgendes zur Kenntnis nehmen: Kriegsdrohungen schrecken uns keineswegs. Wir haben in Danzig in den letzten Wochen nämlich alles getan, um jeden Überfall abzuwehren und zu beantworten. Polen mag sich darüber im Klaren sein, dass das großdeutsche Reich, unser Mutterland, und unser Führer Adolf Hitler jederzeit entschlossen sind, im Falle eines Angriffes von polnischer Seite uns in der Abwehr desselben zur Seite zu stehen.»

10. August, Berlin. An diesem Morgen wird SS-Sturmbannführer Alfred Naujocks zu seinem obersten Chef befohlen, Reinhard Heydrich, dem Leiter des Sicherheitsdienstes (SD) der SS, der zugleich Chef der deutschen Polizei ist. Normalerweise ist der siebenunddreißigjährige Naujocks als Leiter einer Amtsgruppe des SD-Auslandsnachrichtendienstes für «nachrichtendienstlichen Einsatz im Ausland» zuständig (Amt VI. J); er versorgt beispielsweise deutsche Agenten im Ausland mit Devisen, falschen Pässen und sonstigen Dokumenten, die sie für ihre Arbeit brauchen.

«Der Führer braucht einen Kriegsgrund», sagt Heydrich.

Und er befiehlt ihm, wie Naujocks später vor einem alliierten Besatzungsoffizier unter Eid aussagen wird, «einen Anschlag auf die Radiostation bei Gleiwitz in der Nähe der polnischen Grenze vorzutäuschen und es so erscheinen zu lassen, als wären Polen die Angreifer gewesen». Heydrich sagt, ein solcher tatsächlicher Beweis für polnische Übergriffe sei für die Auslandspresse, aber auch für die innerdeutsche Propaganda unbedingt nötig.

Ich verlasse mich auf Sie, Naujocks.

Naujocks soll sofort eine Gruppe von Spezialisten seines Amtes zusammenstellen, sich nach Gleiwitz begeben, die Aktion unverzüglich heimlich vorbereiten und abwarten, bis er, Heydrich, ihm das Schlüsselwort zukommen lässt. Was auch geschehe, es komme darauf an, «die Radiostation zu besetzen und so lange zu halten, als nötig ist, um einem Polnisch sprechenden Deutschen die Möglichkeit zu geben, eine polnische Ansprache über das Radio zu halten». Reinhard Heydrich stimmt Naujocks zu, der aus diesem Befehl den Schluss zieht, dass innerhalb weniger Tage mit einem deutschen Angriff auf Polen zu rechnen ist.

Naujocks ist ein «alter Kämpfer» der Partei, der er seit seinem zwanzigsten Lebensjahr angehört. Ein Schläger und Raufbold aus der Epoche der Straßenkämpfe, der, Ende der zwanziger Jahre ohne Arbeit und beruflich ohne Chancen, als Fahrer des Sicherheitsdienstes der SS begann und sich durch seine besondere Eignung auch für schmutzige Jobs («Spezialaufträge») unentbehrlich zu machen wusste. Den Durchbruch in der Anerkennung seiner Vorgesetzten erzielte er 1935, als es ihm gelang, den in Prag im Exil lebenden deutschen Emigranten Rudolf Formis auf offener Straße zu erschießen, ein sauber ausgeführter Auftragsmord.

Am nächsten Morgen fährt Naujocks mit seiner Gruppe nach Gleiwitz.

Freitag, 11. August, Berghof, Obersalzberg. Der Danziger Gauleiter Albert Forster ist erneut zu Besuch beim Führer – diesmal begleitet ihn Carl Jacob Burckhardt, ein Schweizer Diplomat, in seiner Funktion als Hoher Kommissar des Völkerbundes für Danzig.

Burckhardt, nicht zum ersten Mal zu Besuch bei Hitler, bemerkt, dass dieser «viel älter und grauer» wirkt und sehr nervös scheint. Hitlers Erregung steigt noch, als er sich über den Hochmut der polnischen Seite auslässt und damit droht, beim kleinsten Zwischenfall werde er «die Polen ohne Warnung zerschmettern, sodass nicht eine Spur von Polen nachher zu finden ist. Ich werde wie ein Blitz mit der vollen Macht einer mechanisierten Armee zuschlagen.» Auf den Einwand des Schweizer Diplomaten, dass dies zu einem allgemeinen Krieg führe, entgegnet der Führer: «Dann soll es eben sein. Wenn ich Krieg zu führen habe, würde ich lieber heute als morgen Krieg führen.»

Hitler nutzt aber Burckhardts Anwesenheit auch, um über ihn eine Nachricht, vielleicht zum letzten Mal, nach London und Paris zu übermitteln, was der Völkerbund-Kommissar tatsächlich auch vier Tage später machen wird. Hitler rechtfertigt seine Lebensraum-Pläne mit dem Argument, dass er sein Volk nicht hungern lassen darf – nur das interessiere ihn: «Ich habe keine romantischen Ziele. Ich habe keinen Wunsch, zu herrschen. Vor allem will ich vom Westen nichts, heute nicht und nicht morgen. Ich wünsche nichts von den dichtbesiedelten Regionen der Welt. Hier suche ich nichts und ein für alle Mal: gar nichts. All die Ideen, die mir die Leute zuschreiben, sind Erfindungen. Aber ich muss freie Hand im Osten haben. Alles was ich unternehme, ist gegen Russland gerichtet; wenn der Westen zu dumm und zu blind ist, um dies zu begreifen, werde ich gezwungen sein, mich mit den Russen zu verständigen, den Westen zu schlagen und dann nach seiner Niederlage mich mit meinen versammelten Kräften gegen die Sowjetunion zu wenden.»

Beim Abschied empfiehlt Adolf Hitler seinem Gast, er solle seine Kinder aus Danzig in die Schweiz zurückbringen.

Freitag, 11. August, Berlin. Kaum drei Wochen sind seit der Besprechung Hitlers mit Conti, Lammers und Bormann über die Tötung von «lebensunwertem Leben» im Deutschen Reich vergangen. Schon hat Philipp Bouhler, der Chef der Kanzlei des Führers, KdF, die Grundzüge entwickelt und das nötige Personal zusammengerufen. Die zumeist sehr jungen Manager der Partei und des NS-Staates arbeiten effizient. Drei Wochen vor dem Krieg, den Hitler befohlen hat, treffen sich in der KdF: der SS-Standartenführer und Leiter des Hauptamtes II der KdF Viktor Brack und sein enger Mitarbeiter Hans Hefelmann (Leiter II b), außerdem der Reichsgesundheitsführer Leonardo Conti, der «Leibarzt des Führers» Dr. Karl Brandt, der Ministerialdirigent Herbert Linden vom Innenministerium samt einigen Mitarbeitern. Außerdem sind einige handverlesene linientreue Ärzte eingeladen worden, die für die Umsetzung der Pläne gebraucht werden, unter anderem der Würzburger Universitätsprofessor für Psychiatrie und Neurologie Werner Heyde.

Das Ziel ist klar. Es geht darum, Menschen mit unheilbaren Erbkrankheiten auszurotten und dadurch zugleich die Kosten für die Anstaltspflege insgesamt zu senken. Der Begriff der «unheilbar Erbkranken» ist allerdings sehr weit gefasst und schließt zum Beispiel Formen von Alkoholismus oder sozialer Verwahrlosung ein.

Während also unter der praktischen Leitung von Viktor Brack die Tötung von behinderten Kindern bereits angelaufen ist, geht es jetzt um die Vernichtung der «lebensunwerten» Erwachsenen.

An diesem Tag werden allerdings nur die allgemeinen Linien des Projekts entwickelt. Vor allem muss man das Problem der systematischen und lückenlosen Erfassung der in Frage kommenden Personen lösen, außerdem das Problem der Errichtung der notwendigen Tötungseinrichtungen, des Transports der «Patienten» und schließlich auch der Finanzierung und der internen Abrechnung («Abwicklung der Kosten mit den Anstaltsträgern»). Man schätzt, dass die Aktion etwa siebzigtausend Personen betreffen wird.

Sonntag, 13. August, Palazzo Venezia, Rom. Im Palazzo Venezia, einem Palast aus dem 15. Jahrhundert, Regierungssitz des italienischen Duce Benito Mussolini, lässt sich dieser von seinem Außenminister Galeazzo Ciano, Graf von Cortellazo, Bericht erstatten über dessen dreitägige Gespräche mit den Deutschen, erst in Salzburg mit von Ribbentrop, dann auf dem Obersalzberg mit Hitler: Der habe ihn empfangen, während er an einem großen Tisch darüber versunken war, Generalstabskarten zu studieren – «spätestens Ende August» werde man Polen angreifen, habe ihm der Führer erklärt. «Hitler ist sehr herzlich», notiert Graf Ciano, «aber unerschütterlich in seinem Entschluss. Unsere Einwände vermögen ihn nicht im Geringsten davon abzuhalten.» Seine Notizen schließt er mit einer bitteren Erkenntnis: «Ich kehre nach Rom zurück, angeekelt von Deutschland, von seinen Führern, von seiner Handlungsweise. Sie haben uns belogen und betrogen. Und heute sind sie im Begriff, uns in ein Abenteuer hineinzureißen, das wir nicht gewollt haben.»

Montag, 14. August, Auswärtiges Amt, Berlin. Der deutsche Außenminister Joachim von Ribbentrop sendet heute seinem Botschafter in Moskau, Graf von der Schulenburg, eine Anweisung, was er der sowjetischen Regierung zusätzlich vorschlagen solle: eine großzügige Abgrenzung der beiderseitigen Interessensphären, von der Ostsee bis zum Schwarzen Meer. Um die «geschichtliche Wende» schneller auf den Weg zu bringen, solle von der Schulenburg den baldigen Besuch des deutschen Außenministers in Moskau anbieten.

14. August, Berghof, Obersalzberg. Abends empfängt der *Führer* seine obersten militärischen Befehlshaber, er ist in einer ausgesprochen guten Stimmung, denn er rechnet schon fest mit einer Zusage Moskaus auf das telegraphische Angebot seines Außenministers. Nachdem er zuvor monatelang gezögert hat, sich auf ein Bündnis mit Stalin einzulassen, redet er sich nun seinen «ideologischen Verrat» damit zurecht, dass er durch dieses Bündnis ja gerade in die

Lage versetzt wird, den Krieg gegen die UdSSR führen zu können, weil beide Armeen sich dann – ohne diese störenden Polen dazwischen – direkt gegenüberstehen werden. Um das Hilfsversprechen der Briten und Franzosen für Polen brauche man sich nicht zu sorgen, das sei sowieso nicht ernst gemeint, bekräftigt Hitler vor seinen Militärs.

Dienstag, 15. August, Warschau. Seit neun Monaten lebt Marcel Reich nun schon in Polen. Er hat Polnisch, die Sprache seiner Kindheit, rasch wieder erlernt, er hat sogar schon angefangen, polnische Lyrik zu lesen, deren elegischer, schwermütiger Ton ihn an die Mazurken und Polonaisen Chopins erinnert, die er so liebt. Sie werden übrigens oft im Warschauer Rundfunk gespielt, live, der geniale junge Pianist heißt Władysław Szpilman. Vor allem aber hat Reich in seinem polnischen Exil etwas entdeckt, das in Deutschland verboten ist: die zeitgenössische deutsche Literatur, deren Autoren im Ausland leben, im Exil. Er findet sie leicht in den zahlreichen privaten Leihbibliotheken Warschaus, die mit deutschen Büchern gut versorgt sind. Später wird er sagen, dass die deutsche Exilliteratur, zusammen mit der polnischen Lyrik, ihn gerettet habe: zumindest vor einer tiefen Depression.

Er liest. Er hört Chopin. Er hat viel Zeit, denn er ist arbeitslos.

Äußerlich geht es ihm nicht schlecht. Seine Eltern und sein älterer Bruder Alexander, ein Zahnarzt, leben in einer gemeinsamen Wohnung, in der sich auch die Praxis befindet. Natürlich hat sich irgendwo auch ein Plätzchen für ein Feldbett für Marcel finden lassen. Sie alle leben von den Einkünften des Bruders. David Reich, der Vater, hat mit seiner Firma einen wirtschaftlichen Zusammenbruch erlitten. Er ist aber gerade voller Hoffnung darangegangen, eine neue Firma zu gründen; er führt Verhandlungen, er plant schon die Einzelheiten – schließlich wird sein Unternehmen zu dem am allerwenigsten geeigneten Zeitpunkt, den Tagen unmittelbar vor dem Überfall Deutschlands auf Polen, gegründet.

Die höchst gespannte Lage im August 1939 – das Stichwort hieß «Ner-

venkrieg» – schien uns entsetzlich, so erinnert er sich später, *doch gab es auch ruhige, vernünftige Menschen, die uns warnten: Ihr werdet euch nach diesem Nervenkrieg noch zurücksehnen.*

Der junge Marcel Reich, der Jahre später den zweiten Namen Ranicki hinzufügen wird, ist die ganze Zeit vollkommen sicher, dass Deutschland den Krieg, den seine Führer in diesem Sommer systematisch herbeiführen, letzten Endes verlieren wird. Diese Sicherheit stammt, paradoxerweise, aus seinen Bildungserlebnissen auf dem preußischen humanistischen Gymnasium: Demnach hat in der Geschichte der Menschheit letztlich immer die gerechte Sache triumphiert.

Was allerdings die Frage der Judenverfolgung angeht, da traut er den Deutschen inzwischen alles zu, *auch das Schrecklichste.* Seit den Novemberpogromen, der «Reichskristallnacht», ist er ganz sicher. Allerdings kann auch er sich nicht vorstellen – niemand kann es –, welche Dimensionen der Völkermord an den Juden annehmen und mit welchen Methoden er durchgeführt werden wird.

Der Krieg, der am 1. September mit dem Überfall auf Polen beginnt, ist die Voraussetzung dafür.

15. August, Kreml, Moskau. Als der deutsche Botschafter Graf von der Schulenburg heute den sowjetischen Außenminister Wjatscheslaw Molotow aufsucht, reagiert dieser ungewohnt umständlich, wirft Termin- und diverse Verfahrensfragen auf, will erst einmal wissen, wie Deutschland prinzipiell zu einem Nichtangriffspakt steht, entwirft einen Plan für eine schrittweise Annäherung – die deutsche Ungeduld bietet ihm die Gelegenheit, in aller Ruhe seinen Preis zu erhöhen. Man möge doch ein «spezielles Protokoll» aufsetzen, in dem Regelungen zu «diesen und jenen Fragen der Außenpolitik» festgehalten werden sollten – eine kaum verklausulierte Aufforderung, Polen untereinander aufzuteilen und die Annexion der baltischen Staaten zu beschließen. Molotow schlägt zum Schluss vor, sein deutscher Amtskollege Ribbentrop könne doch am 26. oder 27. August nach Moskau kommen.

15. August, Antibes, Frankreich. Den Sommer hat Jack Kennedy fast ausschließlich mit Reisen verbracht, teils für seine Arbeit, teils zum Vergnügen. Er fühlte sich «im Zentrum des Sturms», als er nach Danzig kam, wo er mit vielen offiziellen Vertretern Polens, der Stadt Danzig und sogar der NSDAP sprach; in Warschau hatte er ein langes Gespräch mit dem amerikanischen Botschafter, Anthony Biddle, der für ihn die politische Lage in Europa genau analysierte. Vermutlich niemals sonst hat ein Politik-Student derart exklusiven Zugang zu Informationen und Meinungen bekommen wie Jack. Er fuhr weiter nach Leningrad und nach Moskau, wo er einen langen Meinungsaustausch mit Charles E. Bohlen, dem zweiten Sekretär der US-Botschaft, hatte, dann reiste er über Kiew und Bukarest in die Türkei, später nach Jerusalem, Beirut, Damaskus und Athen. Überall empfingen die Diplomaten der amerikanischen Botschaften oder Konsulate ihn wie eine wichtige Persönlichkeit.

Er hat in diesem Sommer versucht, Hitlers Politik zu verstehen. Für England, so notiert er, habe sich die Situation nach dem Weltkrieg nicht sehr verändert, das Regierungssystem blieb dasselbe, die Ideen blieben dieselben, und Englands Position in der Welt blieb gesichert. Ganz anders Deutschland: Das alte Regierungssystem, die alten Ideen, alles ist 1918 zerstört worden, dazu die Demütigung des Versailler Vertrags, dann die Inflation 1924, der ökonomische Kollaps 1929/30, das Heer der Arbeitslosen, dies alles «schuf in Deutschland einen fruchtbaren Boden für neue Ideen». Hitler habe es leicht gehabt, die Deutschen davon zu überzeugen, dass das Land «nur über Aufrüstung neu an die Spitze Europas kommen kann», nur dann würde die Demütigung von Versailles enden, und die Deutschen würden wieder die Herren ihres Schicksals sein.

In dieser «massiven deutschen Aufrüstung» sieht er den eigentlichen Grund für die westliche Appeasement-Politik. England habe es einfach versäumt – er sagt sogar «verschlafen» –, beim Aufrüsten mitzuhalten, und sei deshalb zur dauernden Beschwichtigung geradezu gezwungen gewesen.

Vor ein paar Tagen ist er aus Deutschland zurückgekommen, wo er in München, zusammen mit einem Freund aus Harvard, «äußerst unangenehme Momente» erlebte, als SA-Männer, die das britische Nummernschild des Autos erkannten, sie als Spione festnehmen wollten. Jetzt ist er in der Villa, die sein Vater dauerhaft an der Côte d'Azur, hoch über dem Meer, gemietet hat. Nebenan wohnt Marlene Dietrich, eine Freundin und, wie die Diva später selbst sagt, zeitweilige Geliebte von Joe Kennedy, der mit ihr seine andere Geliebte, Gloria Swanson, betrügt. Auch Jack hat in diesen heißen Augusttagen mit Marlene, wie er in einem Brief andeutet, mehr als nur einen erotischen Flirt.

Jetzt will er noch nach Prag. Sein Vater hat bei seinem dortigen Amtskollegen die Reise des Sohnes angekündigt, doch die Prager US-Botschaft rät ab, der junge Kennedy solle besser gar nicht erst kommen. Der Diplomat George F. Kennan, damals Sekretär an der amerikanischen Botschaft in Prag, erinnert sich später, «wie erzürnt die Botschaftsangehörigen waren», denn Joes Sohn «hatte keinen offiziellen Status und war in unseren Augen ein Emporkömmling und ein Ignorant. Die Vorstellung, dass er etwas lernen oder berichten konnte über die Zustände in Europa, was wir noch nicht berichtet hatten, schien absurd. Und dass Leute wie wir, die viel zu tun hatten, ihre Zeit dafür opfern sollten, eine Tour für ihn zu organisieren, regte uns kolossal auf.» Jack findet, dass ihm dieser Besuch und die Hilfe der Diplomaten selbstverständlich zusteht. Er will für seine Arbeit einen Eindruck vom besetzten Prag und dem Alltag in der zerschlagenen Republik gewinnen.

Die Kennedys setzen sich auch diesmal durch.

15. August, Halle (Saale). An diesem Tag findet Dr. med. Horst Schumann in der Post seinen Einberufungsbefehl als Stabsarzt zur Luftwaffe. Er hat in den vergangenen Jahren mehrfach an militärischen Lehrgängen und Reserveübungen teilgenommen und weiß ungefähr, was auf ihn zukommt. Er wird als Musterungsarzt junge Wehrpflichtige und Freiwillige auf ihre Tauglichkeit untersuchen. Obwohl er seit fünf Jahren verheiratet ist und zwei kleine Söhne hat, empfindet er keinen Widerstand gegen den Befehl. Er, der in so vielen Situationen zu so vielen Menschen hart sein muss, wendet das Prinzip der Härte auch gegen sich selbst an.

Dieses Prinzip hat ihn früh schon sein Vater gelehrt, der wie er Arzt – und ebenfalls leidenschaftlicher Anhänger der NSDAP – war. Schumann erinnert sich, wie der Vater ihm eines Tages die verstümmelten Leichen einiger Polizisten zeigte, die von «kommunistischen Horden» umgebracht worden waren: «So wird es uns gehen, mein Junge, wenn wir zulassen, dass *die* jemals an die Macht kommen.» Das muss Ende 1919 gewesen sein, und der vierzehnjährige Horst ging daraufhin während des Kapp-Putsches als freiwilliger Meldegänger zu den Regierungstruppen. Bevor er 1925 sein Abitur ablegte und in Leipzig Medizin zu studieren begann, war er bereits Mitglied von rechtsradikalen Gruppen wie dem «Kampfbund Oberland». Noch vor 1933 trat er in die NSDAP und in die SA ein. Schumann war sechsundzwanzig, als er seine Dissertation einreichte – und sein «Führer» Adolf Hitler an die Macht kam. In Hitlers «neuem Staat» begann Schumann systematisch seine Karriere aufzubauen.

Er wurde zunächst beamteter Arzt am Gesundheitsamt Halle, später Amtsarzt, ein in der Bevölkerung hochangesehener Bürger der Stadt. Daneben war er Standartenarzt der SA, Funktionär des NS-Ärztebundes, Gauamtsleiter des Amtes für Volksgesundheit der NSDAP. Hier arbeitete er sich leidenschaftlich in die Materie der Eugenik und «Rassenhygiene» ein. Als Chefarzt der Geheimabteilung der Gestapo nimmt er an Aktionen teil, die nach geltendem Recht illegal, aber von Himmler und der Geheimpolizei gewollt sind. Außerdem entscheidet er als Gutachter am Erbgesundheitsgericht Halle über Zwangssterilisation von «rassisch Minderwertigen», von «Geisteskranken» und anderen Menschen, die nach dem Konzept der Rassenideologie des Nationalsozialismus und dem «Gesetz zur Verhütung erbkranken Nachwuchses» «an der Fortpflanzung gehindert» werden sollen.[4] Mit alldem hat sich Dr. Horst Schumann bereits für weitergehende ärztliche Aufgaben im bevorstehenden Vernichtungssystem qualifiziert.

Mittwoch, 16. August, Berlin. Der deutsche Außenminister Joachim von Ribbentrop telegraphiert seinem Botschafter in Moskau, er könne Molotow das deutsche Interesse am Abschluss eines fünfundzwanzigjährigen Nichtangriffspaktes vortragen. Zudem wolle er, von Ribbentrop, viel früher als von den Russen vorgeschlagen nach Moskau reisen: «Die deutsch-polnischen Beziehungen verschärfen sich von Tag zu Tag; der Führer hält es für notwendig, sich bei Bemühungen um Klärung des deutsch-russischen Verhältnisses nicht vom Ausbruch eines deutsch-polnischen Konflikts überraschen zu lassen. Er hält vorherige Klärung schon deshalb für notwendig, um bei diesem Konflikt russischen Interessen Rechnung tragen zu können.»

Molotow lässt sich aber nicht beirren und spielt weiterhin auf Zeit – parallel laufen in Moskau die trilateralen Gespräche mit den Militärdelegationen von Großbritannien und Frankreich weiter.

Donnerstag, 17. August, Moskau. Auf Vorschlag des sowjetischen Verhandlungsführers Marschall Woroschilow, eines engen Vertrauten Stalins, werden die Gespräche mit den Briten und den Franzosen auf kommenden Montag, den 21. August, vertagt. Die Sowjetunion betont weiterhin mit allem Nachdruck, falls sie denn im Bündnisfall das Deutsche Reich angreifen solle, bräuchte sie für die Rote Armee das Recht, in Polen durchmarschieren zu können.

Freitag, 18. August, Algier. Algerien ist in drei französische Departements gegliedert, und Frankreich gehört, ehe es sich in ein Schlachtfeld verwandelt, zu den führenden Nationen Europas. Doch tatsächlich ist diese nordafrikanische Kolonie nicht Teil eines demokratischen Landes, sondern eher ein von Generälen regierter französischer Militärdistrikt. Kein Algerier hat dieselben Rechte wie ein Franzose, aber im Kriegsfall wird von hier, wie schon 1914, eine enorme Anzahl von Infanteristen kommen, Menschenmaterial für das Feuer der europäischen Fronten – damals war Albert Camus' Vater unter ihnen.

Schon im Juli ist die Kommunistische Partei Algeriens verboten worden, während sie sich in Frankreich voller Legalität erfreut – jedenfalls bis zum Beginn des Krieges. Verboten ist auch die Parti du Peuple Algérien von Messali Hadj, eine linke algerisch-nationalistische Partei, die die Unabhängigkeit von Paris anstrebt. Im «Alger républicain» schreibt Camus hellsichtig: «Der Aufstieg des algerischen Nationalismus vollzieht sich über die Verfolgungen, die er erleiden muss. Der tiefe Rückhalt, den diese Partei im Volk hat, ist, paradoxerweise, das Werk der führenden Funktionäre der Kolonie ... Die einzige Form, den algerischen Nationalismus zurückzudrängen, besteht darin, die Ungerechtigkeit zu beseitigen, die ihn hervorbringt.»[5] Das kann er noch schreiben, doch einige Tage später verhängen die Militärbehörden eine strenge Pressezensur. Jeden Tag kommt ein Offizier in die Redaktion, um sich die Artikel zeigen zu lassen, die veröffentlicht werden sollen. «Es ist falsch», schreibt Camus, «zu denken, dass es für die kämpferische Moral einer Nation nötig ist, die bürgerlichen Freiheiten zu unterdrücken.»

Was die Lage in Europa angeht, so halten Camus und Pascal Pia, der Gründer des «Alger républicain», es für unwahrscheinlich, dass wegen Polen ein Krieg beginnt. *Mourir pour Dantzig?*, fragt auch die Pariser Presse. Man hat für die Tschechoslowakei keinen Finger gerührt und, vor ein paar Jahren, auch nicht für Spanien.

Dabei ist Camus in diesem Sommer verliebt. Francine Faure, eine schöne, gebildete Mathematikstudentin aus Oran, hat sogar zugestimmt, mit ihm nach Griechenland zu fahren, in das ideale Land seiner Sehnsüchte. Er schreibt ihr nach Oran, sie solle sich unbedingt einen Schlafsack besorgen; ganz pragmatisch sieht er, dass sie aus Geldmangel ohne jeden Luxus reisen werden. Gleichzeitig versenkt er sich tief in die klassischen griechischen Texte, vor allem in die Mythen und Legenden. Beinahe alle Tagebuch-Eintragungen im August handeln von Griechenland.

Am 1. oder 2. September wollen sie das Schiff besteigen.

18. August, Danzig. Der Danziger Gauleiter Albert Forster heizt auf Weisung Hitlers die Stimmung in der unter dem Mandat des Völkerbundes stehenden «alten deutschen Stadt» (Hitler) weiter auf. Auf dem Danziger Maifeld tritt zum ersten Mal eine Truppe auf, die sich «SS-Heimwehr» nennt und aus vielen jungen SS-Mitgliedern besteht, die in den vergangenen Wochen, zumeist als Touristen getarnt, aus Deutschland in die Stadt eingesickert sind. Schlagartig wird das Ausmaß der heimlich durchgeführten Aufrüstung deutlich: Die Truppe ist nicht nur mit modernsten Handfeuerwaffen, sondern auch mit schweren Maschinengewehren und mit Geschützen ausgerüstet und verfügt über geländegängige Fahrzeuge. In einer offiziellen Feier übergibt Forster der Heimwehr eine Fahne mit dem Runenzeichen der SS und dem Danziger Wappen. Das Motto der unter dem Befehl des SS-Obersturmbannführers Goetze stehenden Truppe ist: «Lieber sterben als polnisch werden.» Von den Maschinengewehren dieser Truppe werden am 1. September, beim Überfall auf das polnische Postamt Danzigs, die ersten Schüsse des Krieges abgefeuert werden.

Samstag, 19. August, Jejsk am Asowschen Meer, Sowjetunion. Endlich das Meer, die Strände, die Sommerhitze. Ferien. Darauf haben sich die Kinder und Jugendlichen aus dem Moskauer Kinderheim Nr. 6 schon lange gefreut. Sie sind nach Jejsk gefahren, als Gäste der dortigen großen Militärakademie, und man hat ihnen ein schönes Gebäude überlassen, wenn auch leider nicht direkt am Meer. Aber die Kinder und ihre Erzieher haben einen Autobus zur dauernden Verfügung, samt Fahrer, der sie jeden Tag ans Meer bringt. Als Kinder antifaschistischer Kämpfer gegen Hitler – auch wenn diese Kämpfer zum Teil in sowjetischen Gefängnissen sitzen oder in der Verbannung leben müssen – sind sie immer noch, im Vergleich zu russischen Kindern, äußerst privilegiert.

Jejsk ist eine Militärstadt, überall sieht man uniformierte Männer, darunter viele Studenten der W.M.A.U.-Akademie, der «Wojenno-Morskoje-Aviazionnoje Utschilischtsche» (Marinekriegsschule für die Luftwaffe). «Nach den grauenvollen Jahren der Säuberung waren diese Ferien für uns besonders schön», schreibt Wolfgang Leonhard später, «wir ruhten uns einmal richtig aus.» Ausruhen bedeutet allerdings keinesfalls Nichtstun: Während der Ferien bereiten sich die Jugendlichen auf ihren zukünftigen Eintritt in den *Komsomol* vor. Jeden zweiten Nachmittag sitzen sie mit ihrem Politleiter Igor Speranski zusammen und werden politisch geschult – in der Geschichte der KPdSU. Jeder hat dieses Buch schon gelesen, aber jetzt wird es regelrecht «durchgenommen».

Gestern sind sie zu einer Feier im großen Kulturpalast eingeladen gewesen. Das Einleitungsreferat über die internationale Lage war, wie üblich, scharf gegen den Faschismus und Hitler-Deutschland gerichtet. Der Redner fügte dann überraschend hinzu: «Genossinnen und Genossen, hier in unserem Saal befinden sich unsere ausländischen Gäste, die Kinder von deutschen und österreichischen Antifaschisten, die gegen die grausame Hitler-Diktatur gekämpft haben!» Alle haben sich nach ihnen umgedreht.

Jetzt sind sie in Jejsk stadtbekannt.

Samstag, 19. August, Warschau. Der polnische Außenminister Oberst Józef Beck lässt sich nicht beirren, selbst die persönlichen Interventionen seiner Amtskollegen, des Briten Edward Lord Halifax und des Franzosen Georges Bonnet, Polen müsse endlich nachgeben, ansonsten breche das ganze Bündnissystem zusammen, weist er zurück, indem er mitteilen lässt, Polen werde nicht zulassen, «dass man in irgendeiner Weise über die Benutzung eines Teiles unseres Gebietes durch ausländische Truppen diskutiert. Das ist für uns eine Frage des Prinzips. Wir haben kein Militärabkommen mit der UdSSR; wir wollen keins haben.» Am nächsten Tag läuft der französische Botschafter in Warschau Léon Noël mit einer weiteren, verzweifelten Demarche bei Marschall Edward Rydz-Śmigły, Generalinspekteur der polnischen Streitkräfte, auf, der ihn energisch zurecht weist: «Mit den Deutschen laufen wir Gefahr, unsere Freiheit zu verlieren. Mit den Russen verlieren wir unsere Seele!»

19. August, Hotel Alexandria, London. Seit Tagen sind die Zeitungen wieder voll alarmierender Nachrichten, eigentlich hat ihn den ganzen Sommer hindurch die Politik nicht zur Ruhe kommen lassen. Zuletzt der Besuch Burckhardts bei Hitler in Berchtesgaden, Mussolinis Vorschlag einer Fünf-Mächte-Konferenz unter Ausschluss Russlands. Die Spannung verschärft sich, notiert Thomas Mann, aber *ich bezweifle, dass Hitler kämpfen will, doch wird er vielleicht dazu gezwungen werden.*

Thomas Mann irrt sich auf groteske Weise in der Einschätzung Hitlers, ist dabei aber in diesen Tagen und Wochen mit allen *klugen und vernünftigen* Menschen durchaus im Einklang. In beinahe allen europäischen Zeitungen und Köpfen werden dieselben Gedanken gewälzt: wie man es schaffen könne, eine *vernünftige Lösung* zu finden, einen Ausgleich der verschiedenen Interessen und damit eine Chance für den Frieden. Und kaum einem ist klar, dass es Hitler gerade *nicht* um Vernunft geht, nicht um rationale Politik, nicht um Ausgleich und schon gar nicht um den Frieden. In zwölf Tagen wird er sein Ziel erreicht haben: den Krieg.

Sonntag, 20. August, Berghof, Obersalzberg. Adolf Hitler fürchtet, dass ihm die Zeit davonläuft: Der Angriff auf Polen muss spätestens am 1. September erfolgen, sonst bleiben womöglich die motorisierten Streitkräfte wegen des beginnenden Herbstregens auf den morastigen polnischen Straßen stecken. Die Kriegsvorbereitungen laufen auf vollen Touren, das rollende Material ist bereits zusammengezogen, Hunderttausende Soldaten stehen bereit, sogar zwei Schlachtschiffe und die U-Boot-Flotte warten auf den Einsatzbefehl. Deswegen muss sein Außenminister früher als zu dem von den Sowjets bisher vorgeschlagenen Termin nach Moskau reisen, nicht erst in einer Woche. Am Abend beschließt Hitler, «*Herrn I. W. Stalin, Moskau*» ein persönliches Telegramm senden zu lassen.

Darin bittet er den Generalsekretär der KPdSU, Außenminister von Ribbentrop bereits am 22. oder 23. August zu empfangen, also möglichst übermorgen. Sein Außenminister werde mit der *umfas-*

sendsten Generalvollmacht zur Abfassung und Unterzeichnung des Nichtangriffspaktes sowie des Protokolls ausgestattet.

Nachdem das Telegramm abgesandt ist, findet Hitler keine Ruhe, voller Ungeduld ruft er tief in der Nacht Hermann Göring an und beklagt sich bei ihm über das Phlegma der Russen. Dem Nervenzusammenbruch nahe, muss der Führer trotzdem noch vierundzwanzig Stunden auf die Antwort Stalins warten, die am nächsten Abend, dem 21. August, um 21.15 Uhr eintrifft: Die Sowjetregierung ist *einverstanden mit dem Eintreffen des Herrn v. Ribbentrop in Moskau am 23. August.* Hitlers Anspannung löst sich schlagartig, und voller Vorfreude lässt er sofort für den nächsten Tag auf 12.00 Uhr die militärischen Befehlshaber zu sich bestellen.

Montag, 21. August, München. Auf irgendwelchen Wegen ist die Nachricht eingetroffen, dass Oskar mit der «St. Louis» nach Southampton gelangt ist und dort an Land gehen konnte – er ist also in England. Das bedeutet, dass sich jetzt zwei der vier Blechner-Brüder in Sicherheit befinden, einer in England, ein anderer in den USA. Der älteste Sohn, Jakob, hat in München das ganze Wochenende darüber nachgedacht, wie er wohl nach Großbritannien oder sogar in die USA gelangen könnte. Offiziell, mit Papieren und allem, geht gar nichts mehr. Aber vielleicht über die Schweiz? Mit kleinem Gepäck, um nicht aufzufallen, sind sie aufgebrochen, Jakob und seine Frau Frieda. Und tatsächlich, sie schaffen es, als deutsche Touristen vom deutschen Zoll in die Schweiz gelassen zu werden – zehn Tage vor Kriegsausbruch.

Nach England oder Amerika werden sie niemals gelangen. In der Schweiz wird der Krieg sie überraschen, und sie werden im Land bleiben müssen. England nimmt sie nicht auf, denn für England werden sie mit Kriegsbeginn zu Angehörigen einer feindlichen Nation, mit der sich das Land im Krieg befindet, zu Deutschen. Das Leben als Flüchtling in der Schweiz wird sehr schwer sein, aber zumindest sind sie entkommen und haben überlebt. Frieda wird sogar eine Stellung als Hausmädchen bei einer reichen Zürcher Familie bekommen, ein Glücksfall, denn deutsche Flüchtlinge in der Schweiz dürfen nicht arbeiten.[6]

Dienstag, 22. August, Moskau. Am Nachmittag erhält der französische Verhandlungsführer in Moskau General Doumenc eine neue Anweisung, denn angesichts des polnischen Starrsinns ist der Pariser Regierung – die bereits um den bevorstehenden Moskau-Besuch des deutschen Außenministers von Ribbentrop weiß – der Geduldsfaden gerissen, und sie handelt jetzt ohne weitere Absprachen mit Briten oder Polen. Noch am selben Abend sucht General Doumenc den sowjetischen Verteidigungsminister Marschall Woroschilow auf, um ihm mitzuteilen, Frankreich sei nun bereit, eine Militärkonvention abzuschließen, die der Roten Armee ein Durchmarschrecht durch Polen und Rumänien zugestehe. Woroschilow fragt eher spöttisch, ob sein französischer Kollege die schriftlichen Zustimmungen Polens vorweisen könne, worauf der französische General nur ausweichend antwortet: «Aber die Zeit vergeht.» Nicht ohne hintersinnigen Humor antwortet ihm der sowjetische Marschall: «Zweifellos, die Zeit vergeht.»

22. August, Obersalzberg. Bestens gelaunt, weil er sich jetzt schon des Paktes mit Stalin sicher fühlt, empfängt Hitler den Chef des Oberkommandos der Wehrmacht, General Wilhelm Keitel – der wegen seiner besonderen Unterwürfigkeit gegenüber Hitler im Offizierscorps hinter vorgehaltener Hand auch als *Lakeitel* verspottet wird –, außerdem auch die Chefs der verschiedenen Waffengattungen, Generaloberst Walther von Brauchitsch (Heer), Großadmiral Erich Raeder (Kriegsmarine), Generalfeldmarschall Hermann Göring (Luftwaffe) sowie zahlreiche weitere Generäle und Admiräle. Er bekräftigt zum wiederholten Mal seinen unumstößlichen Willen zum Krieg gegen Polen, je früher, desto besser.

Sehr wohl wissend, was in den nächsten Tagen in Gleiwitz geschehen soll, fügt er an: *Ich werde propagandistischen Anlass zur Auslösung des Krieges geben, gleichgültig ob das glaubhaft ist oder nicht. Der Sie-*

ger wird später nicht danach gefragt, ob er die Wahrheit gesagt hat oder nicht. Bei Beginn und Führung des Krieges kommt es nicht auf das Recht an, sondern auf den Sieg. Die bei einigen Militärs vorhandenen Sorgen wegen der Haltung Großbritanniens wischt er mit großer Geste weg: *Die Gegner rechnen nicht mit meiner Entschlusskraft. Unsere Gegner sind kleine Würmchen. Ich sah sie in München …* [er meint das Münchner Abkommen vom vergangenen September]. Nur eines fürchte er: *Ich habe Angst, dass mir noch im letzten Moment irgendein Schweinehund einen Vermittlungsplan vorlegt.* Zum Abschied teilt Hitler mit, dass der Befehl zum Angriff auf Polen bald erteilt werde, voraussichtlich für kommenden Samstag, den 26. August.

22. August, Beverly Hills, Kalifornien. Jetzt liest man täglich wieder fünf, sechs Zeitungen, und man verbringt Stunden am Radio. *Schaudervolles Abwarten.* Vor drei Tagen hat Klaus Mann noch geschrieben: *Neues Appeasement, bei aller Kühnheit der Phantasie, kaum auszumalen. Der Krieg ebenso wenig. Die Situation entzieht sich der rationalen Beurteilung. Schlechterdings alles möglich … (Ich glaube, um es denn doch niederzuschreiben, eher an den Krieg. Und dass ich, in diesem Fall, nach Europa gehen werde …).* Mit Fritz Lang und anderen hat er, bei viel Champagner, gestritten, ob man überhaupt jemals nach Deutschland zurückkehren solle. Lang und andere wollen es gar nicht mehr. Für Klaus Mann ist es die große Sehnsucht …

Mittwoch, 23. August, Obersalzberg. Adolf Hitler empfängt den britischen Botschafter Neville Meyrick Henderson, der ihm eine persönliche Mitteilung des britischen Premiers Chamberlain überbringt, die noch einmal alles klarstellen soll: «Welcher Art auch immer das deutsch-sowjetische Abkommen sein wird, so kann es nichts an Großbritanniens Verpflichtung gegenüber Polen ändern. Nötigenfalls ist Seiner Majestät Regierung entschlossen und bereit, alle ihr zur Verfügung stehenden Kräfte unverzüglich einzusetzen, und es ist unmöglich, das Ende einmal begonnener Feindseligkeiten abzusehen.» Hitler überzieht Botschafter Henderson mit einer wütenden Rede, die mit der Folgerung schließt, er sei «jetzt endgültig überzeugt von der Richtigkeit der Anschauung, dass England und Deutschland sich nie verständigen können».

23. August, Moskau. Der deutsche Außenminister Joachim von Ribbentrop kommt gegen 13 Uhr mit dem Flugzeug in Moskau an. Nach einer kurzen Zwischenstation in der deutschen Botschaft trifft er sich mit seinem sowjetischen Amtskollegen Wjatscheslaw M. Molotow in dessen Büro im Kreml. Im Laufe der folgenden drei Stunden werden sich Deutsche und Russen im Prinzip über einen Nichtangriffspakt und, was noch viel wichtiger ist, über ein geheimes Zusatzprotokoll einig. Während sich beide Delegationen zum gemeinsamen Essen begeben, lässt von Ribbentrop nur noch einmal beim Führer in Berlin anfragen, ob man den Sowjets auch die lettischen Ostseehäfen Libau und Windau überlassen könne, worauf Hitler kurz und knapp zurücktelegraphiert: «Ja, einverstanden.» Die Verhandlungen werden zügig weitergeführt, zum Abschluss gebracht und die Vertragsdokumente aufgesetzt. Noch in derselben Nacht unterzeichnen beide Außenminister im Namen ihrer Regierungen den Nichtangriffspakt und das Zusatzprotokoll – der Pakt wird danach der Weltöffentlichkeit bekannt gegeben, das Protokoll verschwiegen. In Letzterem verteilen beide Parteien jetzt schon die künftige Beute. Sie legen die Grenzen ihrer Interessensphären fest, einerseits «für den Fall einer territorial-politischen Umgestaltung der zum polnischen Staat gehörenden Gebiete», andererseits für die baltischen Staaten. An der Zeremonie nimmt auch Josef W. Stalin teil, der zwar kein formales Regierungsamt besitzt, aber als Generalsekretär des Zentralkomitees der Kommunistischen Partei der Sowjetunion der wahre Machthaber ist, der sich zudem seit zehn Jahren Vožd' (Führer) nennen lässt. Er und sein Minister Molotow gehen derart freundlich mit ihren deutschen Gästen um, dass von Ribbentrop später notiert, er habe sich «in ihrer Mitte gefühlt wie unter alten Parteigenossen».

Der Vortragende Legationsrat Hencke schreibt in seinem Protokoll: «Im Laufe der Unterhaltung brachte Herr Stalin spontan mit folgenden Worten einen Trinkspruch auf den Führer aus: ‹Ich weiß, wie sehr das deutsche Volk seinen Führer liebt, ich möchte deshalb auf seine Gesundheit trinken.› Herr Molotow trank auf das Wohl des Herrn Reichsaußenministers und des Herrn Botschafters Graf v. d. Schulenburg. [...] Wiederholt tranken die Herren Molotow und Stalin auf den Nichtangriffspakt, die neue Ära der deutsch-russischen Beziehungen und auf das deutsche Volk. Bei der Verabschiedung erklärte Herr Stalin dem Herrn Reichsaußenminister wörtlich: Die Sowjetunion nehme den neuen Pakt sehr ernst, er könne auf sein Ehrenwort versichern, dass die Sowjetunion ihren Partner nicht betrügen würde.»

Nach einer kurzen Nachtruhe startet die deutsche Delegation noch am 24. August um 11.00 Uhr vom Moskauer Flughafen in Richtung Berlin.

Donnerstag, 24. August, Beverly Hills, Kalifornien. *Ziemlich widrige Nachrichten über den «Non-Aggression-Pact» zwischen Deutschland und Russland ... Konsequenzen noch unübersehbar. Vielleicht alles nur wieder irgendein Bluff und Schwindel ...* Wie Millionen anderer auf der Welt fragt sich Klaus Mann, *welches Gewicht, welchen Sinn der Nazi-Sowjet-Pakt haben kann*, ob er den Krieg eher wahrscheinlich macht oder, für den Augenblick, verhindern wird ... *Alles sehr quälend und spannend.* Abends zum Dinner bei John Huston, *lieber hübscher Mensch*, Klaus mag auch seine Frau. Die *weißhaarige Mama* von Mrs. Lang weint aus Kriegsangst ... *Alles hängt am Radio. Fritz Lang deprimiert. Bodo Uhse krampfhaft zuversichtlich.*

24. August, Moskau. Gestern Mittag hat Politleiter Igor Speranski den Jungen gesagt: «Fahrt ihr ruhig zum Baden, ich bin in die Stadt gerufen worden. Aber abends bin ich bestimmt zurück.»

Was ist denn los?

Keine Ahnung.

Abends ist Speranski aufgeregt zurückgekommen. Er habe eine ganz wichtige Nachricht, hat er schon von weitem gerufen, alle sollten sich versammeln. Er hat in Jejsk einen Bürstenabzug der morgen erscheinenden Zeitung erhalten.

Und was ist passiert?

«Wir haben einen Nichtangriffspakt mit Deutschland abgeschlossen!»

Es ist eine ungeheure, unglaubliche Nachricht.

Natürlich haben sie in den letzten Tagen alle die Zeitung gelesen. Sie waren aber sicher, dass es bei den Verhandlungen mit England und Frankreich bald zu einem Bündnisvertrag gegen die faschistischen Aggressoren kommen würde. Als Igor die ersten Sätze des Vertrags feierlich vorlas, waren die Jugendlichen fassungslos: «Keiner der beiden vertragsschließenden Teile wird sich an irgendeiner Machtgruppierung beteiligen, die sich mittelbar oder unmittelbar gegen den anderen Teil richtet.»

Eine völlige Änderung der sowjetischen Außenpolitik! Eine Absage an jede Form des antifaschistischen Kampfes.

Bald schon sind sie schon unterwegs nach Moskau, wohin ein Telegramm der Heimleitung sie zurückgerufen hat.

24. August, Koblenz. Wie jeden Tag schleppt André Hoevel gegen Ladenschluss die Kisten mit dem Obst und dem Gemüse ins Geschäft an der Trierer Straße 97, hebt jede einzelne von dem schrägen Gestell auf dem Trottoir hoch und trägt sie nach hinten in den Lagerraum. Anneliese macht inzwischen die Kasse. Das Geschäft läuft gut, seit sie es im Mai übernommen haben. Damals ist Annelieses Bruder, der Inhaber, gestorben und hat es ihr und ihrem Mann André vermacht.

Fast sechs Jahre haben André und Anneliese in Gefängnissen, in Zuchthäusern und in KZs verbracht. Jetzt sind sie allmählich wieder zu Kräften gekommen, körperlich und mental. Die Nazis haben es trotz jahrelanger Haft nicht geschafft, ihre Persönlichkeit oder ihren kämpferischen Willen zu brechen. Sie sind nach wie vor Kommunisten, und sie sind mehr denn je von der Überlegenheit ihrer Ideologie, von der Notwendigkeit des Klassenkampfs und der Weltrevolution überzeugt. Besonders auch von der Notwendigkeit des antifaschistischen Kampfes, wie sie die Komintern, die Kommunistische Internationale, gegen Hitler und Mussolini führt.

Sie haben bald Kontakt zu alten Freunden und Genossen in Wiesbaden und Rüsselsheim aufgenommen, vor allem zu den Eheleuten Noetzel. Gemeinsam hören sie die deutschsprachigen Sendungen des Londoner Rundfunks, wo manchmal auch deutsche Emigranten sprechen, Thomas Mann und andere, und sie debattieren über die Situation. So hat es angefangen. Jetzt haben sie bereits Kontakt zu einer Reihe von Wehrmachtsangehörigen aufgebaut, jungen Soldaten, die fürchten, dass es bald zum Krieg kommen wird. Hoevels geben die Informationen der BBC an diese Männer weiter, besprechen sie mit ihnen. Vor allem die Frage der Desertion, des Überlaufens zum Feind im Kriegsfall, ist ein brennendes Thema. Es wäre eine klare antifaschistische Tat von höchster Moral.

An diesem Abend, in ihrem Koblenzer Wohnzimmer, hören sie im Berliner Sender, der jetzt «Rundfunk des Großdeutschen Reiches» heißt, die Nachricht über Ribbentrops Reise nach Moskau. Sie verstehen sofort, was das bedeutet. Es bedeutet, dass die zwei ideologischen Todfeinde Hitler und Stalin einen Pakt schließen werden. Derselbe große Stalin, der in Moskau ein ideologisches und faktisches Machtzentrum der kommunistischen Weltrevolution darstellt, eine unanfechtbare Potenz und einen inspirierenden Quell von Ideen im Kampf gegen Hitler, empfängt heute den Außenminister dieses faschistischen Diktators, gegen den deutsche Kommunisten seit vielen Jahren, sogar schon in der Zeit vor der Machtergreifung, kämpften, auch auf Weisung Moskaus. Stalin beendet damit den Kampf gegen Hitler. An diesem Abend bricht für Anneliese und André ein Bild von der Welt, das ihnen jahrelang eine enorme Kraft vermittelt hat, in sich zusammen – wenn auch nur vorübergehend.[7]

24. August, Lager Nowaja Schedarbe, Sibirien. In der Taiga ist plötzlich Sommer, ein kurzer, aber strahlender Sommer. Vor einigen Tagen haben sie alle das alte Lager Agul, das aufgelöst wurde, verlassen, immer den Bergfluss Schedarbe hinauf bis nach Nowaja Schedarba – die ganze Brigade von Fjodor. Das neue Lager fasst ungefähr zweitausend Gefangene. Die meisten werden beim Bau einer neuen Straße eingesetzt. Da das Lager die zentrale Zone des «Sonderlager-Punktes N» darstellte, gibt es hier auch Ärztinnen und eine, natürlich, sehr schlecht ausgerüstete medizinische Station.

Ein Arzt namens Neswjaschtschennyj wird zum Leiter der medizinischen Betreuung ernannt. Da er aber nach Meinung des Lagerleiters Duda zu viele Freistellungen erteilt, entfernt man ihn von seinem Posten und lässt ihn Kolonnenarbeiten verrichten. Später wird Duda wegen «trotzkistischer Ansichten» selbst zu drei Jahren Haft verurteilt und als Häftling im Lager Reschoty von Mitgefangenen in der Latrine aufgehängt werden.

Fjodor arbeitet nicht im Straßenbau, sondern weiterhin in der Holzfällerei. Solange es hell genug ist, wird gearbeitet: Bäume fällen, Wurzeln roden, die Stämme von Ästen befreien, ein Tag ist wie der andere. Am Ende des Sommers, so hat man ihm gesagt, wird er vielleicht in die Buchhaltung versetzt.[8]

24. August, an Bord der «Suecia». Thomas und Katia Mann haben London genossen. Sie sind mit der Swissair gekommen, *weich-weiße Wolkenlandschaft unter dem lichten Blau,* im Flugzeug Lunch, Bouillon und Schinkenbrot. Auch *Cigaretten.* Unten, auf dem Ärmelkanal, kleine Dampfer, dann die englische Küste. Omnibusfahrt zur Victoria Station und Taxi zum Hotel Alexandria. Gestern haben sie einen langen Spaziergang gemacht zum Buckingham Palace, an den *sommerlich bevölkerten Parks* entlang, ein heißer Augusttag. Familien beim Picknick, vergnügt spielende Kinder – wenn sie in zwei Wochen auf dem Rückweg abermals hier durchkommen, werden die Parks entvölkert sein und die Menschen mit umgehängten Luftschutzmasken durch die Straßen hetzen. Schöner Tag, schreibt Mann: *Trafalgar Square, Themse-Brücke, Parlament, Downingstreet.*

Im Telegrammstil notiert Thomas Mann im Tagebuch die sich überstürzenden Ereignisse: *Gestern* [am 22. August] *im «Telegraph» die grelle Sensation: Ribbentrop fliegt nach Moskau zum Abschluss eines*

Nichtangriffspaktes […] Für die Engländer, wieder einmal, vollkommen überraschend […] Abendblatt mit Kommentaren zum deutsch-russischen Pakt […] vorläufig unerschütterte Haltung Polens. Einberufung des britischen Parlaments auf morgen, Donnerstag […] Kein Zweifel, dass Kriegsgefahr verstärkt …

Jetzt stehen sie an der Reling eines kleinen Schiffes, der «Suecia», das sie nach Göteborg bringen wird. Die Ufer der Themse gleiten vorüber, dann das offene Meer. *Wieder auf dem Meer zu sein und aus der Reichweite der Ereignisse zu fahren ist eher beruhigend.* Doch dank des Radios sind sie auch auf der «Suecia» nicht von diesen Ereignissen getrennt: *Henderson überbringt Botschaft des britischen Kabinetts in Berchtesgaden, dann die Rede Chamberlains im Unterhaus: Entschiedenes Festhalten an der Garantie für Polen. Meine Zweifel, dass es zum Krieg kommen wird, bestehen fort. Für die Nazis ein Abenteuer, das sie nicht leichtfertig riskieren können. Auch ist Stalin gewiss nicht für die Teilung Polens.*

Der große Thomas Mann irrt unentwegt, wie fast alle anderen auch.

Freitag, 25. August, Moskau. Wie wird sich das Leben der deutschen und österreichischen Kinder und Jugendlichen des «Kinderheims Nr. 6» gestalten, nachdem Stalin mit Hitler einen Pakt geschlossen hat? Schon im Zug, während der langen Rückreise, haben sie versucht, das herauszufinden. Auf dem Moskauer Bahnhof treffen sie andere Jugendliche des Heims, die gerade aus anderen Ferienorten zurückkommen:

«Unser Heim ist aufgelöst!», rufen sie.

«Es gab kaum eine Nachricht, die mich so hätte erschüttern können», schreibt Wolfgang Leonhard. «Unser Heim – das war für uns alles: unsere Wohnung, unser Leben, unser Beschützer, unser Freund. Wir standen vor dem Nichts.» Im Heim an der Kalaschnijgasse 12 sieht es aus wie nach einer Schlacht, Möbelpacker laufen herum, schleppen Gegenstände nach draußen, Klempner und Anstreicher renovieren bereits das Gebäude, und alle Sachen der Jugendlichen sind schon in einen zentralen Raum zum Abtransport gebracht worden. In einer Versammlung erklärt der Direktor den neuen Pakt mit Hitler: Die Westmächte hätten sich geweigert, auf der Grundlage der Gleichberechtigung zu verhandeln, sie wollten die Sowjetunion nur für die Interessen des Imperialismus benutzen. Dieses Spiel hat jedoch der große Stalin durchschaut. Durch den Abschluss des Vertrages hat er es geschafft, dass die Sowjetunion weiter in Frieden leben kann.

Und dann sagt der Direktor den unvergesslichen Satz: «Im Zusammenhang mit den neuen außenpolitischen Notwendigkeiten wird auch bei uns eine gewisse Reorganisation erfolgen.»

Das Heim wird aufgelöst. Alle Zöglinge werden in russische Kinderheime verlegt. Das Heim für die Kinder antifaschistischer Kämpfer hat fünf Jahre bestanden, Wolfgang hat drei Jahre hier verbracht, und jetzt ist das Schicksal dieses Heims besiegelt durch einen Vertrag der Sowjetunion mit einer anderen Großmacht, was aber, schreibt Wolfgang Leonhard, «kein Wunder ist in einem Land, in dem die politischen Ereignisse unmittelbar in das persönliche Leben eingreifen».

Aber tun sie das jetzt nicht überall?

Die Außenminister Joachim von Ribbentrop (links) und Wjatscheslaw Molotow (vorn) unterzeichnen in Moskau den Deutsch-Sowjetischen Nichtangriffspakt, 23. August 1939

Fünftes Kapitel

Marschmusik

Freitag, 25. August 1939, in Europa. An diesem Freitag läuft die «Schleswig-Holstein», ein «Linienschiff» der deutschen Kriegsmarine, in Danzig-Neufahrwasser ein. Offiziell ist dies ein Freundschaftsbesuch, es heißt, man wolle nur der Besatzung des Kreuzers «Magdeburg» gedenken, der 1914 in Danzig gesunken war. Ursprünglich sollte ein anderer Kreuzer nach Danzig fahren, aber die als Artillerieschulschiff deklarierte «Schleswig-Holstein» hat mit ihren 28-Zentimeter-Geschützen die weitaus größte Feuerkraft. Innerhalb der Reichweite dieser Geschütze liegen auf der Westerplatte polnische Landbatterien. Die deutschen Marine-Offiziere werden vom NSDAP-Gauleiter Albert Forster begrüßt, die Straßen der Innenstadt sind mit Hakenkreuzfahnen und Spruchbändern geschmückt: *Marine unseres Führers willkommen im deutschen Danzig.* Jeder weiß, dass das Kriegsschiff den Angriff auf die unter dem Mandat des Völkerbundes stehende Stadt eröffnen wird.

Im Londoner Hyde Park und in anderen öffentlichen Parks der Stadt werden unter den Blicken Tausender Spaziergänger Flugabwehrgeschütze in Stellung gebracht, nachdem am Vortag beide Häuser des Parlaments ein Notstandsgesetz angenommen haben, das die Regierung ermächtigt, eine Reihe bestehender Vorschriften außer Kraft zu setzen, damit sie im Kriegsfalle schneller handeln kann. Tausende Menschen haben vor dem Unterhaus stundenlang in der Sonne gestanden, während Premier Arthur Neville Chamberlain vor den Abgeordneten erklärte, das Land werde, wenn nötig, für die Verteidigung seiner alten Prinzipien kämpfen.

In Paris werden die Trottoirs entlang der großen Boulevards mit

Leuchtfarbe markiert, damit sich die Verkehrsteilnehmer auch bei Verdunkelung, wenn die Laternen und die anderen Lichtquellen ausgeschaltet sind, orientieren können. An der Place de la Concorde werden zum Schutz öffentlicher Kunstwerke – der Statuen und des berühmten Obelisken – Holzgerüste um die Monumente aufgerichtet, die man mit Sandsäcken füllt. In fieberhafter Eile arbeiten Trupps im Pariser Louvre, um wenigstens die kostbarsten Werke, etwa die Mona Lisa, sachgerecht zu verpacken und an geheime Orte in der Provinz zu transportieren. Ab Sonntag sollen sämtliche Museen der Hauptstadt geschlossen bleiben. Auch in den Niederlanden werden die Museen schließen.

In Berlin übergibt ein Beauftragter der Berliner Stadtverwaltung an Funktionäre der NSDAP Kartons mit den ersten, frisch aus der Druckerei gelieferten Bezugsscheinen, um sie durch die Partei-Organisationen an die Haushalte der Reichshauptstadt verteilen zu lassen. Ab übermorgen, 27. August, werden viele Artikel wie Seife, manche Lebensmittel, Textilien, Schuhe und Hausbrandkohle nur noch über Bezugsscheine abgegeben. Auch wenn die Bevölkerung an diesem Freitag nicht weiß, dass Hitler den Angriff auf Polen für den kommenden Morgen plant, so scheint plötzlich der Vorhang aus Lügen und Friedensbeteuerungen wie weggerissen. Die Bezugsscheine machen der Berliner Bevölkerung deutlicher als alles andere die drohende Kriegsgefahr bewusst.

Alle deutschen Handelsschiffe, in welchen Häfen oder auf welchen Meeren der Welt auch immer sie sich befinden mögen, erhalten per Funk den Befehl, sich so rasch wie möglich von den normalen Schifffahrtswegen abzusetzen.

25. August, vormittags, Neue Reichskanzlei, Berlin. Nachdem er am Vortag vom Obersalzberg nach Berlin zurückgekehrt ist, wird dieser Freitag für Adolf Hitler ein nervenaufreibender Tag. Noch immer trägt er sich mit dem Gedanken, den Befehl für den Angriff auf Polen für den nächsten Tag zu erteilen. Joseph Goebbels hat eine weitere Presseweisung herausgegeben: *Aufmachung weiterhin Polen. In* *der Stärke keinesfalls nachlassen, es gibt genügend Meldungen über Kriegsvorbereitungen, Panikstimmung, kleinere Unruhen* ... Alles läuft auf den Krieg hinaus, nur noch die wankelmütigen Italiener oder irgendein *Schweinehund mit einem Vermittlungsplan* (Hitler) könnten ihn von seinem Vorhaben abhalten. Es ist zwar eher unwahrscheinlich, aber als solche Schweinehunde könnten auch noch der französische oder der britische Botschafter auftreten – schließlich haben Paris und London bisher immer klein beigegeben, wenn's brenzlig wurde.

13.30 Uhr, Neue Reichskanzlei, Berlin. Hitler empfängt den britischen Botschafter, Neville Meyrick Henderson, der aber keinen neuen Vermittlungsplan überbringt, sondern eine weitere deutliche Warnung des britischen Premiers Chamberlain: *Es ist behauptet worden, wenn Seiner Majestät Regierung Ihren Standpunkt im Jahre 1914 klarer dargelegt hätte, wäre jene große Katastrophe zu vermeiden gewesen. Seiner Majestät Regierung ist deshalb entschlossen, dafür zu sorgen, dass im vorliegenden Falle kein solch tragisches Missverständnis entsteht.* Hitler erwidert, dass er keinen Krieg gegen England führen wolle, aber angesichts der *polnischen Provokationsakte* müsse Deutschland die *mazedonischen Zustände* an der Ostgrenze beseitigen und die Probleme Danzig und polnischer Korridor in seinem Sinne lösen. Wenn einmal diese *polnische Frage* bereinigt sei, sagt Hitler, dann werde er gern sein Leben als Künstler beschließen und nicht als Politiker, und schon gar nicht als ein Kriegsmacher, der Deutschland in eine große Kaserne verwandeln wolle.

15 Uhr, Neue Reichskanzlei, Berlin. Kaum hat Botschafter Henderson Hitlers Arbeitszimmer verlassen, bestellt Hitler den Chef des Oberkommandos der Wehrmacht, General Wilhelm Keitel, zu sich und erteilt um 15.02 Uhr die Weisung, den Angriff auf Polen für den nächsten Tag, 26. August, 4.30 Uhr morgens, zu befehlen. Hitler glaubt immer noch, dass die Westmächte nicht ernsthaft eingreifen. Jetzt geht es auch darum, gegen Polen das «Alibi» zu verbessern: *Ich werde propagandistischen Anlass zur Auslösung des Krieges geben, gleich-*

gültig ob glaubhaft. Keitel gibt den Befehl weiter an den zuständigen Verbindungsoffizier, Oberstleutnant von Vormann, der den Angriffsbefehl an alle Truppenteile durchgeben muss – der Befehl erreicht unter anderem auch die «Schleswig-Holstein», die an diesem Nachmittag in Danzig zu ihrem *Freundschaftsbesuch* anlegt.

15.30 Uhr, Palazzo Venezia, Rom. In Rom herrscht an diesem Nachmittag ein dramatisches Wechselbad der Gefühle und Meinungen. Erst jetzt, um 15.30 Uhr, wird Benito Mussolini vom deutschen Botschafter, Georg von Mackensen, offiziell über den Inhalt des deutsch-sowjetischen Paktes unterrichtet. In einer ersten Reaktion sichert der *Duce* dem deutschen Botschafter noch seinen bedingungslosen Beistand zu. Kurz darauf entbrennt aber eine heftige Diskussion zwischen Mussolini und seinem Außenminister, Graf Ciano, der sich letztlich durchsetzt mit der Weigerung, an Hitlers Krieg teilzunehmen. Nicht jetzt, und nicht an diesem.

17 Uhr, Neue Reichskanzlei, Berlin. Hitler empfängt den französischen Botschafter, Robert Coulondre, dem er versichert, dass er keine feindseligen Gefühle gegen Frankreich hege und auch nicht angreifen wolle. Coulondre macht aber klar, dass die französische Armee im Falle eines deutschen Angriffs auf Polen gegen Deutschland kämpfen müsse.

17 Uhr, Gleiwitz. Seit zwei Wochen wartet Alfred Naujocks mit seinen Männern in Gleiwitz nahe der polnischen Grenze auf das Schlüsselwort. Er hat die politische Entwicklung dieser Tage genau beobachtet: Seit dem Abschluss des deutsch-sowjetischen Freundschaftsvertrags vor drei Tagen, den er als alter Kommunistenfeind insgeheim nicht billigen kann, glaubt er, dass es gar nicht mehr zum Krieg kommen wird – und damit auch nicht zu der ihm befohlenen «Aktion Gleiwitz». Dass gerade durch diesen Vertrag der Angriff auf Polen zwingend geworden ist, kann er, wie so viele andere, nicht begreifen. Er weiß auch nicht, dass der Angriff von Hitler für den heutigen Tag bereits angeordnet ist. Naujocks will nach Berlin zurück, doch Heydrich befiehlt ihm telefonisch, zu bleiben und abzuwarten.

Dann meldet sich Heinrich Müller, der Chef der Gestapo, der in sämtliche Aktionen, die einen polnischen Angriff auf Deutschland vortäuschen sollen, verwickelt ist. Müller plant selbst einen solchen vorgetäuschten Angriff deutscher Soldaten in polnischen Uniformen auf deutsche Soldaten, «etwa in Kompaniestärke». Müller sagt, er habe ungefähr zwölf oder dreizehn verurteilte Verbrecher, denen polnische Uniformen angezogen werden sollen und deren Leichen man auf dem Schauplatz des «polnischen Angriffs» zurücklassen werde, so als wären sie von deutschen Soldaten in Abwehr getötet worden.[1]

«Zu diesem Zweck», berichtet Naujocks 1945 unter Eid, «war für diese Männer eine tödliche Einspritzung vorgesehen, die von einem Doktor gemacht werden sollte; dann sollten ihnen auch Schusswunden zugefügt werden». Nach dem Anschlag sollen internationale Pressevertreter auf den Schauplatz des Angriffs geführt werden, um den polnischen Angriff zu dokumentieren.

Spannend, ein guter Plan, aber es ist nicht Naujocks' Job. Was hat er damit zu tun? Müller erklärt ihm, Heydrich habe ihm befohlen, Naujocks für seine Gleiwitzer Aktion ein paar dieser Verbrecher zu überlassen. Wenn es so weit ist, soll er sich bei ihm, Müller, melden.

Man verabredet für die *Verbrecher* das Kennwort «Konserven».

17.30 Uhr, Neue Reichskanzlei, Berlin. Hitler wird die Nachricht übermittelt, dass die britische Regierung die bisher vorläufige Beistandsgarantie für Polen jetzt in einen formellen Beistandspakt umgewandelt und bereits unterzeichnet hat. Der Führer verfällt jetzt doch ins Grübeln, auf seine Umgebung wirkt er in diesen Stunden nervlich zerrüttet. Premier Chamberlain scheint es diesmal also ernst zu meinen, was Hitler aber immer noch nicht so recht glauben will. Den Krieg gegen England führen zu müssen, ist ein Albtraum, denn das würde *finis Germaniae* bedeuten, wie der Führer es schon im Juli Admiral Karl Dönitz anvertraut hat.

18.00 Uhr, Neue Reichskanzlei, Berlin. Die Grübeleien Hitlers werden unterbrochen durch den Besuch des italienischen Botschafters, Bernardo Attolico, der ihm eine persönliche Nachricht des Duce überbringt: Italien stehe zwar weiterhin *bedingungslos* zu Deutschland, sehe sich aber außerstande, den Krieg mit zu führen. Die Intervention könne allerdings unverzüglich erfolgen, *wenn Deutschland uns sofort das Kriegsmaterial und die Rohstoffe liefert, um den Angriff aushalten zu können, den die Franzosen und Engländer vorwiegend gegen uns richten werden. Bei unseren Begegnungen ist der Krieg für 1942 vorgesehen gewesen.* Natürlich durchschaut Hitler dieses Spiel der Italiener. Mit eisigem Blick verabschiedet er den Botschafter, den er bittet, man möge ihm die Wunschliste Italiens zukommen lassen. Kaum hat Attolico den Raum verlassen, fällt Hitler wie ein Tobsüchtiger über die Italiener, den *ungetreuen Achsenpartner*, her. Nach einer Minute der Besinnung wird ihm jedoch klar, dass er angesichts der klaren Haltung Englands und der *Feigheit* Italiens den Angriffsbefehl widerrufen muss. *Führer ziemlich zusammengebrochen*, notiert Franz Halder, Chef des Generalstabs des Heeres, im Tagebuch. Die Rücknahme des Angriffsbefehls kann allerdings nicht mehr rechtzeitig bis in alle Einheiten in die vordersten Stellungen durchgefunkt werden, weswegen am nächsten Tag pünktlich um 4.30 Uhr morgens ein paar deutsche Angriffe auf polnische Stellungen erfolgen. Nun ist Polen gewarnt.

25. August, Parentis-en-Born, Aquitaine. Aus dem Café de la paix klingt Musik, Tino Rossi singt «J'attendrai», den populärsten Schlager des letzten Jahres. In der Nachmittagshitze ist der Platz beinahe ausgestorben, selbst die Hunde haben sich in den Schatten der Platanen zurückgezogen. Raymond Lescastreyres fährt mit dem Rad quer über den Platz. Der Fünfzehnjährige verbringt die Ferien wie jedes Jahr bei seinem Vater, lebt sonst aber bei seiner Mutter in Mont-de-Marsan.

Raymond kommt von der Arbeit. Er hat einen Ferienjob angenommen, um sein Taschengeld aufzubessern. Der Ort, an dem er arbeitet, ist der interessanteste Platz, den er je gesehen hat: der zwölf Kilometer entfernte Luftwaffenstützpunkt Hourtiquets am Ufer des Sees von Biscarrosse. Auf dem See landen viele Wasserflugzeuge, auch die ganz großen der britischen Imperial Airways, die auf dem Weg von London nach Melbourne hier Stopp machen. Wenn Raymond zuschaut, wie sie auf der Wasserfläche starten und sich in die Luft erheben, gerät er ins Träumen. Australien! Auch die Namen dieser Flugzeuge sind phantastisch: *Cassiopeia, Andromeda, Centaurus*. Seit einigen Tagen sind auch viele Flugzeuge der französischen Luftwaffe hier zusammengezogen worden.

Raymond hilft bei der Vergrößerung des Flughafens. Man trägt dafür eine angrenzende Düne ab. Lkws, die in Kolonnen vorfahren, bringen den Sand weg. Was von den Fahrzeugen runterfällt, muss der Junge zur Seite schaufeln. Die älteren Arbeiter haben ihn akzeptiert, sie bieten ihm sogar Zigaretten an.

Heute haben sie sich wieder über die internationale Lage unterhalten. Stalin hat mit Hitler einen Vertrag geschlossen. Damit entfällt der Druck, den die Sowjetunion im Osten auf Deutschland ausüben soll, damit Hitler keine Dummheiten macht. Zwischen uns und Hitler steht nur noch die Maginot-Linie. Und die Allianz mit den Briten. Einige finden, dass es jetzt verdammt nach Krieg riecht. Andere wiegeln ab. Das ist wie im letzten Herbst, da stand die Welt auch unmittelbar vor dem Krieg. Die Politiker werden es auch diesmal nicht so weit kommen lassen.

Zu Hause, während er auf das Essen wartet, liest er an diesem Freitagnachmittag «La Petite Gironde», die Zeitung seines Vaters. Es gibt erste Anzeichen für eine Mobilisierung, heißt es. Sein Vater sagt: Keine Sorge, wir haben die Maginot-Linie, *ils ne passeront pas*. Später geht Raymond mit zwei Jungen aus der Nachbarschaft ins Kino, man zeigt «Robin Hood». Es ist der erste Farbfilm, den Raymond zu sehen bekommt.

25. August, Beverly Hills, Los Angeles. *Höhepunkt der Krise,* notiert Klaus Mann an diesem Tag. Viel schneller als die meisten anderen, auch schneller als sein Vater, der sich in unhaltbaren Spekulationen ergeht, hat Klaus Mann die Bedeutung des deutsch-russischen Vertrags, diesen *moralischen Schock*, begriffen: *Politisch, von Stalin aus, vielleicht sehr klug. Aber ideologisch niederschmetternd. Die heillose Konfusion. Von welcher Plattform aus sollen wir nun kämpfen?* Er sieht, dass das bisherige Bündnis von Sozialisten und Kommunisten, die antifaschistische *Volksfront* gegen Hitler, zerbricht. Sie wird zerschlagen im nationalen Interesse Russlands. – *Kabel* von Golo aus Zürich: «skeptisch heiter». *Erika eingeschifft, Eltern in Stockholm.*

25. August, Foix, Südfrankreich. Jean-Paul Sartre und Simone de Beauvoir beschließen, ihre Urlaubsreise abzubrechen und nach Paris zurückzukehren. Einerseits weiß Sartre – es ist nicht klar, woher –, dass die Berliner Korrespondenten allgemein mit einem Angriff «Samstagmorgen fünf Uhr» rechnen (was tatsächlich der ursprünglichen Planung Hitlers entspricht), doch zugleich kann er «nicht wirklich an den Krieg glauben», wie er einer Freundin, Louise Védrine, schreibt, obwohl jetzt jeder Brief natürlich «Gefahr läuft, im selben Moment anzukommen wie die Mitteilung über die allgemeine Mobilmachung».

Wenn es zum Krieg kommt, wollen sie in Paris sein.

Sie nehmen diesen letzten Ferientag als einen Abschied vom Sommer, von der Unbeschwertheit, vom Frieden. In einem sehr luxuriösen Restaurant in Foix, dem Hôtel de la Barbacane, leisten sich die beiden Philosophielehrer ein «kostspieliges» Mittagessen («Vorspeise, Forelle, Cassoulet, Gänseleber, Käse und Obst mit einem Landwein») und überlegen, welche Bedeutung der Krieg, wenn er denn käme, auf die Handlung der Romane haben würde, an denen sie gerade arbeiten. Sartre malt sich aus, wie Brunet, eine Figur aus «Les chemins de la liberté» (dt. «Wege der Freiheit»), angewidert vom Deutsch-Sowjetischen Pakt aus der Kommunistischen Partei Frankreichs austreten würde.

Abends nehmen sie den Bummelzug nach Toulouse, wo sie in den Zug nach Paris umsteigen wollen. Der Schnellzug ist völlig überfüllt, halb Frankreich scheint in diesen Stunden die Ferien abzubrechen. Sie müssen zweieinhalb Stunden in dem brechend vollen und – wegen Verdunkelung – nachtschwarzen Bahnhof warten. In den nächsten Zug, der bereits ziemlich voll ist, versuchen noch einmal fünfhundert Menschen einzusteigen. Sartre und Simone de Beauvoir schaffen es sogar, Sitzplätze zu ergattern.

Zwischendurch schlafen sie ein bisschen.

Beim Wachwerden in Paris ist immer noch kein Krieg, der deutsche Angriff ist offensichtlich «abgeblasen worden, der Schlag ist misslungen».

Samstag, 26. August, Paris. Der französische Ministerpräsident, Édouard Daladier, richtet in Antwort auf den gestrigen Besuch seines Botschafters beim deutschen Führer einen handgeschriebenen, persönlich gehaltenen Brief an Hitler: «Auf meine Ehre kann ich bekunden, dass es in der klaren und aufrichtigen Solidarität Frankreichs mit Polen und seinen Verbündeten nichts gibt, das die friedliche Gesinnung meines Vaterlandes irgendwie beeinträchtigen könnte. Diese Solidarität hat uns niemals daran gehindert und hindert uns auch heute nicht, Polen in dieser Gesinnung zu erhalten. Sie waren selbst Frontkämpfer im letzten Kriege. Sie wissen wie ich, welchen Abscheu die Verwüstungen des Krieges im Gewissen der Völker hinterlassen haben, ganz gleich, wie ein Krieg endet.» Zugleich rücken die französischen Truppen vor auf die Maginot-Linie an der Grenze zu Deutschland. Die französische Militärführung geht in ihren Planungen von einem herkömmlichen Infanteriekrieg aus, ohne Panzer- oder Flugzeugverbände in großer Zahl einzubeziehen. Zudem erwartet sie von den polnischen Streitkräften, dass sie der deutschen Invasion auch allein längere Zeit Widerstand entgegensetzen können.

26. August, Neue Reichskanzlei, Berlin. Hitler erhält die Wunschliste der Italiener, die nach Aussagen von Graf Ciano *einen Stier töten würde, wenn er sie lesen könnte.* Die Italiener bitten darin, als Voraussetzung ihrer Teilnahme am Krieg, um sofortige Lieferung von sechs Millionen Tonnen Kohle, zahlreichen anderen wertvollen Rohstoffen, einer großen Menge an Werkzeugmaschinen und nicht zuletzt von 150 Flugabwehr-Batterien. Hitler lässt Mussolini antworten, er könne nicht sofort liefern, und bittet ihn, diesen Entschluss geheim zu halten, ihn trotzdem propagandistisch zu unterstützen und Italiens Streitkräfte wenigstens zum Schein zu mobilisieren.

26. August, Fulda. Der Rektor der Thalauer Volksschule, Wilm Hosenfeld, ist wieder Soldat. Der Stellungsbefehl, der ihn gestern überrascht hat, führt ihn schon heute nach Fulda, er bleibt also wenigstens, wie er glaubt, in der Heimat, nahe bei seiner Familie. Seinem letzten Dienstgrad von 1918 entsprechend wird er beim Landschützen-Bataillon VII/IX als Feldwebel einer Kompanie zugeteilt, die aus älteren, aber «wehrfähigen» Reservisten besteht. Diese Männer sind nicht für Kampfeinsätze vorgesehen, sondern für Bewachungs- und Besatzungsaufgaben; gleich morgen wird man anfangen, die «militärischen Grundkenntnisse aufzufrischen», wie er notiert.

Ein Foto aus diesen Tagen zeigt den Feldwebel Hosenfeld plötzlich mit einem Bärtchen à la Hitler, zwei scharfen senkrechten Bartstreifen unter den Nasenlöchern. Auch jetzt noch ist Hosenfeld sicher, dass es nicht zum Krieg kommen wird: «An den Krieg glaube ich nicht, trotz aller ernsten Vorzeichen.» In Erinnerung an die Sudetenkrise vom letzten Herbst ist er sicher, Hitler wolle nur mal «den ganzen Riesenapparat einer Mobilmachung spielen lassen», um dann ganz sicher «jede Verhandlungsmöglichkeit zu ergreifen». Die monatelange NS-Propaganda von der «Einkreisungspolitik der Westmächte» hat ihn vollkommen überzeugt, zumal er das von 1914 zu kennen glaubt. Zugleich hat er die Hitler-Reden im Ohr, «die von der Sehnsucht des Führers nach Frieden handeln», und selbstverständlich kann Hosenfeld nicht wissen, dass sich Hitler, wie er selbst sagt, jedes Mal *angeekelt* fühlt, wenn er sich zu diesem *Friedensgerede* gezwungen sieht.

Gegen Ende Oktober, mitten in Polen, wird Hosenfeld nicht nur den Bart ablegen.

26. August, Schweden. Saltsjöbaden ist eine kleine Stadt nahe Stockholm, wo Thomas und Katia Mann während des in den nächsten Tagen geplanten Schriftsteller-Treffens wohnen, natürlich im Grand Hotel. Die Bahnfahrt von Göteborg hierher war schön, sommerliches Land, Felsen, Seen, Wälder. Deutschland, hat Thomas Mann im Zug notiert, ist vielleicht vom Westen für immer geschieden, auf die östliche Seite gefallen. Zwar bleiben immer noch Friedensüberraschungen möglich, aber *ich verhehle mir nicht, dass ich den Krieg wünsche, weil er … aus dem jetzigen Zustand* – er meint die Nazi-Herrschaft – *hinausführt. Vor allem wäre ein neuer kampfloser Einmarsch Hitlers dermaßen widerlich, dass ihm alles vorzuziehen ist.*

Abends treffen sie im Speisesaal die Fischers und die Bermanns vom Verlag Bermann-Fischer, die es geschafft haben, ihr Unternehmen aus Österreich zu retten und in Stockholm fortzuführen. In Deutschland, so berichten die Freunde, herrsche die feste Überzeugung, dass es nicht zum Krieg kommt, sondern dass ein neues München bevorsteht. *Möge sich das als Täuschung erweisen.* Nachts noch neue schwedische Radio-Nachrichten, die ihnen übersetzt werden. *Wenn man nachmittags den Eindruck eines heraufziehenden Appeasements hatte, herrscht abends wieder das Gefühl, dass der Krieg unausweichlich …* Aber *was mit dem Krieg käme, wäre unabsehbar, für die Welt, für die geistigen u physischen Zustände, für jedes einzelne Schicksal …*

Sonntag, 27. August, Lidingö bei Stockholm. *Ich bin froh, dass ich in Schweden bin. Von Dänemark aus sah man ständig deutsche Kriegsschiffe kreuzen.* Bertolt Brecht und Helene Weigel mit ihren Kindern, außerdem zwei Brecht-Freundinnen, Ruth Berlau und Margarete Steffin, haben im Haus der schwedischen Schauspielerin Naima

Wifstrand – die in schwedischen Brecht-Inszenierungen gespielt hat – Unterkunft gefunden, schöne Wohn- und Arbeitsräume auf einer kleinen Insel, nur wenige Kilometer von Stockholm entfernt: *das haus ist ideal. Es liegt auf lidingö, von zwei seiten geht tannenwald heran. Das arbeitszimmer, bisher ein bildhaueratelier, ist 7 meter lang, 5 meter breit. Ich habe also viele tische.*

Helene Weigel hat es geschafft, die gesamte Einrichtung und die Bibliothek vom dänischen Skovsbostrand nach Schweden zu überführen; das Haus konnte verkauft werden. Den materiellen Grundstock ihrer Existenz bildet aber seit langem ein monatliches 60-Dollar-Stipendium der American Guild for German Cultural Freedom. Brecht-Stücke werden kaum noch aufgeführt; und die Bücher, die in Prag gerade in Druck waren, als die Deutschen einmarschierten, können jetzt auch nicht mehr erscheinen. Brecht ist *ein zweites mal verboten.* Trotzdem arbeitet er unermüdlich. *Man muss sich in dieser schweren und blutigen Friedenszeit unbedingt in die Arbeit stürzen …* Er hofft, mit seinem aktuellen Stück, das eventuell in New York aufgeführt wird, *bis zur nächsten Krise* fertig zu werden.[2] Es ist die Geschichte einer Regimentshure im Dreißigjährigen Krieg, Lebuschka, die sich zur Marketenderin und zur zynischen Kriegsgewinnlerin hochschläft:

Der Krieg ist nix als die Geschäfte
Und statt mit Käse ists mit Blei.

Der Pakt zwischen Hitler und Stalin erschüttert Brecht nicht, er zerstört auch nicht seine politisch-ideologischen Überzeugungen. Ein dänischer Freund, Martin Andersen Nexø, der ein paar Tage vor Abschluss des Nichtangriffspaktes aus der Sowjetunion zurückgekommen ist, hat ihm bereits berichtet, die Russen wollten versuchen, sich aus dem Krieg, den sie für unvermeidlich halten, herauszuhalten. Stattdessen solle in der gewonnenen Zeit eine günstigere Ausgangslage für einen für später erwarteten deutschen Angriff geschaffen werden.

Gestern ist eine Einladung des Stockholmer Bürgermeisters für den kommenden Freitag, 1. September, eingetroffen: Man bittet das Ehepaar Brecht zu einem Lunch *zu Ehren des deutschen Schriftstellers Thomas Mann* ins Stadthaus. Nachmittags legt Brecht in seiner «Mutter Courage» dem Feldprediger eine entscheidende Wahrheit über die ganze Epoche in den Mund, die jetzt in Europa beginnt: *Schuld sind die, wo Krieg anstiften, sie kehren das Unterste zuoberst in die Menschen.*

Sonntag, 27. August, Grenzübergang St. Margarethen. Gestern ist eine bunte Urlaubspostkarte aus der Schweiz gekommen, und damit wurden die Blechners aus ihrer großen Angst befreit. Denn jetzt ist klar, dass Jakob, der älteste Sohn der Familie, nicht etwa seit dem vergangenen Montag im Gefängnis sitzt, sondern es tatsächlich zusammen mit seiner Frau Frieda geschafft hat, in die Schweiz auszureisen. Daraufhin haben gestern die Eltern, Markus und Mina, und Salo, der dritte Sohn, beschlossen, Deutschland ebenfalls auf diesem Weg zu verlassen. Über den deutsch-schweizerischen Grenzübergang St. Margarethen versuchen sie, ein für alle Mal aus Deutschland zu entkommen. Die deutschen Zollbehörden lassen sie sogar, angesichts ihrer gültigen Touristenvisa, ausreisen. Aber in die Schweiz dürfen sie nicht einreisen trotz dieser Visa – weil sie Juden sind. Sie müssen nach München zurück, in ihre Wohnung Klenzestraße 65.

27. August, Schweinschied in der Nordpfalz. Wilhelm Paulus, der Bauer, hat sich vor Tagen an einem spitzen Draht den Finger aufgerissen. Gott sei Dank ist die Wunde aber rechtzeitig zum schönen Wetter, zur Ernte, halbwegs verheilt. *Es ging diesmal sehr schnell mit der Ernte. Nach zwei Tagen hatten wir die Frucht alle ab,* schreibt Lina Paulus an Sophie in Bonn. *Dann ging das Einfahren an.* Aber immer fehlen Arbeitskräfte, wenn die Erntezeit kommt. Eine kräftige Frau aus dem Ort hat geholfen und Samstag und Sonntag auch noch *ein Soldat, ein Unteroffizier, ein besonders kräftiger Mensch.* Da ist es jetzt sogar ein Vorteil, dass es im Dorf so viele «Einquartierungen» gibt, Soldaten vom Truppenübungsplatz Baumholder. *Montags waren wir schon fertig mit dem Einfahren, bis auf einen Wagen Hafer. Ja, die Ernte ist noch Freude.*

Willy wurde inzwischen tauglich zum Wehrdienst zur Infanterie gemustert. Überhaupt, schreibt Lina, *stehen wir wieder wie im vergangenen Jahr vor einer schrecklichen Kriegsgefahr.* In der Nacht von Freitag auf Samstag wurden zwanzig Stellungsbefehle im Dorf ausgetragen, beinahe von Haus zu Haus: *Du kannst dir denken, was das ein Schrecken im Ort war.* Sogar Wilhelm, Willys Vater, der doch schon jenseits der fünfzig ist, war dabei.

Am Samstagabend um halb zehn musste er und noch mehrere andere ältere Leute von hier mit einem Pferdetransport zu Fuß nach Mainz. Heute kam er wieder nach Hause. Und auch viele junge Männer, wie ihr Neffe Wolf Lenz, wurden mitten in dunkler Nacht mit einem Militärfahrzeug nach Gerolstein gebracht. Und das, wo gerade Erntezeit ist. *Doch der liebe Gott wird es auch noch einmal anders machen.*

Linas Neffe Robert, der Soldat, ist fest davon überzeugt, dass es Krieg gibt. Das hat er seiner Familie geschrieben. Und er hat seine Tante schriftlich gebeten, sie möge das mit dem Geldkonto und der Lebensversicherung regeln, zur Sicherheit, *mit Tränen in den Augen habe ich es gelesen,* schreibt Lina an Sophie, Roberts Verlobte in Bonn.

Doch wollen wir nicht vor der Zeit verzagen und hoffen, dass der Lenker und Leiter der Welt in letzter Stund noch alles zum Guten wendet. Wir können ja nichts ändern mit unserem Weh und Ach, es muss alles erbeten sein. Was ich fast vergessen hätte, unsere Pferde sind auch eingezogen worden.

Es muss doch alles weitergehen, sagt Lina Paulus.

27. August, London. An diesem Tag nimmt der sterbenskranke Sigmund Freud die letzte Eintragung in seiner jahrelang geführten *Chronik* vor; sie endet mit dem Wort *Kriegspanik.*

Virginia Woolf beschreibt ihn in diesen Monaten, nach einem Besuch, als verschlossenen, zusammengeschrumpften sehr alten Mann «mit den hellen Augen eines Affen». Sie beschreibt einen

Sterbenden. Er hat es immer abgelehnt, Medikamente zu nehmen, weil sie den Geist betäuben; doch jetzt schenkt ihm nur noch Pyramidon kurze Stunden der Schmerzfreiheit. Sein Geist arbeitet ohne Einschränkung, auch sein alter Sarkasmus ist hellwach. Er erzählt Arnold Zweig von seinem Befinden, *das interessant zu werden droht.* Ende Februar hat eine Biopsie den Beweis erbracht, dass der Krebs bösartig – und dass er inoperabel ist, da er viel zu tief hinten im Schlund sitzt.

Seine letzten Besucher erzählen später von seiner unveränderten Höflichkeit, der Korrektheit seiner Kleidung; nie zeigt er ein Zeichen von Ungeduld oder Reizbarkeit, nie sieht er auf egozentrische Weise nur sich und sein Leiden. «Er ließ nicht zu, dass seine Krankheit ihn infantilisierte», schreibt sein Biograph Peter Gay. Diese Sommertage im August 1939 sind zusätzlich überschattet von der Sorge um seine vier noch in Wien lebenden Schwestern, alle zwischen fünfundsiebzig und achtzig Jahre alt, die noch keine gültigen Ausreisepapiere besitzen.[3]

Freud erinnert seinen Arzt und Freund Max Schur an ein Versprechen, das dieser ihm vor vielen Jahren geben musste: «Wenn es so weit ist, werden Sie mich nicht unnötig quälen lassen.» Der alte Stoiker Freud will die Kontrolle über sein Leben behalten – und über seinen Tod. Freuds schwärende Wunde verströmt einen so üblen Geruch, dass sein Hund, wie Freud erschrocken feststellt, durch nichts in der Welt in die Nähe seines Herrn gelockt werden kann.

Er erinnert sich an seinen berühmten Briefwechsel mit Albert Einstein, in dem der pazifistische Physiker den pazifistischen Psychoanalytiker 1932 gefragt hat: «Gibt es eine Möglichkeit, die Menschen dauerhaft von der Last des Krieges zu befreien? Kann man den Menschen so erziehen, dass er dem Hass gegenüber resistenter wird?» Damals wie jetzt ist Freud skeptisch. Was den Aggressions- und Destruktionstrieb des Menschen angeht, kann er sich einmal mehr bestätigt sehen. «Alles, was die Kulturentwicklung fördert», hat er damals an Einstein geschrieben, «arbeitet gegen den Krieg». Und am Schluss stellte Freud seinem Briefpartner die bange Frage:

«Wie lange müssen wir noch warten, bis auch die anderen Pazifisten werden?»

Es sieht nicht so aus, als sei diese Zeit bald gekommen.

Montag, 28. August, Neue Reichskanzlei, Berlin. Die letzten Tage haben Adolf Hitler sehr mitgenommen. Übernächtigt, von Schlaflosigkeit gezeichnet und mit brüchiger Stimme malt er vor den versammelten obersten Partei- und Militärführern ein düsteres Bild, der bevorstehende Krieg werde *sehr, sehr schwer, vielleicht aussichtslos* sein, aber sein Entschluss sei dennoch unabänderlich: *Solange ich lebe, wird von Kapitulation nicht gesprochen.* Als neuen Angriffstermin setzt er den 1. September, den kommenden Freitag. Seinen Militärs hat er gesagt: *Herz verschließen gegen Mitleid. Brutales Vorgehen. Der Stärkere hat das Recht. Größte Härte.*

28. August, Saltsjöbaden, Schweden. Tagebuch-Eintragung von Thomas Mann: *Gestern gab es noch neu erweckte Skepsis den Krieg betreffend. Er kommt nicht* [...]. *Mussolini eifrigster Friedensagitator, er hat seine Gründe* [...]. *Aber zu sagen, «es dürfen nicht Millionen Menschen geopfert werden» heißt immer noch: Man muss uns alles geben, was wir verlangen. Heute* [...] *äußerste Zuspitzung der Krisis, vollständige Kriegsbereitschaft überall.*

Dienstag, 29. August, mittags, Neue Reichskanzlei, Berlin. In den vergangenen Tagen ist der schwedische Großindustrielle Birger Dahlerus auf Bitten von Hermann Göring wiederholt zwischen London und Berlin gependelt, um den Gesprächsfaden nicht ganz abreißen zu lassen. Es läuft aber immer darauf hinaus, dass Großbritannien darauf beharrt, Deutschland müsse in direkte Verhandlungen mit Polen treten. Hitler interessieren die politischen Alternativen, die es für die Polen-Frage noch immer gibt und auf die ihn Mussolini wiederholt aufmerksam macht, nicht im Geringsten. Alle Verhandlungen sind nur noch Ablenkungsmanöver seinerseits, Theater in zwölfter Stunde. Im Grunde hat er bereits aufgehört, Politik zu treiben. Politik, das hat ihn immer so angewidert, all diese Kompromisse und Finessen ... Dabei hätte man ihm in diesen Tagen wahrscheinlich sehr vieles zugestanden: Danzig, den Korridor, wahrscheinlich sogar koloniale Gewinne ...

Am Nachmittag empfängt er General Franz Halder, Chef des Generalstabs des Heeres, der anschließend über die Unterredung mit Hitler notiert: *Führer hat Hoffnung, dass er Spalt treibt zwischen England, Franzosen und Polen. Grundgedanken: Mit demographischen und demokratischen Forderungen nur so um sich werfen.* Der schon längst festgelegte Zeitplan sieht tatsächlich so aus: *30. 8. – Polen in Berlin, 31. 8. – Zerplatzen, 1. 9. – Gewaltanwendung.*

29. August, Berlin. Die Propagandakampagne in der deutschen Presse gegen Polen geht unvermindert weiter, nachdem am Vortag Joseph Goebbels eine weitere Presseweisung erlassen hat: *Das Maß der Herausstellung der polnischen Terrormeldungen ist für das Ausland der Maßstab, an dem man die Festigkeit der deutschen Haltung misst. Es ist gleichgültig, was von diesen Meldungen geglaubt wird.* Auf deutschen Bahnhöfen sind die Bahnsteige jetzt schon voller Reservisten mit Pappkartons und Rucksäcken, die auf die Züge warten, die sie zu den Kasernen bringen. Für alle Männer, die bereits in Uniform stehen, ist eine Urlaubssperre verhängt worden. Zeitgleich gibt es umfangreiche Truppenverlegungen an die Grenzen im Osten und Westen Deutschlands.

29. August, Neue Reichskanzlei, Berlin. Um 18.45 Uhr sucht der britische Botschafter, Neville Meyrick Henderson, erneut den deutschen Reichskanzler Adolf Hitler auf, um über die bereits am Vortag übermittelten britischen Vorschläge zu sprechen, die ausdrücklich eine Verbesserung der deutsch-britischen Beziehungen in Aussicht stellen, wenn es nur endlich zu direkten polnisch-deutschen Kontakten käme, wozu Polen bereit sei.

Von Anfang an erregt und ungehalten, erhebt der Führer als neue Forderung seinerseits die Rückkehr Danzigs und des *Korridors* zum

Deutschen Reich. Auch er, Hitler, sei zu direkten Gesprächen mit den Polen bereit, vorausgesetzt, der polnische Unterhändler erscheine am nächsten Tag bis spätestens 12 Uhr in Berlin. Worauf ihm Henderson das Offensichtliche sagt: Diese Forderung kommt einem Ultimatum gleich. Hitler inszeniert jetzt einen seiner kalkulierten Nervenzusammenbrüche und schreit, London kümmere sich *nicht einen Pfifferling* darum, wie viele Deutsche tagtäglich in Polen ermordet würden. Auch Henderson verliert seine Contenance und schreit, derartige Behauptungen seien unerträglich. Ein lautes Wort gibt das andere, und zum Schluss sagt Henderson, er wünsche *weder von Ihnen noch von sonst jemand eine solche Sprache zu hören. Wenn Sie Krieg wollen, dann können Sie ihn haben.*

Hitler ist in diesem Moment vermutlich zufrieden.

Mittwoch, 30. August, Warschau. Um 14.30 Uhr verkündet die polnische Regierung die Generalmobilmachung. Sofort werden an vielen Straßenecken der polnischen Städte große Plakate geklebt, die die Einberufung aller wehrfähigen Männer bis zum Alter von vierzig Jahren verkünden, ebenso die Beschlagnahme von Pferden und anderen Transportmitteln. Eigentlich hat die polnische Regierung schon früher die Generalmobilmachung erklären wollen, denn sie hatte keinerlei Zweifel mehr über «die Angriffsabsichten des Deutschen Reiches gegenüber Polen», wie es Außenminister Józef Beck dem britischen und dem französischen Botschafter erklärt. Beck widerstand in den letzten Tagen dem hartnäckigen Drängen aus London und Paris, für direkte Verhandlungen mit Deutschland nach Berlin zu reisen. «Es gibt nichts mehr zu verhandeln», und er, Józef Beck, wolle sich nicht in Berlin wie seinerzeit Hácha behandeln und demütigen lassen.

Donnerstag, 31. August, Berlin. In seinem Botschaftsgebäude in der Kurfürstenstraße 136 empfängt um 10 Uhr der polnische Botschafter Józef Lipski zwei Abgesandte des britischen Botschafters Henderson. Diesem ist heute Morgen aus Hitlers Reichskanzlei mitgeteilt worden, dass der Führer den Angriffsbefehl erteilen werde, wenn nicht bis 12 Uhr mittags die polnische Regierung der Entsendung eines Unterhändlers zugestimmt hätte. Hitler hat also sein Ultimatum von gestern wiederholt. Im Auftrag ihres Botschafters versuchen nun die beiden britischen Diplomaten, den polnischen Botschafter zum Handeln zu bewegen. Doch dessen Arbeitszimmer ist bereits teilweise geräumt. Lipski liest das ihm übergebene Papier mit den deutschen Forderungen und sagt, er wisse nur, dass auch ein von seinen Alliierten preisgegebenes Polen bereit ist, zu kämpfen und notfalls allein zu sterben. Um 12.40 Uhr erhält Lipski telegraphisch aus Warschau von seinem Außenminister Józef Beck die Bestätigung, dass nichts mehr zu unternehmen sei.

31. August, Berlin. Im selben Augenblick, um 12.40 Uhr, unterzeichnet Adolf Hitler die *Weisung Nr. 1*, die den Angriff gegen Polen nun endgültig auf den nächsten Morgen festlegt: *Nachdem alle politischen Möglichkeiten erschöpft sind, um auf friedlichem Wege eine für Deutschland unerträgliche Lage an seiner Ostgrenze zu beseitigen, habe ich mich zur gewaltsamen Lösung entschlossen. Der Angriff gegen Polen ist nach den für den Fall Weiß getroffenen Vorbereitungen zu führen, Angriffstag: 1. 9. 1939, Angriffszeit: 4.45 Uhr.*

31. August, Saltsjöbaden, Schweden. Das wunderbare Sommerwetter, ungewöhnlich für Schweden in dieser Jahreszeit, hält Tag für Tag an. Im Salon des Grand Hotels gibt Thomas Mann um fünf Uhr am Nachmittag eine Pressekonferenz. *Allem Anschein nach wird das Monstrum nun dennoch zum Kriege gezwungen sein …*

Es gilt jetzt allen als beinahe sicher, dass es zum Krieg kommt, und trotzdem hoffen die Menschen überall auf ein Wunder, auch in Deutschland. *Das zerrüttete Volk gebärdet sich verzweifelt, wie es nun die Gefährlichkeit der Lage begreift*, glaubt Thomas Mann. Es ist nicht ersichtlich, wie man dem Krieg noch ausweichen will. *Voll-Mobilisation überall.*

Am Abend besteht Thomas Mann trotz allem darauf, die verabredete Lesung aus dem achten Kapitel seines entstehenden Romans, «Lotte in Weimar», zu halten. Der Krieg darf nicht das Ende alles dessen bedeuten, was wichtig ist. Zumindest muss die Arbeit weitergehen. Im Grand Hotel von Saltsjöbaden entführt der deutsche Schriftsteller Thomas Mann in den letzten Stunden vor Beginn des Zweiten Weltkriegs seine Zuhörer nach Jena und Weimar, in die Zeit Goethes. Von Hitler zu Goethe und zurück, welch ein Weg.

Nachts, im deutschen Radio, Marschmusik.

31. August, Schwandorf/Oberpfalz. Unter anderen Umständen hätte es ein schöner Aufenthalt auf dem Lande sein können, die wunderbaren Sommertage, die oberpfälzische Landschaft, die freundlichen Gastgeber, deren Kinder Franz Strauß als Hauslehrer in den Schulferien unterrichtet. Seit Anfang August lebt er in ihrem Haus in Schwandorf, und in diesen vier Wochen ist der Krieg, von Woche zu Woche, immer wahrscheinlicher geworden.

Nacht für Nacht hat Strauß die deutschsprachigen Sendungen der BBC gehört; auch der polnische Rundfunk überträgt manchmal ein deutschsprachiges Programm. Strauß und seine Gastgeber haben, wie die ganze Welt, beinahe atemlos die Ereignisse um den 23. August verfolgt, Ribbentrops Moskau-Reise, den Deutsch-Sowjetischen Nichtangriffspakt, diese ideologisch unbegreifliche Allianz mit dem Todfeind, die Hitler aber das Schussfeld in Richtung Polen freigibt. Am 24. August haben alle Stationen, vom Großdeutschen Rundfunk über die BBC und den polnischen und sowjetischen Rundfunk, das sensationelle Verhandlungsergebnis gesendet, und Radio Moskau brachte obendrein, als ein Zeichen der neuen unverbrüchlichen Freundschaft Hitlers und Stalins, in deutscher Sprache eine Rundfunkfassung von Goethes «Faust».

Ein paar Tage zuvor hat Strauß seinem Freund Rudolf Mitterwieser, einem Unteroffizier in der Münchner Max-II-Kaserne, eine offene Postkarte geschickt: «Mir geht es gut, but I see black.»

Jetzt weiß er, dass der Krieg kommen wird.

Ein guter Bekannter, Professor Leinfelder, ein Humanist und leidenschaftlicher Nazi-Gegner, der im Kultusministerium arbeitet, hat gegenüber dem Krieg und dem Kriegsdienst eine radikale Haltung entwickelt: «Strauß, es ist Ihre moralische Pflicht, überzulaufen. Sobald es zu einer Feindberührung kommt, müssen Sie überlaufen. Das sind Sie Ihrem Gewissen schuldig.» Das ist, moralisch betrachtet, nachvollziehbar und richtig, aber das wird Strauß niemals können, überlaufen, desertieren. Es sind vermutlich nicht allzu viele junge Männer in Deutschland, die sich in diesen Tagen, wie Strauß, ihre Alternativen klarzumachen versuchen: Sie werden in der Armee eines Verbrechers dienen und einen verbrecherischen Krieg führen, sie werden kämpfen, töten, sie werden als junge Offiziere andere in den Tod schicken – und trotzdem immer wissen, dass sie diesen Krieg gar nicht gewinnen dürfen.

Seine Schwandorfer Gastgeber, die mit ihm den ganzen Abend diskutieren, sind immer noch voller Hoffnung, dass sich der «Polen-Konflikt» trotz allem friedlich lösen lasse. Strauß hingegen glaubt, dass schon in den nächsten Tagen der Krieg beginnen wird.

Gegen Mitternacht geht er auf sein Zimmer und versucht zu schlafen.

31. August, Gleiwitz. Mittags hat Alfred Naujocks von Heydrich per Telefon das Schlüsselwort («Großmutter gestorben») erhalten mit dem Zusatz, die Aktion habe heute um acht Uhr abends zu erfolgen.

Und melden Sie sich bei Müller wegen der Konserven.

Diese Männer (Naujocks behauptet später, es habe sich nur um einen einzelnen gehandelt) werden wenige Minuten vor acht Uhr in unmittelbarer Nähe des Senders an Naujocks' Männer übergeben und am Eingang des Senders abgelegt. Sie sind «am Leben, aber nicht bei Bewusstsein». Naujocks versucht bei einem der Betäubten die Augen zu öffnen: «An seinen Augen konnte ich nicht feststellen, dass er am Leben war, nur an seinem Atem. Ich sah keine Schusswunden, nur eine Menge Blut, über das ganze Gesicht geschmiert.»[4]

Der Sender Gleiwitz ist klein, und ein *Sender* ist Gleiwitz überhaupt nur in einem technischen Sinne: Er sendet kein eigenes Programm, sondern übernimmt und verstärkt nur das laufende Programm von Radio Breslau. Naujocks und fünf oder sechs seiner SS-Männer in Zivil, polnische Freischärler darstellend, dringen in das Gebäude ein, fesseln die kleine Studiomannschaft und schleppen die Männer in den Keller.

Dann zeigt sich, dass Naujocks die Aktion nicht professionell vorbereitet hat. Seine Männer müssen feststellen, dass es ein Sendestudio, wie sie es vorausgesetzt haben, überhaupt nicht gibt. Also finden sie zunächst auch kein Mikrophon für ihre geplante polnische Durchsage. Schließlich entdecken sie ein Notmikrophon («Gewittermikrophon»), das nur gelegentlich für besondere lokale Durchsagen verwendet wird.

Dann gehen sie auf Sendung.

Ein paar von Naujocks' Leuten schreien wie überfallene Studiomitarbeiter, andere schießen in die Luft, und der perfekt polnisch sprechende SS-Mann sagt: «Achtung, Achtung! Hier ist Gleiwitz. Der Sender befindet sich in polnischer Hand ... Die Stunde der Freiheit ist gekommen!» Er steigert sich und schreit mit fanatischer Stimme ins Mikrophon, dass jetzt die Zeit für eine Auseinandersetzung zwischen Polen und Deutschen gekommen sei, dass die Polen sich zusammentun und jeden Deutschen, der sich ihnen in den Weg stellt, niederschlagen oder niederschießen sollen.

«Hoch lebe Polen!»

Jetzt noch ein paar Pistolenschüsse, ein paar polnisch geschriene Parolen – und die Aktion ist nach vier oder fünf Minuten vorbei. Im Sinne der deutschen Propaganda hat in diesem Augenblick der Krieg begonnen, denn Stunden später in derselben Nacht wird dann nur «zurückgeschossen».[5]

Ein paar eilig mit Blitzlicht aufgenommene Fotos, die sofort nach Berlin geflogen werden, entsprechen nicht Heydrichs Vorstellungen. Deshalb werden noch in der Nacht zwei weitere Tote aus dem KZ Sachsenhausen, das heißt zwei Männer, die zu diesem Zweck getötet werden, herbeigeschafft und im Schaltraum des Senders «zurechtgelegt». Der Reichsrundfunk verbreitet später die Meldung, «polnische Banden» hätten den Überfall verübt, seien aber durch deutsche Grenzpolizeibeamte vertrieben worden.

Schulkinder werden aus London evakuiert, 1. September 1939

Sechstes Kapitel

C'est la guerre!

Freitag, 1. September 1939, Danzig. Um 4.45 Uhr fallen die ersten Schüsse dieses Krieges. Männer der «SS-Heimwehr Danzig» und reguläre Polizeitruppen der Stadt greifen das polnische Postamt am Heveliusplatz in der Altstadt an, nachdem man die Strom- und Wasserversorgung wie auch die Telefonleitungen unterbrochen hat. In dem weitläufigen Gebäude befinden sich in diesem Moment vierundfünfzig Personen: fünfzig polnische Postbeamte, ein Angestellter der polnischen Eisenbahn und der Hausmeister mit Frau und elfjähriger Tochter. Der Angriffsplan ist schon vor Monaten, im Juli, von Willy Bethke entwickelt worden – dem Mann, der jetzt das Kommando hat.

Drei Sturmtrupps greifen an, unterstützt von Radpanzern (Modell Steyr ADGZ), ihre provisorische Beschriftung (Saar, Ostmark, Sudetenland) zeigt schon, dass es hier jetzt um eine weitere «Befreiung» gehen soll, die Befreiung Danzigs. Seit dem Versailler Vertrag von 1919 gehört die Stadt nicht mehr zum Deutschen Reich; polnische Einrichtungen wie etwa die Post sind der deutschen Bevölkerungsmehrheit in Danzig zwar ein Dorn im Auge, sie wurden aber den Polen von den Alliierten ausdrücklich zugestanden. Die jungen SS-Kämpfer sind seit dem Frühsommer, als Touristen getarnt, in die unter dem Mandat des Völkerbundes stehende Stadt eingesickert.

Die Polen im Gebäude sind nicht vollkommen überrascht. Zu den «Postbeamten» gehören zwei polnische Offiziere, Konrad Guderski und Alfons Flisykowski, die hier als «Postinspektoren» arbeiten, und in einem Waffendepot liegen vierzig Pistolen, drei leichte Browning-Maschinengewehre und drei Kisten voller Handgranaten.

Im Falle eines deutschen Angriffs, mit dem man seit langem rechnet – und unter dem Druck der Ereignisse sogar stündlich –, will man sich verteidigen, bis aus Polen, also aus dem «polnischen Korridor», reguläre polnische Militäreinheiten vorgerückt sein werden. Konrad Guderski hat dafür, also für die Eroberung der Stadt Danzig durch die polnische Armee, sechs Stunden einkalkuliert.

So lange soll das Gebäude gehalten werden.

Während man von fern das Grollen der Geschütze hört, die vom deutschen Kriegsschiff «Schleswig-Holstein» auf die Westerplatte feuern, gelingt es den Angreifern, in das Gebäude einzudringen, sie werden allerdings zurückgeschlagen. Beim gleichzeitigen Angriff von einem Seitengebäude aus wird Konrad Guderski getötet. Es gelingt den Deutschen aber vorerst nicht, in das Gebäude einzudringen.

7.30 Uhr, KZ Sachsenhausen. Theodor Eicke, der Inspekteur der Konzentrationslager, hält vor SS-Führern eine Rede. Er betont, dass ab jetzt die harten Gesetze des Krieges gelten. Jeder SS-Mann habe sich jetzt voll einzusetzen, ohne Rücksicht auf sein bisheriges Leben. Jeder Befehl müsse ihm heilig sein, auch der schwerste und härteste. Pflichterfüllung bis zur Selbstaufgabe. Denn es sei nun die Hauptaufgabe der SS, den Staat Adolf Hitlers im Inneren vor jeder Gefahr zu schützen. Jeder nun auftauchende Gegner des NS-Staates sei unverzüglich zu vernichten.

Rudolf Höß steht unter den SS-Führern und hört zu.

Die jetzt einrückenden Ersatzformationen, sagt der Inspekteur, seien zu einer unbeugsamen *Härte* gegenüber den Häftlingen zu erziehen. Sie alle werden *harte* Befehle durchzuführen haben. Schwersten Dienst. Die SS habe jetzt zu zeigen, dass ihre *harte* Erziehung in Friedenszeiten richtig war.

8 Uhr, Warschau. Władysław Szpilman erwacht von einem lauten Geräusch. Sind das Explosionen? Finden irgendwo militärische Übungen statt? Es ist acht Uhr, draußen hat längst ein heller Sommertag begonnen. Dann ist es wieder still, und er versinkt noch einmal in einen Halbschlaf; ein kleines retardierendes Moment vor dem unvermeidlichen Fortissimo. Seit Tagen weiß jeder in Warschau, dass der Krieg wohl unvermeidlich ist. Gestern Abend ist die Stadt zum ersten Mal vollständig verdunkelt worden. Da man den Deutschen alles zutraut, auch einen Gasangriff, werden alle Zimmer, die als Schutzräume vorgesehen sind, abgedichtet, die Fensterritzen, die Türen. Hinter den verdunkelten Fenstern der Cafés und Bars spielten bis tief in die Nacht hinein immer noch die Orchester. Die Menschen aßen, tranken, tanzten. Manche Tänzer hatten lässig ihre Gasmasken über der Schulter hängen. Regelmäßig wurden patriotische Lieder gesungen.

«Aufstehen!» Seine Mutter steht in der Tür. Nach einem kurzen Zögern sagt sie einfach: «Władysław, es ist Krieg.»

Szpilman beschließt, sofort zum Sender zu gehen. Er ist beim polnischen Rundfunk angestellt, als Pianist. Viele Hörer lieben ihn als begnadeten Chopin-Interpreten. Aber überall in Polen werden auch die Schlager gesungen, die er zwischendurch schreibt, fröhliche kleine Stücke, die das Lebensgefühl der Jugend ausdrücken, den Lebenshunger, die Sehnsucht nach dem Glück einer großen Liebe. Szpilman ist nicht einmal dreißig. Er hat schon als Jugendlicher in Warschau Klavier und Komposition studiert, ehe er 1931 nach Berlin ging, wo Leonid Kreutzer und Artur Schnabel seine Lehrer waren. Nach der Machtergreifung Hitlers kehrte der Zweiundzwanzigjährige, der aus einer jüdischen Familie stammt, nach Warschau zurück. Bei dem berühmten Chopin-Interpreten Aleksander Michalowski setzte er seine Studien fort.

Über Nacht ist die Stadt wie verwandelt. An vielen Häuserflächen und Litfaßsäulen klebt schon die Botschaft des polnischen Präsidenten an das Volk. Die Deutschen haben das Land überfallen. Die Leute stehen in Gruppen davor und diskutieren heftig. Gegenüber wird eine große Schaufensterscheibe mit weißen Streifen beklebt, um sie vor den Erschütterungen der erwarteten Bombenexplosionen zu sichern. Die Auslagen vieler Geschäfte, selbst wenn es sich um Schinken oder Wurst handelt, sind mit kleinen polnischen Fähnchen geschmückt. Zeitungsjungen rufen laut ihre Extrablätter aus. Straßenhändler verkaufen ein Papierspielzeug, das ein Schwein darstellt; klappt man es auf, sieht man das Gesicht Adolf Hitlers. An vielen Laternenpfählen, in Bäumen, an Straßenecken sind Lautsprecher aufgehängt. Eine Radiostimme schreit erregt: «Alarm! Wir rufen für die Stadt Warschau Alarm aus!»

Das für diesen Tag vorgesehene Sendeprogramm des Rundfunks ist total auf den Kopf gestellt. In aller Eile stellt man ein aktuelles Programm zusammen, Meldungen von der Front und vom internationalen diplomatischen Geschehen. Dazwischen Militärmärsche und Hymnen. Für den Pianisten Szpilman ist einstweilen nicht viel zu tun. Jede Stunde, jede Minute rechnet man mit der Kriegserklärung Frankreichs und Englands an den deutschen Aggressor. Doch vertraut man einstweilen auch auf die Stärke der eigenen Armee. Eine irrwitzige Propaganda-Kampagne der Regierung hat in den letzten Wochen viele Menschen glauben gemacht, die Deutschen verfügten eigentlich nur über Attrappen-Flugzeuge aus Pappe. Fliegen könne man damit natürlich nicht. Hitler, ein Papiertiger.

9.30 Uhr, Euskirchen. In dem neuen Lesebuch, das es Ostern gab, sieht man Bilder von Hitler-Jungen. Darunter steht: «Hart wie Kruppstahl, zäh wie Leder, flink wie die Windhunde.» Der neunjährige Heinz Küpper und sein Freund Andreas sind einverstanden: Heinz ist vielleicht etwas härter, Andreas dafür flinker. Unter einem anderen Bild des Führers, das ihn inmitten blonder deutscher Kinder zeigt, steht: «Ihr, meine deutschen Jungen und Mädel, seid die Garanten der Zukunft». Wochenlang hat Heinz immer *Granaten* statt Garanten gelesen: Wir sind die Granaten der Zukunft. Klar, wenn der Krieg kommt.

Und jetzt ist der Krieg da. Sie haben schulfrei, gehen aber trotzdem hin. Der ganze Schulhof der Westschule in Euskirchen ist voller Soldaten und Pferde. Sie sehen viele Kanonen und andere Waffen, es ist wie sonst am Tag der Wehrmacht. Nur dass diesmal Ernst gemacht wird. Die beiden Jungen wissen Bescheid, kennen die Uniformen, die Dienstgrade, die Kanonentypen, die Kommandos. Die Soldaten sitzen neben ihren Pferden unter den hohen Lindenbäumen und trinken Bier. An einem Fenster der Schule wird ein Lautsprecher angebracht. Der Hauptmann am Fuße der Leiter schreit nach oben: «Los, los, machen Sie los, es geht gleich los.»

Dann kommt die Ansage: «Hier ist der Reichstag des deutschen Volkes.» Dann kommt Musik, und dann spricht der Führer. Er sagt ganz laut «Polen» und «zurrüggeschossn».

So beginnt in Euskirchen der Krieg.

10 Uhr, Krolloper, Berlin. In der zum Sitz des Reichstags umfunktionierten Krolloper tritt der Führer und Reichskanzler, Adolf Hitler, an das Rednerpult. In einer kurzen Rede sagt er: *Polen hat nun heute Nacht zum ersten Mal auf unserem eigenen Territorium auch durch reguläre Soldaten geschossen,* und zieht daraus die Konsequenz: *Seit 5.45 Uhr wird jetzt zurückgeschossen. Und von jetzt ab wird Bombe mit Bombe vergolten. Wer mit Gift kämpft, wird mit Giftgas bekämpft.* Er behauptet, unendlich geduldig gewesen zu sein, *seit Monaten leiden wir alle unter der Qual eines Problems, das uns einst das Versailler Diktat beschert hat und das nunmehr in seiner Ausartung und Entartung unerträglich geworden war. Danzig war und ist eine deutsche Stadt. Der Korridor war und ist deutsch. Ich habe mich daher entschlossen, mit Polen in der gleichen Sprache zu reden, die Polen seit Monaten gegen uns anwendet. Ich werde diesen Kampf, ganz gleich gegen wen, so lange führen, bis die Sicherheit des Reiches und seine Rechte gewährleistet sind.*

Adolf Hitler, der eine Soldatenuniform trägt, verkündet voller Pathos: *Mein ganzes Leben gehört von jetzt an erst recht meinem Volke! Ich will jetzt nichts anderes sein als der erste Soldat des Deutschen Reiches. Ich habe damit wieder jenen Rock angezogen, der mir selbst der heiligste und teuerste war. Ich werde ihn nur ausziehen nach dem Siege – oder ich werde dieses Ende nicht erleben.*

Für die Zeitungen des nächsten Tages gibt Joseph Goebbels mit seiner Presseweisung die Sprachregelung vor: *Keine Überschriften, in denen das Wort Krieg vorkommt. Der Rede des Führers zufolge schlagen wir nur zurück.*

10 Uhr, Westminster Hall, London. Wenn es nach dem Wortlaut des noch vor wenigen Tagen unterzeichneten britisch-polnischen Beistandspaktes geht, müsste Großbritannien unverzüglich Deutschland den Krieg erklären. Aber der britische Premier, Neville Chamberlain, zögert noch während einer Debatte im Unterhaus. Er wolle versuchen, von der deutschen Regierung eine Zusicherung zu erlangen, dass der Angriff gegen Polen sofort eingestellt werde. Ein Abgeordneter unterbricht den Premier mit der Frage, ob dafür eine Frist gesetzt worden sei, worauf Chamberlain recht umständlich reagiert: *Wenn die Antwort auf diese letzte Warnung ungünstig ist – und ich nehme es nicht als wahrscheinlich an, dass sie anders lautet –, ist Seiner Majestät Botschafter angewiesen, seine Pässe zu verlangen. In diesem Fall sind wir bereit.*

11 Uhr, Kaserne von Fulda. «Nun sind die Würfel gefallen», schreibt Wilm Hosenfeld. Alle zusammen haben die Männer der Landschützen-Kompanie, wie beinahe alle Menschen überall im Land, die Rede Hitlers am Radio gehört. «Die scheußliche Spannung in der Ungewissheit ist gelöst. Im Osten beginnt der Sturm.» Hosenfeld ist überzeugt: «Die Forderungen des Führers waren annehmbar, bescheiden und hätten dazu gedient, den Frieden zu erhalten.» Doch England habe nicht zusehen wollen, wie das nach dem Weltkrieg daniederliegende Deutschland unter Hitler dabei war, aufzustehen und «eine entscheidende Weltmacht» zu werden. Jetzt versucht Wilm Hosenfeld, sich nur noch als Teilchen des großen Ganzen, der deutschen Nation, zu sehen: «Alle weltanschaulichen innenpolitischen Gegensätze», schreibt er Annemarie, «haben zurückzutreten, jeder hat ein Deutscher zu sein, der für sein Volk zu stehen hat.»

Das Trugbild eines friedlichen Deutschland vor Augen, das, wie 1914, von feindlichen Mächten umgeben ist, macht Hosenfeld entschlossen und kampfbereit. Millionen anderen deutschen Männern geht es in dieser Stunde genauso.

11 Uhr, Heveliusplatz, Danzig. Während Hitler noch in der Krolloper und Chamberlain in Westminster Hall reden, treffen zwei 75-Millimeter-Geschütze auf dem Danziger Heveliusplatz vor dem Gebäude der polnischen Post ein. Das Gebäude wird massiv beschossen, hält aber dennoch stand. Einer deutschen Pioniereinheit, die ebenfalls angerückt ist, gelingt es immerhin, im Keller unter dem Eingang des Gebäudes eine Sprengladung zu platzieren. Weitere Einheiten und Geschütze werden in Stellung gebracht, darunter auch schwere 105-Millimeter-Geschütze. Nachmittags wird eine riesige Menge Benzin in den Keller gepumpt und zur Explosion gebracht, dann rückt man mit Flammenwerfern vor. Eine Stunde später versuchen die Polen, inzwischen ohne Hoffnung, sich zu ergeben. Zwei Männer treten mit weißen Fahnen aus dem Gebäude, der Direktor Dr. Jan Michón und der Beamte Józef Wasik. Beide werden im selben Moment erschossen. Die anderen Personen werden, größtenteils durch Verbrennungen schwer verletzt, festgenommen; sechs von ihnen sterben binnen Stunden an ihren Verletzungen, darunter das Kind.[1]

Tage später werden alle polnischen Überlebenden vor einem Kriegsgericht stehen, und alle werden als Partisanen bzw. wegen ihrer Zugehörigkeit zu einer illegalen Kampfgruppe zum Tode verurteilt und Anfang Oktober erschossen.

11 Uhr, Saltsjöbaden, Schweden. Eine feierliche Stunde im Stadthaus von Saltsjöbaden: Empfang einiger Exil-Schriftsteller, darunter des seit kurzem in Schweden lebenden Bertolt Brecht, durch den Stadtpräsidenten. Feierliche Begrüßung, Reden, höflicher Applaus. Aber im Grunde ist niemand richtig bei der Sache: Seit dem frühen Morgen hat der Krieg begonnen. *Bombardement von Warschau und anderen polnischen Städten, Einmarsch der Hitler-Truppen in Polen, Bombardement Danzigs, dessen Einverleibung proklamiert,* notiert Thomas Mann. Alles andere erscheint daneben zweitrangig. Sofort auf dem

Heimweg an diesem Freitagnachmittag kaufen Katia und Thomas Mann ein kleines Radio, sie wollen die englisch- und deutschsprachigen Programme verfolgen. Im Hotel hören sie die Aufzeichnung der Rede Hitlers vor dem Reichstag, und eine Englisch sprechende Schwedin im Zimmer über ihnen protestiert laut und energisch gegen diese «Hunnenstimme», die sie unerträglich findet.

Hätte der unselige Mensch einen Funken dieser «Liebe zu Deutschland», aus der er angeblich seine Untaten begeht, so würde er sich eine Kugel in den Kopf schießen und hinterlassen, dass man aus Polen abzieht.

15 Uhr, Warschau. Nachmittags muss Szpilman dann doch ins Studio, an den Flügel, um Chopin zu spielen, den großen polnischen Komponisten, der jetzt patriotisch vereinnahmt wird. Und er wird auch Chopin spielen, wenn das erste deutsche Artilleriegeschoss den Warschauer Sender trifft, ein paar Tage später.[2] Der Putz bricht von der Decke, und eine Staubwolke legt sich auf den glänzenden schwarzen Flügel und auf die Tastatur mit Szpilmans schmalen Händen.

21 Uhr, Neue Reichskanzlei, Berlin. Botschafter Henderson übergibt in der Neuen Reichskanzlei eine Verbalnote seiner Regierung, in der die Erfüllung der britischen Beistandsverpflichtungen gegenüber Polen angedroht wird, wenn die Reichsregierung *nicht bereit ist, ihre Truppen unverzüglich aus polnischem Gebiet zurückzuziehen.* Eine Stunde später übergibt der französische Botschafter, Coulondre, im Namen seiner Regierung eine gleichlautende Note.

22 Uhr, KZ Sachsenhausen. An diesem Abend wird die erste Exekution des Krieges durchgeführt. Ein Pkw mit zwei Gestapo-Beamten und einem gefesselten Zivilisten fährt auf den Platz. Man erbricht das mitgebrachte Schreiben und liest den Hinrichtungsbefehl. Seit dem frühen Morgen ist laut den geheimen Mobilisierungsbefehlen ausgerechnet Rudolf Höß für die Exekutionen verantwortlich. Er sucht sich schnell «drei ältere, ruhige Unterführer». In einer Sandgrube wird rasch ein Pfahl eingegraben. Höß gestattet dem Verurteilten, eine Zigarette zu rauchen. Dann führt er ihn an den Pfahl und stellt ihn zurecht. Ruhig nimmt der Verurteilte die letzten Züge. Höß tritt zurück und gibt den Feuerbefehl. Der Hingerichtete sinkt in sich zusammen. Höß gibt ihm, wie es die Vorschrift verlangt, den Fangschuss. Der Arzt stellt drei Herzdurchschüsse fest. Alle beteiligten SS-Leute gehen dann ins Casino und sitzen noch eine Weile rauchend und schweigend beieinander. «Jedem trat mit aller Deutlichkeit die bevorstehende Härte des Kriegsgeschehens vor Augen.»

Der Erschossene war ein Kommunist, ein Arbeiter von den Dessauer Junkers-Werken, der sich geweigert hat, Luftschutzarbeiten durchzuführen. Der Werkschutz brachte ihn zur Gestapo, die ihn verhörte. Der Reichsführer SS Heinrich Himmler befahl die sofortige Erschießung.[3]

1. September, Ketchum, Idaho, USA. Der späte Abend in Sachsenhausen, das ist ein früher Nachmittag in Ketchum, Idaho. Heute Nacht hat Ernest Hemingway in seinem Kofferradio die Meldung vom Beginn des Krieges im fernen Europa gehört, er hat eine Flasche Whiskey geöffnet und die ganze Nacht neben dem Radioempfänger verbracht. Er hat geflucht und geheult, obwohl er dieses Ereignis in den vergangenen sechs Jahren immer wieder vorausgesagt hat, privat wie öffentlich.

Mitte August war eine logische Zäsur im Manuskript aufgetreten, und er hat sich entschlossen, in den Westen der USA zu fahren, um in den Bergen von Idaho ein bisschen zu jagen und der Hitze des kubanischen Sommers zu entkommen. Auf der Nordquist-Ranch hat er auch seinen ältesten Sohn getroffen, Bumby, der in Paris auf die Welt kam, als Ernest mit seiner ersten Frau Hadley Anfang der Zwanziger dort lebte. Er hat jetzt erinnerungsselig an Hadley geschrieben, je mehr er als nunmehr Vierzigjähriger die Frauen kennengelernt habe, umso mehr bewundere er sie. *Sollte der Himmel etwas sein, das man auch auf Erden genießen kann*, so hätten sie in den

Jahren 1922 und 1923 in Paris, im Schwarzwald und in Pamplona *eine ziemliche Portion davon* gehabt.

Seine derzeitige Frau, Pauline, ist gestern, am letzten Augusttag des Jahres 1939, dem letzten Tag vor dem Krieg, mit der «Normandie» aus Europa zurückgekommen. Sie ruft ihn aus New York an, um zu sagen, dass sie ihn besuchen wird. Sie müssen sich endlich aussprechen. Er hasst *Aussprachen*, aber diese ist wohl nicht länger zu vermeiden. Angesichts der jetzt beginnenden Epoche, in der Millionen Menschen aus ihrem gewöhnlichen Leben gerissen, getrennt, vertrieben, eingesperrt, gefoltert oder getötet werden, erscheinen ihm seine privaten Liebesprobleme als nicht besonders beklagenswert. Eines Tages Mitte September wird er seine Sachen in den Wagen packen, sich endgültig von Pauline verabschieden und unterwegs, von irgendeinem Telefon aus, Martha bitten, sie möge ihm doch auf halbem Weg entgegenkommen, um mit ihm nach Kuba zu fahren.

Samstag, 2. September, Rom. Heute erscheint in den italienischen Zeitungen der Wortlaut einer Erklärung, die der italienische Regierungschef, Benito Mussolini, am Vortag zu seiner Entlastung von Adolf Hitler erhalten hat: «Ich glaube daher, dass unter diesen Umständen die italienische Waffenhilfe nicht nötig ist. Ich danke Ihnen, Duce, für alles, was Sie in Zukunft für die gemeinsame Sache des Faschismus und des Nationalsozialismus tun werden.»

2. September, 9 Uhr, Metz, Elsass. Dem Oberst Charles de Gaulle, achtundvierzig Jahre alt, wird an diesem Morgen durch Fernschreiben das Kommando über die Panzerstreitkräfte der Fünften Armee übertragen. Diese Armee liegt im Schutz der Maginot-Linie, um das Elsass gegen einen möglichen deutschen Angriff abzuschirmen. De Gaulle und seine Einheit werden deshalb von Metz nach Wangenburg verlegt.

Ist das endlich die Anerkennung, auf die er schon so lange wartet?

Der Mann fühlt sich wie ein Prophet in der Wüste. Er weiß, dass er die richtigen Erkenntnisse hat, aber kaum einer hat bisher auf ihn gehört, und am allerwenigsten seine Vorgesetzten. Oberst Charles de Gaulle hat eine Reihe «militärphilosophischer» Schriften herausgegeben, etwa «Vers l'Armée de métier», zuletzt sein auch auf Deutsch erschienenes Buch «Frankreich und seine Armee». Er plädiert darin entschieden für die Schaffung einer Berufsarmee, zusätzlich zur Wehrpflicht. Vor allem aber kämpft er gegen das herrschende Strategie-Dogma einer bloßen Defensive; es reicht nicht aus, schreibt er, Gewehr bei Fuß hinter der Maginot-Linie zu stehen und auf den Gegner zu warten. Der Oberst, der schon an der Militärakademie Saint Cyr mit seinen Vorträgen glänzte, plädiert deshalb für die Schaffung von beweglichen, spezialisierten Panzereinheiten: Feuerkraft mit Beweglichkeit verbinden. Bisher sieht man in Panzern nur eine Art Begleitschutz der Infanterie. Er hat auch das Zusammenwirken von Panzereinheiten und Luftwaffe analysiert.

De Gaulles militärtheoretische Schriften zeichnen sich durch analytische Prägnanz und durch brillanten Stil aus; der Offizier ist ein erstklassiger französischer Autor. Er stammt übrigens aus einem liberalen intellektuellen Milieu, sein Großvater war ein bekannter Historiker, die Großmutter eine kämpferische Autorin, der Vater ist Lehrer. Die Familie hatte sich, obwohl großbürgerlich-konservativ, entschlossen auf die Seite Zolas und Alfred Dreyfus' gestellt. Als Teilnehmer des Ersten Weltkriegs wurde de Gaulle mehrfach verwundet, unter anderem bei den Kämpfen um Verdun unter seinem damaligen Kommandeur Philippe Pétain.

Wenn der Oberst mit seinen Reformvorschlägen auch beim Generalstab und beim Kriegsminister auf taube Ohren stößt, so liest man seine Werke im Ausland umso eifriger. Guderian etwa, der deutsche Theoretiker des Panzerkrieges, findet in diesen Texten eine reiche Quelle der Inspiration.

Bis jetzt war de Gaulle Kommandeur eines Panzer-Regiments mit Standort Metz. Obwohl er ein strenger Vorgesetzter ist, mögen ihn die meisten seiner Soldaten. Man fängt an, ihn wegen seiner enormen Körpergröße «Giraffe» zu nennen.[4]

2. September, Berlin. Benito Mussolini lässt durch seinen Botschafter in Berlin, Bernardo Attolico, dem Führer einen Vorschlag unterbreiten, den man aus seiner Sicht nicht abweisen kann: «Danzig ist bereits deutsch», stellt Mussolini fest, «und Deutschland hat schon Pfänder in seiner Hand, die den größten Teil seiner Forderungen sichern. Außerdem hat Deutschland schon seine ‹moralische Genugtuung› gehabt. Wenn es den Vorschlag einer Konferenz annehmen würde, würde es alle seine Ziele erreichen und gleichzeitig einen Krieg vermeiden, der schon heute als allgemein und nach außerordentlich langer Dauer aussieht.» Aber bestärkt durch die Tatsache, dass die Westmächte auch am zweiten Tag nach der Invasion in Polen immer noch nicht Deutschland formell den Krieg erklärt haben, fühlt sich Hitler seiner Sache so sicher, dass er auch Mussolinis Vorschlag einer Friedenskonferenz ausschlägt.

2. September, Paris. Ein Leben lang wird ihr der Moment unvergesslich bleiben, in dem sie erfuhr, Hitler habe Polen überfallen. Sie saß im Dôme, um an «L'invitée» zu arbeiten, als sie spürte, dass eine Bewegung die Leute erfasste, sie rannten nach draußen, um sich die Extrablätter zu holen. Da haben wir's, sagte der Kellner zu Simone de Beauvoir, jetzt geht es uns an den Kragen. Sie warf ein paar Münzen auf den Tisch und eilte los, um zu telefonieren. Sartre war im Verlag Gallimard, sie trafen sich im Hotel. Dann gingen sie in den Keller und suchten seine alte Uniform, es war komisch, als sich Sartre in die viel zu eng gewordene Jacke zwängte, «aber als wir die Gasmaske sahen, blieb uns das Lachen im Hals stecken».

Sartre gehört zu den «Mobilisierten», und deshalb fuhren sie hinaus nach Passy, wo seine Mutter, Madame Mancy, lebt, um sich zu verabschieden. Dann wieder mit der vollgestopften Métro zu einem Sammelplatz am anderen Ende der Stadt, wo Sartre erfuhr, dass er sich nach Nancy zu begeben hat, spätnachts. Sie gingen ins Café de Flore, fanden aber nichts, was sie hätte aufheitern können, selbst die Prostituierten gaben sich nur noch als verängstigte, patriotische Französinnen. Als sie weiterzogen, lag eine unheimliche

Stille über dem nächtlichen Saint-Germain-des-Prés, Simone war so übel, dass sie sich mehrfach übergeben musste. Im Dunkeln tasteten sie sich durch das Hotel in Simones Zimmer, weil sie wegen der angeordneten Verdunkelung kein Licht machen durften, schließlich sanken sie erschöpft ins Bett, schliefen ein und wachten auf, klammerten sich aneinander wie Ertrinkende – und waren dann beinahe froh, als gegen drei Uhr der Wecker klingelte. Mit einem Taxi fuhren sie zum Sammelplatz an der Place Hébert, nahe der Porte de la Chapelle, wo Sartre in einem unvorstellbaren Chaos von Polizisten und Soldaten erfuhr, dass er sich nicht hier, sondern an der Gare de l'Est zu melden habe, wo schließlich, in einem ebenso großen Chaos, auf dem Bahnsteig am Frühzug nach Nancy der Moment des Abschieds kam.

Das war gestern.

Beziehungsweise heute Morgen, denn schon verliert man die allgemeine zeitliche Orientierung. Die Stunden schrumpfen zu Minuten, und manche Minuten dehnen sich endlos. Jetzt läuft Simone de Beauvoir ganz langsam von der Gare de l'Est zurück zum Boulevard Haussmann, wo sie sich in irgendein Kino setzt. Sie wird den ganzen Tag in diesem Dunkel verbringen, ohne später sagen zu können, welche Filme sie dort gesehen hat.

«Wir waren kaum dreißig, unser Leben gewann allmählich Konturen, und brutal beschlagnahmte man es.»

Sonntag, 3. September, 9 Uhr, Neue Reichskanzlei, Berlin. An diesem Morgen will der britische Botschafter, Neville Meyrick Henderson, um 9.00 Uhr dem deutschen Außenminister, Joachim von Ribbentrop, eine Note überreichen – dieser weigert sich aber, den britischen Diplomaten zu empfangen. Deswegen nimmt stellvertretend der Chef-Dolmetscher des Auswärtigen Amtes, Dr. Paul Schmidt, die britische Verbalnote entgegen, geht damit quer über die Wilhelmstraße zur Reichskanzlei hinüber. In Hitlers Vorzimmer herrscht an diesem Sonntagmorgen ein ungeheures Gedränge von Regierungsmitgliedern und Parteiführern, und Schmidt hat einige

Mühe, ins Arbeitszimmer zu gelangen. Er übersetzt Hitler und Ribbentrop das letzte Ultimatum der britischen Regierung: *... habe ich demgemäß die Ehre, Sie davon zu unterrichten, dass, falls nicht bis 11 Uhr vormittags britischer Sommerzeit am heutigen Tage, dem 3. September, eine befriedigende Zusicherung im obenerwähnten Sinne von der Deutschen Regierung erzielt wird und bei Seiner Majestät Regierung in London eintrifft, der Kriegszustand zwischen beiden Ländern von dieser Stunde an bestehen wird.* Als Paul Schmidt mit der Übersetzung fertig ist, herrscht Schweigen. Hitler sitzt *völlig still und regungslos*, wie Schmidt später notiert, und *nach einer langen Pause wendet er sich Ribbentrop zu, der wie erstarrt am Fenster steht: ‹Was nun?›, fragte Hitler seinen Außenminister mit einem wütenden Blick in den Augen, als wolle er zum Ausdruck bringen, dass ihn Ribbentrop falsch informiert habe. Mit leiser Stimme erwidert von Ribbentrop: ‹Ich nehme an, dass die Franzosen uns in der nächsten Stunde ein gleichlautendes Ultimatum überreichen werden.›*

So geschieht es.

Deutschland befindet sich im Krieg gegen England und Frankreich. Und dieser Krieg ist keineswegs jener, den Hitler seit Jahren geplant hat, sein ganzes Konzept ist auf den Kopf gestellt, denn er muss diesen Krieg mit vertauschten Fronten führen: Er ist «im Krieg mit den Konservativen, ehe er die Revolutionäre geschlagen hat» (Joachim Fest). Hitler weiß das schon in dieser Stunde. Zu seinem Stellvertreter Rudolf Heß sagt er: *Mein ganzes Werk zerfällt nun.*

Als der französische Botschafter Coulondre von der Reichskanzlei in seine Botschaft zurückkehrt, bricht er vor seinen Mitarbeitern in Tränen aus. *C'est la guerre.*

3. September, London. «Winston is back» titeln die Zeitungen. Am Tag der Kriegserklärung Großbritanniens gegen das Deutsche Reich hat Chamberlain den Mann, der sein schärfster Kritiker war, ins Kabinett geholt, als Ersten Lord der Admiralität.

3. September, im Nordatlantik. Das deutsche U-Boot «U 30» operiert in den Gewässern nordwestlich von Schottland. Gegen 21 Uhr an diesem Tag wird dem Kommandanten, Oberleutnant zur See Fritz-Julius Lemp, gemeldet, man habe einen britischen Dampfer gesichtet. Es ist das Passagierschiff «Athenia». Lemp hat, wie alle Kapitäne der Kriegsmarine, die Anweisung, den «Handelskrieg mit Schwerpunkt gegen England zu führen», außerdem ist an diesem Tag, dem 3. September, eine neue Weisung gefunkt worden, in der es heißt, dass der Handelskrieg «vorläufig auch von den U-Booten nach Prisenordnung» zu führen sei. Das heißt, dass nur bewaffnete oder von feindlichen Kriegsschiffen begleitete Handelsschiffe ohne Vorwarnung angegriffen werden dürfen.

Für Kommandant Lemp bedeutet diese Weisung, dass er auftauchen und sich der Gefahr aussetzen müsste, zum Opfer eines durch Funk herbeigerufenen Kriegsschiffs zu werden. Stattdessen befiehlt er, den Passagierdampfer (den er für einen «Hilfskreuzer» hält, wie er später behaupten wird) zu torpedieren. Die 13 500 Bruttoregistertonnen schwere «Athenia» gerät in Brand und sinkt schnell. Ungefähr 1400 Passagiere, die auf dem Weg von Glasgow nach Montreal waren, kämpfen in Rettungsbooten und im Atlantik schwimmend um ihr Leben. Das deutsche U-Boot verlässt den Schauplatz.

Der norwegische Tanker «Knute Nelson» und andere Schiffe reagieren auf den Notruf, der noch abgesetzt werden konnte, und kommen mit voller Kraft herbei. 117 Menschen, darunter auch 28 amerikanische Staatsbürger, ertrinken; die anderen können gerettet und in den nächsten Hafen, Galway in Irland, gebracht werden.

Die britische Admiralität meldet korrekt, die «Athenia» sei ohne Warnung durch ein deutsches U-Boot versenkt worden. Das Oberkommando der deutschen Kriegsmarine erklärt hingegen, in dem fraglichen Gebiet hätten sich überhaupt keine deutschen Schiffe aufgehalten. Goebbels behauptet, der neue Erste Lord der britischen Admiralität, Winston Churchill, habe den Dampfer mit einer Höllenmaschine in die Luft gejagt. Goebbels will unbedingt einen neuen «Lusitania»-Zwischenfall vermeiden. Bei der Versenkung dieses

Schiffes durch ein deutsches U-Boot im Jahre 1915 waren auch 124 Bürger der neutralen USA getötet worden – was damals erheblich zu einem Stimmungsumschwung in Amerika führte und zum Kriegseintritt der USA beitrug.

3. September, London. Mit seinen Eltern, seinem älteren Bruder Joe und seiner Schwester Kathleen sitzt Jack Kennedy auf der Zuschauertribüne des englischen Parlaments, als Premier Chamberlain und die Mitglieder der Regierung, darunter jetzt auch Winston Churchill, ihre Entscheidung für den Krieg begründen. Für Joe Kennedy ist der Ausbruch des Krieges eine Katastrophe, auch persönlicher Art, und er weint, als Chamberlain erklärt: «Alles, woran ich in meinem politischen Leben geglaubt habe, liegt in Trümmern.» In einem Telefonat Joes mit seinem Präsidenten, Roosevelt, sagt der untröstliche Kennedy: «Das ist das Ende der Welt, das Ende von allem.»

Als an diesem Abend die Nachricht von der «Athenia»-Katastrophe kommt, ruft Joe seinen zweitgeborenen Sohn zu sich. Jack soll nach Glasgow fahren, um sich um die amerikanischen Passagiere zu kümmern, die das Schiffsunglück überlebt haben. Eine Lektion in handfester Diplomatie und endlich eine Chance, zu zeigen, was er kann. Die überlebenden Amerikaner werden aber in den nächsten Tagen dem Plan des jungen Kennedy, sie mit dem nächstbesten Handelsschiff, ohne Geleitschutz, in die USA zu schicken, heftigen Widerstand entgegensetzen. Er versucht sie zu beruhigen, sein Vater wie auch Präsident Roosevelt seien sicher, dass die Deutschen niemals ein amerikanisches Schiff angreifen würden, aber das überzeugt nicht. Schließlich setzt sich auch hier Vater Joe durch, und die US-Bürger werden auf einem normalen amerikanischen Frachter, ohne Geleitschutz, nach New York gebracht.

Jack fliegt mit dem neuen Pan Am «Dixie Clipper» zurück, sein erster Transatlantikflug. Das Wasserflugzeug, erst seit Ende Juni in Dienst genommen, kann zweiundzwanzig Passagiere aufnehmen und braucht mit einer Zwischenlandung auf den Azoren vierundzwanzig Stunden bis New York.

In einem Artikel, den er in dieser Zeit für die Harvard-Campus-zeitung «Crimson» vorbereitet, wendet er sich gegen die verbreitete Haltung der Amerikaner, notfalls für die Engländer, falls sie angegriffen werden, nach Europa und in den Krieg zu gehen. Jack ist der Auffassung, dass man durch Verhandlungen noch ein schnelles Ende der Kämpfe herbeiführen kann, denn er glaubt, dass sowohl England wie auch Deutschland eine Verständigung wünschen. Um Großbritannien und Frankreich «vor einer Niederlage zu bewahren», müsse man auch «bereit sein, Polen zu opfern». Und um dem dann erreichten Frieden «eine solide Grundlage zu geben, muss man Deutschland in Osteuropa freie Hand lassen», sogar seine kolonialen Ansprüche akzeptieren.

Noch liegt sein Denken ganz auf der Linie seines Vaters.[5]

3. September, Hauptbahnhof München. Der Bahnhof ist überfüllt. Man hört Kommandos, lautes Rufen, manchmal ein Lied. Für Tausende junger Männer ist es der Tag der Einberufung, des Abschieds von ihren Familien, ihren Freundinnen. Jede Normalität des alltäglichen Lebens ist zu Ende, der Krieg, der jetzt beginnt, verändert alles; Berufe, Beziehungen, Pläne, alles muss sich einem fremden, zentralen Willen fügen und unterordnen. Franz Strauß hat einen Marschbefehl nach Landsberg am Lech in der Tasche, wo er zunächst eine achtwöchige Ausbildung als Pkw- und Lkw-Fahrer absolvieren soll. Beim Abschied von seinen Eltern und der Schwester Maria hat er, wie er später schreibt, Tränen in den Augen.

Die Zeit ist merkwürdig gedehnt. Erst achtundvierzig Stunden sind vergangen, seit er vorgestern Morgen in Schwandorf im Haus seiner Gastgeber, nach einer Nacht mit unruhigem Schlaf, aus seinem Zimmer hinunterkam und seine Gastgeber in Tränen aufgelöst am Frühstückstisch fand. Das Radio spielte Marschmusik, von Sondermeldungen unterbrochen: «Das Oberkommando der Wehrmacht gibt bekannt: Auf Befehl des Führers und Obersten Befehlshabers hat die Wehrmacht den aktiven Schutz des Reiches übernommen.»

Strauß verabschiedete sich sofort. Er kaufte für sein Motorrad so viel Benzin, wie er auf Bezugsschein kriegen konnte, und fuhr los. Die vielen Stunden auf der Landstraße hindurch hat er immer wieder im Kopf durchzuspielen versucht, was das wohl für sein eigenes Leben bedeuten mag: Krieg. Jedenfalls stellt es alles, was bisher galt, in Frage oder widerlegt es sogar, jede langfristige Perspektive, aber auch das unmittelbar Bevorstehende, beispielsweise das Staatsexamen, das für den Herbst geplant ist oder vielmehr geplant war, und natürlich die Lektoratsarbeit im Verlag C. H. Beck, wo der junge Altphilologe vor allem am «Handbuch der Altertumswissenschaft» mitgearbeitet hat.

Abends ist er in München angekommen, wo er zum ersten Mal den *gespenstischen Eindruck* der kriegsbedingten Verdunkelung erlebt; die sonst so leuchtende, von tausend Lichtern erfüllte Hauptstadt Bayerns ist an diesem Freitag in tiefes Dunkel gehüllt. Die Autos fahren im Schritttempo, ohne Licht; nur wenige verfügen über die Verdunkelungsvorrichtungen für die Scheinwerfer, die nur einen flachen Lichtstreifen durchlassen.

Jetzt, morgens am Münchner Hauptbahnhof, die Abschiedsszenen, Umarmungen, Küsse, Tränen. Keinerlei kriegerische Begeisterung und kaum patriotische Rituale. Stattdessen Beschwörungsformeln: Es kann gegen Polen nicht sehr lange dauern, wir werden bestimmt schon bald zurück sein. Franz Strauß und seine Familie glauben das nicht. Sie gehen davon aus, dass England und Frankreich zu ihren Garantien stehen – und eingreifen werden.

Bei der Ankunft in Landsberg kommt über die Bahnhofslautsprecher die Durchsage, England habe um 11 Uhr dem Deutschen Reich den Krieg erklärt. Und abends, am Ende dieses langen Sonntags, als er in der Kantine ein Bier trinkt, meldet der Rundfunk, dass sich nun auch Frankreich mit Deutschland im Krieg befinde.

Der Überfall auf Polen hat binnen sechzig Stunden den großen europäischen Krieg ausgelöst.

3. September, New York. Klaus Mann hat mit dem Krieg gerechnet. Trotzdem war es ein Schock, als er vorgestern auf dem Hollywood Boulevard die Riesenüberschrift WAR IN EUROPE sah. Die Stunden danach waren irreal, wie geträumt. Nachts um ein Uhr hat er im Hotel am Radio die Hitler-Rede gehört, das war, wie er ausrechnet, um zehn Uhr frühmorgens in Berlin. Diese Rede, *schäbiger, elender noch*, als zu erwarten war ... *Immer am Radio. Oft den Tränen nah. Sorge um E[rika] und die Eltern. Das Ungeheure, kaum zu fassen, kaum zu realisieren. Erleichterung und Hoffnung indessen stärker als Schrecken und Angst ... Das dumpfe Schweigen auf den Berliner Straßen*, notiert er hoffnungsvoll, so als glaube er, das deutsche Volk werde sich jetzt, um dem Krieg zu entkommen, seines Führers entledigen. Schließlich die Rede Chamberlains. *Churchill im Kabinett!*

Dienstag, 5. September, KZ Sachsenhausen. Lagerkommandant Baranowski ist stinksauer. Vor ihm steht der Häftling Dickmann, ein «Bibelforscher» (Zeuge Jehovas), wie schon an seinem lila Winkel zu erkennen ist. Man hat den Gefangenen in die Politische Abteilung des KZs bestellt, damit er eine fällige Unterschrift leistet. Seine Frau hat bei Kriegsbeginn den Wehrpass von August Dickmann ins Lager nachgesandt, aber der Häftling weigert sich seit vielen Minuten, den Wehrpass zu unterschreiben. Und er weigert sich auch jetzt noch, trotz der Warnungen Baranowskis, des Kommandanten, den man gerufen hat. Das Reich befinde sich im Kriegszustand, erklärt Baranowski, und jeder müsse Soldat werden. Doch Dickmann sagt, er könne niemals Soldat werden, und er werde auch niemals im Krieg Menschen töten. Jehova habe den Krieg nicht geheiligt. Außerdem erklärt er, er werde Adolf Hitler nicht als Führer des deutschen Volkes anerkennen, denn Hitler sei ein Werkzeug des Teufels.

Baranowski befiehlt, den Gefangenen zu *prügeln* und ihn anschließend in eine Einzelzelle im Lagerbunker zu sperren.

Der neunundzwanzigjährige August Dickmann aus Dinslaken ist seit fast einem Jahr im Lager. Vorher verbüßte er eine einjährige Gefängnisstrafe wegen seiner Teilnahme an den Aktivitäten seiner Religionsgemeinschaft, eine Missionstätigkeit, die seit 1933 in Deutschland verboten ist. Aus dem Knast brachte man ihn direkt ins KZ. Sein Bruder Fritz sitzt wegen desselben Delikts schon seit 1935 im KZ Esterwegen. Ein weiterer Bruder, Heinrich Dickmann, wurde im letzten März verhaftet und ebenfalls hierhin nach Sachsenhausen verschleppt. Von den knapp zehntausend Häftlingen in Sachsenhausen sind ungefähr vierhundert «Bibelforscher».

Baranowski ist über diese opferbereiten Querköpfe in seinem Lager besonders erbittert. Es sind ja eigentlich normale deutsche Männer, reine Arier, keine Abkömmlinge minderwertiger Rassen. Baranowski erbittet sich von Heinrich Himmler, dem Reichsführer SS, die Genehmigung für einen Mord, diesmal allerdings einen ganz besonderen. Er will Dickmann vor den Augen aller Häftlinge – und besonders der Zeugen Jehovas, darunter der Bruder Heinrich – erschießen lassen, um ein Exempel zu statuieren. Himmler reagiert umgehend und ordnet die Erschießung Dickmanns an, die erste *lager-öffentliche* Hinrichtung.

August Dickmann ist der erste deutsche Kriegsdienstverweigerer aus Gewissensgründen.[6] Das Exekutionskommando, das ihn tötet, steht unter dem Befehl von Rudolf Höß, dem Mann, der als hart verschrien sein möchte, um nicht als weich zu gelten. Höß tritt vor und gibt dem Sterbenden, wie immer, mit der Pistole den «Fangschuss» in die linke Schläfe.

5. September, Parentis-en-Born, Aquitaine. Die Generalmobilisierung ist angelaufen, alle Männer zwischen zwanzig und achtundvierzig Jahren werden eingezogen. Das geschieht aber nur nach und nach, weil es nicht genügend Transportmittel gibt, um es an einem einzigen Tag zu bewerkstelligen. Die Jüngsten sind zuerst dran, am Tag «J» (*Jour*), die Ältesten eine Woche später, am Tag «J +8». Raymond Lescastreyres schaut sich alles genau an. Dauernd sind Männer zum Bahnhof unterwegs, begleitet von ihren Müttern oder ihren Frauen und Kindern. An allen diesen Tagen ist es unglaublich heiß. Ein bisschen sieht es aus wie auf den alten Fotos von der *Grande*

Guerre, die Raymond kennt. Damals, vor fünfundzwanzig Jahren, war es auch so ein heißer August, und die Mobilisierung glich damals fast einem sommerlichen Volksfest. Das ist jetzt ganz anders, es gibt nicht einmal Musik. Die Männer zeigen sich allerdings entschlossen, diesem Hitler endlich eine Lektion zu erteilen, wenngleich das auch, unter Umständen, durchaus ein paar Monate dauern kann. Der Abschied auf den Bahnhöfen ist, wie auf Tausenden von Bahnhöfen in diesen Tagen in Europa, immer derselbe: Angst, Tränen, vorgeführtes Lachen, letzte Umarmungen. Jeder in Frankreich kennt jetzt das Lied «J'attendrai»: *J'attendrai le jour et la nuit, j'attendrai toujours ton retour.*[7]

Die Engländer, Frankreichs Alliierte, haben ein Lied erfunden, mit einem Wortspiel: *Wir werden unsere Wäsche an der Siegfried-Linie zum Trocknen aufhängen.* Die Siegfried-Linie ist die deutsche Befestigungsanlage entlang der westlichen Grenze, der Westwall.

Raymonds Vater wird nicht mobilisiert, er ist schon neunundfünfzig.

Noch ein paar Tage, und das Dorf wird wie ausgestorben sein, das Café de la paix leer, nur ein paar alte Männer sitzen dann noch im Schatten unter der Markise und diskutieren. Die Ferien gehen zu Ende. Raymond macht sich auf den Weg nach Mont-de-Marsan, wo seine Mutter auf ihn wartet.

Donnerstag, 7. September, Krakau. Am siebten Kriegstag erreicht die 14. Deutsche Armee die etwa hundert Kilometer östlich von der deutschen Grenze liegende Universitätsstadt Krakau. Im Norden Polens kommt die 4. Deutsche Armee ebenso schnell voran. Die polnische Regierung wird aus Warschau in das mittelpolnische Lublin evakuiert, Stunden später erreichen bereits die ersten Vorausabteilungen der 4. Panzerdivision, als Vorhut der Deutschen Wehrmacht, die Außenbezirke Warschaus.

7. September, Paris/London. Während sich die polnische Armee bereits in Auflösung befindet, nehmen sich die Westmächte viel Zeit, um ihren Beistandspflichten gegenüber ihrem Verbündeten nachzukommen, und dann auch nur sehr zaghaft. Noch damit beschäftigt, die in den ersten Septembertagen hastig ausgerufene Generalmobilmachung überhaupt in Gang zu bekommen, schaffen es weder Frankreich noch Großbritannien, die Polen mit Kriegsmaterial zu versorgen. Immerhin können sie Entlastungsangriffe gegen Deutschland starten, aber selbst diese haben nur symbolischen Charakter.

7. September, Warschau. Die Sturmspitzen der deutschen Truppen stehen schon am Stadtrand von Warschau. Die Stadt versinkt im Chaos, Regierung und Oberkommando sind geflohen, und auch Zehntausende Einwohner versuchen die Stadt, über der ständig deutsche Bombenflugzeuge auftauchen, zu verlassen. Marcel Reich und sein älterer Bruder Alexander, der Zahnarzt, steigen in einen offenen Lastwagen, den Verwandte und Bekannte zusammen gemietet haben, um dem Unheil zu entkommen. Die Eltern bleiben in der Stadt. Die Reise geht nach Osten, immer weiter. Man hofft, dass irgendwo dort hinten ein Stückchen Erde übrigbleiben werde, das die Deutschen nicht besetzen, ein kleiner Landstrich, der unter polnischer Verwaltung bliebe. Dort ließe es sich vielleicht *überwintern*. Denn in absehbarer Zeit müssten ja die alliierten Truppen eingreifen, England und Frankreich, um die gemeinsamen deutschen Feinde wieder zu vertreiben.

Doch so weit sie auch fahren, weit östlich von Warschau, überall sind die Deutschen schon gewesen – zumindest aber ihre Bomber. Überall zerstörte Städte, vernichtete Dörfer, Ruinen und Brandgeruch. Menschen ohne Obdach, ohne Nahrung. Die Stadt Siedlce, gerade eben bombardiert, steht noch in Flammen, als sie hindurchfahren. Schließlich erreichen sie die Pripjetsümpfe. In einem jämmerlichen Dorf, das aber unversehrt ist, machen sie Halt.

Zehn Tage lang, vielleicht zwei Wochen werden sie in dieser

friedlichen Landschaft aus Wiesen, Wäldern, Seen und Sümpfen bleiben, in einer *unheimlichen Stille, abgeschnitten von der Welt.* Es gibt kein Radio, kein Telefon, keine Zeitungen.

7. September, Algier. Albert Camus und Francine Faure haben das Schiff nicht bestiegen, das sie nach Griechenland bringen sollte. *Das Reich der Bestien hat begonnen,* schreibt Albert Camus in sein Tagebuch. *Der Krieg! Wo ist er? Wo finde ich die Zeichen dieses absurden Ereignisses? Nicht in dem blauen Himmel über dem Meer, nicht im Gesang der Zikaden, nicht in den Zypressen auf den Hügeln ...* Vor vier Tagen, am Tag der französischen Kriegserklärung gegen das Deutsche Reich, saß er mit zwei Freunden, Jaussaud und Émery, in einer Kneipe in der Rue Michelet und versuchte die Bedeutung dieses Tages zu erfassen. Jaussaud fand, es sei ein notwendiger, nämlich antifaschistischer Krieg. Camus hingegen hält den Krieg für *absurd* und nicht begründbar.

Auch die Kommunisten, mit denen er immer noch befreundet ist, lehnen den Krieg ab, wenn auch aus ganz anderen Gründen. Die Sowjetunion hat mit Deutschland den Nichtangriffspakt geschlossen, und das bedeutet, dass Hitler, der Feind Frankreichs, nun als Freund Stalins auch ein Freund der algerischen Kommunisten werden muss. Auch dieses mechanische Denken ist für Camus absurd.

Beinahe alle seine Freunde werden eingezogen. Camus fühlt sich zwar seinem alten Prinzip der Gewaltfreiheit verpflichtet, er will aber auch kein doktrinärer Pazifist werden. Aus Solidarität mit den Kameraden, vor allem auch den alten Freunden aus dem Arbeiterviertel Belcourt, und um nicht seine Krankheit, das Asthma, zu missbrauchen, meldet er sich freiwillig im Musterungsbüro von Belcourt.

Die Forderungen der Geschichte. Er versteht plötzlich seinen Vater und die algerischen Männer von 1914, die er verachtet hat; er begreift, *dass man an einem Krieg teilnehmen kann, ohne mit ihm einverstanden zu sein.*

Die Musterungsbehörde weist ihn ab, wegen seiner Krankheit.

Jetzt arbeitet er besonders engagiert beim «Alger républicaine»,[8] widmet aber seine Freizeit der Arbeit am «Fremden» und dem «Mythos des Sisyphos».[9]

Samstag, 9. September, München. Neun Tage nach Kriegsbeginn dringen Polizisten morgens früh mit vorbereiteten Listen in die Häuser und Wohnungen aller «polnischen Juden» ein, um sie in «Schutzhaft» zu nehmen, auch Markus Blechner wird in seiner Wohnung verhaftet. Der Versuch zwei Wochen zuvor, in die Schweiz zu entkommen, war tatsächlich seine allerletzte Chance, aber die Schweiz hat ihn nicht ins Land gelassen. Seine Frau, Mina, bleibt unbehelligt. Salo, der einzige noch in Deutschland lebende Sohn, schafft es, in letzter Sekunde die Wohnung und das Haus durch einen Hintereingang zu verlassen. Er wird sich nach Berlin durchschlagen, wo er Freunde hat. Der Vater, Markus Blechner, wird zuerst ins Gefängnis Stadelheim gebracht, dann nach Buchenwald. Mina wird um seine Freilassung kämpfen, aber vergebens. Acht Wochen später, am 14. November, wird man Markus Blechner in Buchenwald töten, die Urne mit seiner Asche wird seiner Frau Mina[10] zwei Tage später, gegen Empfangsquittung, zugestellt.

9. September, London. Gestern beim Lunch im Grand Hotel haben sie erfahren, dass sie tatsächlich noch Plätze für das Flugzeug nach London bekommen. Packen, warten. Abschied von Bermanns. Schlafwagen nach Malmö. Heute früh sind Thomas und Katia Mann von Malmö abgeflogen, nach Kopenhagen zuerst, und dann über Amsterdam nach London. Erika hat es geschafft, Plätze auf der «SS Washington» zu bekommen, die am Dienstag von Southampton auslaufen wird. Vom Flughafen fahren sie mit dem Omnibus in die Londoner City, *baumreiches sommerliches Land*, sogar *Weekend-Stimmung*. Am Waterloo-Bahnhof hat Thomas Mann das Gefühl, dem Unheil definitiv entronnen zu sein. *Flucht gelungen.*

England befindet sich im Krieg, es sind sogar schon deutsche Kriegsflugzeuge über der Stadt aufgetaucht. Alle Leute, die man auf den Straßen sieht, laufen *mit umgehängten Gasmasken* herum. Am Himmel eine Menge Abwehrballons, mit feinen Drahtseilen miteinander verbunden. Sie kaufen englische Zeitungen: *Die Welt ist unwiderruflich gegen das Nazi-Regime aufgestanden.*

Im Zug nach Southampton notiert er: *Die Zukunft sehr dunkel.*

Katia hat große Angst vor der Schiffsreise: Schon sind mehrere zivile Passagierschiffe von deutschen U-Booten torpediert worden; beim Untergang der *Athenia* ist es zu schrecklichen Szenen gekommen, als unschuldige Zivilisten, darunter viele US-Amerikaner, ganz gezielt in den Tod geschickt wurden.

An Bord der «Washington» muss Familie Mann zunächst mit einer Einquartierung in der dritten Klasse vorliebnehmen, eine ihnen unbekannte Welt, *irregulär und kriegsmäßig. Improvisierte Schlafsäle mit Pritschen bei getrennten Geschlechtern.* Das Schiff ist übervoll, da es dreitausend Flüchtlinge aufgenommen hat. Aber dann ist der weltberühmte Schriftsteller *den Häuptern der Linie* vorgestellt worden, und die Manns fanden sofort Aufnahme in der ersten Klasse. *Halb neun Dinner im Speisesaal, Illusion der gewohnten Reiseverhältnisse, Kaviar, vorzügliche Mahlzeit, Champagner,* allerdings nur eine *demi tasse. Nachher Cigaretten und Cigarren. Ruhiger, schneller Gang des Schiffes*, das in sechs Tagen New York erreichen wird. *Es wird gut sein*, notiert Thomas Mann, *die unabsehbare Entwicklung des Krieges, seine Wechselfälle und Schrecken in meiner Princetoner Library verfolgen und abwarten zu können.*

Europa, ihre geistige Heimat, die sie ausgetrieben hat und die jetzt in einen jahrelangen grausamen Krieg versinkt, bleibt hinter ihnen zurück. Sie wissen nicht, ob sie es je wiedersehen werden.

Sonntag, 10. September, Schweinschied in der Nordpfalz. Der *Grumet* ist eingefahren, die letzte Heuernte des Sommers. Viele junge Männer aus dem Jahrgang des neunzehnjährigen Willy Paulus sind schon eingezogen, auch die meisten Knechte von den Höfen. Sogar Pferde sind *eingezogen* worden, requiriert, sie haben jetzt nur noch eines. Beim Nachbarn, Karl Hofmann, ist es genau so, *also haben* *wir uns gegenseitig geeinigt und spannen zusammen,* wie Willy seinem Bruder Robert schreibt. *Bei unserem letzten Treffen haben wir bestimmt nicht gedacht, lieber Robert, dass Dein nächster Brief schon aus dem Felde kommen würde.*

Gestern bekamen die Paulus neue Einquartierung, einen Unteroffizier. Alle zusammen haben sie eine Rede Görings im Radio gehört, eine klare Friedensrede, findet Willy. *Er hat mal den Engländern gehörig den Standpunkt klar gemacht. Ich glaube, dass dies noch mal ein gutes Stück zum Frieden beigetragen hat. Es grüßt Dich herzlich Dein Bruder Willy.*

Mittwoch, 13. September, Berlin. Salo Blechner wird in Berlin von der Gestapo geschnappt, es ist nicht bekannt, unter welchen Umständen. Den ganzen Krieg, beinahe sechs Jahre, wird er in Konzentrationslagern verbringen, zuerst in Sachsenhausen, dann in Neuengamme, das er mit aufbauen muss. Im Oktober 1942 kommt er nach Auschwitz-Monowitz, Zwangsarbeit, die er wie durch ein Wunder überlebt. Im Januar 1945 beginnen die Todesmärsche, zuerst nach Dora-Mittelbau, dann nach Bergen-Belsen, wo er am 15. April 1945 von den Briten befreit wird. Im Juni 1946 emigriert er in die USA, wo sein jüngster Bruder Leon seit 1938 und seine Schwägerin Gina seit 1939 leben.

Freitag, 15. September, Warschau. Die Stadt ist wie erstarrt. Angststarr. Die Straßenbahnen fahren nicht mehr, alle Geschäfte sind geschlossen. Die Menschen erwarten den Angriff der Deutschen. Nur ab und zu noch ein vollgepacktes Auto, das durch die Straßen rast, immer Richtung Weichselbrücken, nach Osten, weg von den angreifenden deutschen Truppen. Eine Abteilung Soldaten marschiert die Marszalkowska entlang, zwei junge Frauen werfen den erschöpften Männern rosafarbene Astern zu, ohne dass die es beachten. Sie ziehen als Geschlagene durch ihre Stadt.

Am anderen Tag geht das erste deutsche Artilleriegeschoss gegenüber dem Haus von Władysław Szpilman nieder, und die sorgfältig mit weißen Streifen beklebte Schaufensterscheibe geht klirrend zu Bruch. Der Himmel ist plötzlich voll dunkler Schatten oder im Sonnenlicht aufblitzender Silhouetten, die Bomber belegen jetzt das ganze Stadtgebiet. Nur die Rettungswagen und Löschfahrzeuge der Feuerwehr rasen durch die Stadt, die Toten werden aus den Trümmern gezogen und abtransportiert. Nachts leuchtet der Himmel blutrot vom Schein der im Feuer stehenden Häuser, die Luft ist voller Brandgeruch.

Manchmal, in einer Feuerpause, versucht Szpilman zum Funkhaus durchzukommen. Auf den Straßen liegen die Leichen von Menschen und Pferden. Die Feuerwehr kann gegen die Brände nicht mehr vorgehen, weil ein Volltreffer die Wasserwerke zerstört hat. Noch lässt man den Mut nicht sinken, noch ist Polen nicht verloren. Jeden Moment muss Hamburg unter den Bomben der britischen Luftwaffe in Flammen aufgehen, jeden Moment müssen die Franzosen die Siegfried-Linie überwinden.

Sonntag, 17. September, polnisch-russische Grenze. Morgens um 6 Uhr marschiert die Rote Armee in Polen ein und stößt dabei nur auf geringen Widerstand. Schon einen Tag später, am 18. September, treffen sich deutsche und sowjetische Truppen in der ostpolnischen Stadt Brest, wo einundzwanzig Jahre zuvor Deutsche und Russen den Ersten Weltkrieg mit einem Friedensvertrag beendet hatten.

In einem gemeinsamen Kommuniqué verkünden die Verbündeten, dass ihre auf polnischem Boden operierenden Truppen *keinerlei Ziele verfolgen, die den Interessen Deutschlands oder der Sowjetunion zuwiderlaufen.* Damit wird der Weltöffentlichkeit erstmals offenkundig, dass es eine Absprache zwischen Hitler und Stalin geben muss. Tatsächlich ziehen sich bald die deutschen und die sowjetischen Truppen auf die Demarkationslinie entlang der Flüsse Narew, Weichsel und Sam zurück, die bei den deutsch-sowjetischen Verhandlungen im August 1939 in Moskau abgesprochen worden war.

17. September, Pripjetsümpfe, Polen. Morgens sehen sie oben am Himmel, sehr hoch, Flugzeuge, die nicht den bisher bekannten deutschen Flugzeugen entsprechen. Es müssen sowjetische Flugzeuge sein. Hat Stalin sie geschickt, um Polen zu verteidigen? Sie wissen es nicht, und sie können es nicht herausfinden. Drei von ihnen, darunter Marcel Reich, fahren mit dem Lastwagen zurück, bis ins nächste größere Dorf. Vor einem großen Haus, das als militärische Unterkunft dient, treffen sie russische Soldaten. Aber in welcher Eigenschaft, mit welcher Absicht sind sie hier? Sind sie für oder gegen Polen, für oder gegen die Deutschen?

Wir sind für das Proletariat und für die Freiheit, sagt ein russischer Soldat.

Sie treffen auch versprengte polnische Soldaten. Warschau sei vollkommen zerstört, sagen sie. Und Hitler und Stalin seien *ein Herz und eine Seele* und hätten das ganze Land unter sich aufgeteilt. Da ist also nichts mehr zu machen. Jetzt sorgen sich die beiden Brüder um die Eltern in Warschau. Sie fahren zurück. Die Landstraße ist überfüllt, und zwar in beiden Richtungen. Während Tausende Menschen noch aus Warschau flüchten, kehren aus der anderen Richtung Tausende zurück; die einen flüchten vor den Deutschen zu den Russen, die anderen vor den Russen zu den Deutschen. Im Wasser des Bug schwimmen aufgetriebene Kadaver von Pferden und Kühen. Eine einzige Brücke ist noch unzerstört.

Die polnische Hauptstadt ist ein Trümmerfeld. Marcel und Alexander gehen durch diese Trümmerlandschaft, bis sie ihre Straße finden, ihr Haus. Es steht nur noch zur Hälfte, der andere Teil ist von einer Bombe weggerissen worden.

Die Eltern haben überlebt.

Samstag, 23. September, London. Er ist nach London geflüchtet, um, wie er bei der Ankunft sagte, «in Freiheit zu sterben». Max Schur vertraut er an, *was für ein großes Glück* er in seinem Leben gehabt habe, wie *gut das Schicksal es mit ihm gemeint* habe. Er verbringt die letzten Tage in seinem Arbeitszimmer im Erdgeschoss, mit Blick auf den Garten. Einmal nimmt er Schurs Hand und sagt wieder: «Schur, Sie erinnern sich an unseren Vertrag ...?» Bei aller Ergebung in das Schicksal, *wie es sich bei einem ehrlichen Menschen geziemt*, will er doch *im Harnisch sterben*, wie Macbeth gesagt hat, Shakespeares König. Am 21. September, vorgestern, hat Schur ihm 30 Milligramm Morphin injiziert, dann noch zweimal dieselbe Dosis. Sigmund Freud fällt in ein Koma, aus dem er nicht mehr erwacht. Er stirbt um drei Uhr morgens, an diesem 23. September 1939, dreiundachtzig Jahre alt und am Beginn eines neuen Weltkriegs, ein glaubensloser alter Jude, der den Menschen mutig und leidenschaftlich in die verborgenen Winkel ihrer Seelen geblickt hat, ohne die Hoffnung jemals ganz zu verlieren.

23. September, Warschau. Szpilman sitzt zum letzten Mal vor den Mikrophonen im Sendesaal und spielt Chopin. Um 15.15 Uhr trifft eine deutsche Bombe das Elektrizitätswerk des Senders. Das ist das Ende von Radio Warschau. Dann die *höllischen Tage* des 25. und 26. September, das unaufhörliche Dröhnen der Bombenflugzeuge, die sirrenden Geräusche der heranschießenden Bomben, die Explosionen und das Zerbrechen von Metall und Gestein. Szpilman hält sich mit vielen Freunden und Verwandten in einem Wohnzimmer auf, als ein Schrapnellsplitter einen neben ihm sitzenden Freund tötet. Alle flüchten in einen winzigen, rückwärtsgelegenen Toilettenraum.

Eine Nacht, einen Tag und noch eine Nacht verbringen zehn Personen in dem winzigen Raum, stehend und ohne Schlaf.

Montag, 25. September, Pabianice, Polen. Vier Tage waren sie mit dem Zug unterwegs, von Fulda nach Polen, und jetzt sind sie seit fast zwei Wochen in Pabianice, einer mittelgroßen Stadt nahe der Industriemetropole Lódź. Hosenfelds Einheit hat den Aufbau und die Führung eines großen Kriegsgefangenenlagers übernommen, eine chaotische Situation, die gefangenen Polen sind viel früher als erwartet gekommen – und obendrein in solchen Mengen, dass sie kaum zu versorgen sind. Es sind zehntausend Männer, und Wilm, den man zum Adjutanten des Lagerkommandanten gemacht hat, nimmt diese Aufgabe sehr ernst. Die gefangenen Polen sind für ihn keine Feinde mehr, sondern nur noch Kriegsgefangene, das ist etwas vollkommen anderes. Er bringt den Gefangenen menschliche Anteilnahme, sogar Mitgefühl entgegen, und er tut das Mögliche, um ihnen ihr Schicksal zu erleichtern. Liest man seine Briefe aus diesen Tagen, sieht man, dass er frei von Rachegefühlen ist.

Die religiöse Inbrunst, der Katholizismus der Polen, auch die patriotischen Gefühle der Männer, das beeindruckt den Katholiken Hosenfeld. In völliger Unkenntnis der Pläne Hitlers träumt er jetzt sogar von einer gemeinsamen Zukunft von Polen und Deutschen, denn die Probleme (Danzig und der Korridor) werden ja wohl mit dem Ende dieses Feldzugs gelöst sein.

An diesem Morgen, als er mit dem Fahrrad außerhalb des Lagers unterwegs ist, sieht er eine polnische Frau, die am Lagereingang steht und hemmungslos weint. Sie ist hochschwanger. Einem alten Reflex gehorchend, spricht er die Frau an. Ob er ihr helfen könne? «Ja, mein Mann, krank, da in Lager ...» Sie ist die Ehefrau des Kriegsgefangenen Stanisław Cieciora, da aus dem schrecklichen Lager, und sie ist in großer Angst, weil ihr Mann krank ist und obendrein verwundet, sie fürchtet, er könne im Lager, wo ihm niemand beisteht, sterben.

Es ist das Lager, in dem er die «rechte Hand» des Kommandanten ist, *sein* Lager. Er notiert sich den Namen. «Gehen Sie nach Hause», sagt der deutsche Feldwebel Hosenfeld, «Ihr Mann wird bald frei sein.»

Drei Tage später ist Stanisław Cieciora zu Hause.

Mittwoch, 27. September, Warschau. Die Verteidiger von Warschau müssen aufgeben, nachdem die polnische Hauptstadt zwei Tage zuvor, am «Schwarzen Montag», von über 400 deutschen Flugzeugen bombardiert worden ist und große Teile der Stadt zerstört wurden. Die Soldaten der Deutschen Wehrmacht marschieren ungehindert in Warschau ein. Mit ihnen ziehen auch die Einsatzgruppen aus Sicherheits- und Ordnungspolizei in den Uniformen der SS-Verfügungstruppe ein, um sofort eine große Verhaftungswelle gegen die polnische Führungselite durchzuführen.

Für das Oberkommando der Wehrmacht war es bereits am 23. September klar: «Der Feldzug in Polen ist beendet.» Tatsächlich sind schon, besonders nach dem Einmarsch der Roten Armee in Ostpolen, große Teile der polnischen Streitkräfte besiegt und befinden sich in Kriegsgefangenschaft, aber es wird keine Kapitulation Polens geben. Denn die Regierung ist schon vor zehn Tagen, am 17. September, nach Rumänien geflohen, und am 30. September wird in Paris der General Władysław Eugeniusz Sikorski eine polnische Exilregierung bilden, die sofort von Großbritannien, Frankreich und den USA anerkannt wird.

27. September, Warschau. Warschau ist besiegt, und der Pianist Władysław Szpilman traut sich zum ersten Mal wieder hinaus. Die ehedem breite Straße Nowy Swiat ist nur noch ein schmaler Pfad zwischen Trümmerbergen. Die Straßenbahnen sind umgestürzt und zerfetzt. Leichen im Zustand der Verwesung liegen herum. Von der Weichsel her nähert sich ein Motorrad, darauf sitzen zwei Soldaten in fremden, grünen Uniformen.

Die Deutschen sind da.

An den Mauern von Warschau erscheinen die Aufrufe des deutschen Befehlshabers. Er verspricht friedliche Arbeit und die Fürsorge des deutschen Staates. Ein Abschnitt ist speziell den Juden gewidmet. Man garantiert ihnen – so erinnert sich Szpilman – «alle Rechte, die Unantastbarkeit ihres Vermögens und die Sicherheit des Lebens».

Zwanzigtausend Menschen sind in Warschau getötet worden. Nichts ist so gekommen, wie man es erhofft hat; die Verbündeten haben Polen nicht gerettet. Weder die Franzosen noch die Engländer haben Deutschland angegriffen. Dafür beginnen jetzt die ersten Razzien. Auf den Straßen kann jederzeit alles passieren. Und immer häufiger werden die Wohnungen der Juden von deutschen Soldaten überfallen und ausgeraubt. Den neuesten Gerüchten zufolge planen die Deutschen ein Ghetto …

Ende September, Hamburg. Der geschäftliche Erfolg und damit die Zukunftsaussichten von Dr. Bruno Tesch und seinem Kompagnon Stabenow sind deutlich gewachsen. Neuerdings gehört auch, sogar in größerem Umfang, die Deutsche Wehrmacht zu den Abnehmern des Handelsprodukts Zyklon B.[11] Die *Kriegsereignisse in Polen* und die dadurch notwendig gewordenen, meist provisorischen Unterkünfte für Soldaten, vor allem aber auch die Lager für Kriegsgefangene und Zwangsarbeiter, die jetzt im Osten rasch entstehen, haben die Nachfrage enorm wachsen lassen. Denn der allergrößte Feind des Soldaten wie auch des Häftlings ist die *Kleiderlaus*. Sie tritt massenhaft überall dort auf, wo zu viele Menschen auf engem Raum zusammenleben.

Samstag, 30. September, Berlin. Der Stabsarzt Dr. Horst Schumann wird telefonisch nach Berlin beordert, wo er sich in der Kanzlei des Führers (KdF) einzufinden hat. Dort empfängt ihn SS-Standartenführer Viktor Brack, Hauptamtsleiter der KdF. Er eröffnet Schumann, dass es sich um eine Sache äußerster Verschwiegenheit handele, eine «Geheime Reichssache». Brack werde ihm, Schumann, einen Vorschlag unterbreiten, und wie immer sich Schumann dann entscheide – denn es sei tatsächlich in seine freie Entscheidung gestellt –, nie dürfe er über die Sache ein Wort verlauten lassen.

Brack erläutert, es gebe einen persönlichen Befehl des Führers an den Leiter der KdF, Philipp Bouhler, und den Leibarzt des Führers, Dr. Karl Brandt, Kriterien zu entwickeln, um allen als «unheilbar krank» geltenden Menschen den «Gnadentod» *gewähren zu können.* Man rechne mit einem Personenkreis von vielleicht hunderttausend, vielleicht auch zweihunderttausend Menschen. Der Führer müsse aus außenpolitischer Rücksichtnahme leider darauf verzichten, für dieses große Vorhaben ein förmliches Gesetz zu erlassen. Er, Viktor

Brack, sei mit der organisatorischen Durchführung der Aktion beauftragt.

Es ist Schumann sofort klar, worum es geht: um die systematische Vernichtung von psychisch kranken Menschen. Aber auch alle anderen Formen von «lebensunwertem Leben» sind betroffen: missgebildete Kinder, Erbkranke, Syphilis-Patienten, sogar Alkoholkranke, Arbeitsscheue, Asoziale, vor allem wenn sie einer «minderwertigen Rasse» angehören.

Um alle diese Personen zunächst systematisch erfassen zu können, erläutert Brack weiter, sei man dabei, eine Organisation zu gründen, genauer gesagt eine Tarnorganisation, die «Reichsarbeitsgemeinschaft Heil- und Pflegeanstalten». Man werde eng mit anderen Tarnunternehmen, beispielsweise der von der SS gegründeten «Gemeinnützige Krankentransport GmbH» zusammenarbeiten, die für den Transport der selektierten Patienten in jene Anstalten zuständig sein werde, in denen die «Euthanasie» durchgeführt werde. Eine große, sicher manchmal nicht leichte Aufgabe, die allen Beteiligten Härte und eine feste nationalsozialistische Überzeugung abverlange. Professor Dr. Werner Heyde, der berühmte Chef der Universitätsklinik in Würzburg, werde als ärztlicher Leiter der gesamten Aktion ein *wissenschaftliches Begutachtungssystem* entwickeln, mit dem über die Auswahl der zu tötenden Patienten entschieden werde.

Er, Brack, sehe in Schumann aufgrund seiner weltanschaulichen wie wissenschaftlich-medizinischen Qualifikation einen der richtigen Männer für diesen Geheimbefehl des Führers, das heißt für den Aufbau und die Leitung einer solchen Euthanasie-Anstalt.

Sonntag, 1. Oktober, Deutschland. An diesem Sonntag wird in Deutschland das Erntedankfest gefeiert. In den evangelischen Kirchen wird eine «Kanzelabkündigung» verlesen, in der ein Dank für «die reiche Ernte auf den polnischen Schlachtfeldern» verkündet wird. Adolf Hitler wird eine siebentägige «Trauerbeflaggung für die Gefallenen in Polen» anordnen. Außerdem sollen jeden Tag zwischen 12 und 13 Uhr alle Kirchenglocken geläutet werden.

1. Oktober, Berlin. «Hier ist der Großdeutsche Rundfunk mit seinem Wunschkonzert für die Wehrmacht!» Millionen Hörer sitzen an den Radios, als an diesem Tag zum ersten Mal dieses «Wunschkonzert», live aus dem großen Sendesaal, ausgestrahlt wird. Es soll die Front und die Heimat verbinden, die Soldaten «draußen» mit ihren Familien «daheim». Der populäre Moderator Heinz Goedecke übermittelt Grüße von Angehörigen in beiden Richtungen; besonders beliebt sind die öffentlichen Benachrichtigungen von «Vätern an der Front» über die Geburt eines Kindes, begleitet von witzigen Kommentaren und Babygeschrei von der Schallplatte. Joseph Goebbels kümmert sich persönlich um diese Sendung, weil er darin eine Chance sieht, die Menschen von ihren täglichen Sorgen abzulenken, ihr Gefühl der Zusammengehörigkeit zu stärken und damit auch ihre Moral zu heben.

Ungeheuer populär aber wird die Sendung während der ganzen Kriegszeit bleiben, weil sie ein Wunschkonzert ist, eine neue Radio-Form. Mehr als dreißigtausend Briefe mit Musikwünschen treffen wöchentlich ein. Vier Musikkapellen spielen abwechselnd die gewünschten Titel, die Interpreten treten live auf. Die populärsten Schlager stammen stets aus den erfolgreichsten Tonfilmen der Saison: «Das kann doch einen Seemann nicht erschüttern» von Michael Jary, gesungen von Rühmann, Sieber und Brausewetter in dem Film «Paradies der Junggesellen»; «Du hast Glück bei den Frau'n, Bel Ami» (Willy Forst in «Bel Ami»), «Der Wind hat mir ein Lied erzählt» (Zarah Leander in «La Habanera») und «Good-bye, Johnny», der Spitzenschlager des Jahres, gesungen von Hans Albers in dem Film «Wasser für Canitoga». Es gibt immer auch ein paar besinnliche Momente: Wenn etwa Paul Hörbiger das «Hobellied» singt («Das Schicksal setzt den Hobel an ...») oder Kammersänger Wilhelm Strienz sein besonders gut in Kriegszeiten passendes «Heimat, deine Sterne» darbietet, dann hört man hier und da aus dem Publikum schon mal einen kriegsverletzten Polenkämpfer oder eine Rotkreuzhelferin vernehmlich schluchzen. Dagegen macht dann das «Kabarett» wieder gute Laune; diesmal haben Rühmann, Sieber und

Brausewetter ihren Erfolgstitel umgedichtet und spotten über Winston Churchill: «Das muss den Ersten Seelord doch erschüttern ...»

Die deutsche Unterhaltungsindustrie boomt; Kino, Operette, Revue, Schlager, Kabarett, alles, was ein bisschen Optimismus verbreitet, wird erfolgreich. Die wirklichen Kabarettisten allerdings, etwa Werner Finck, haben Berufsverbot. Viele beliebte Stars von Film und Funk kommen aus dem Ausland: Marika Rökk ist eine in Kairo geborene Ungarin, Olga Tschechowa eine russische Emigrantin, Rosita Serrano kommt aus Chile, Johannes Heesters aus den Niederlanden, Zarah Leander aus Schweden. Sie repräsentieren, von Goebbels gefördert, die Offenheit und den Duft der weiten Welt, die Lust am sinnlichen Vergnügen, die gewagte Frivolität, alles, was den Deutschen eher abgeht.

In den NS-Zeitschriften erscheinen jetzt immer häufiger scharfe Angriffe auf den Jazz («jaulende Orchester und swingende Paare gehören in den Urwald, aber nicht in unsere Unterhaltungslokale»); ein einfacher rassistischer Reflex gegenüber der Musik von Farbigen, die aber auch in den USA gerade erst anfangen hat, die Ghettos zu überwinden, beispielsweise im New Yorker «Cotton Club», wo schwarze Musiker wie Bill Robinson vor weißem Publikum auftreten. Das Singen englischer Texte und das Spielen britischer Kompositionen werden bei Kriegsbeginn in Deutschland ganz untersagt. Jedwede «Swing- und Niggermusik» ist unerwünscht, sogar «übermäßiges Ziehen und Jaulen auf den Instrumenten». Es kommen aber Platten heraus von «deutschen Bigbands», etwa den Bands von Michael Jary oder Willy Berking.

Zu den treuen Hörern des Wunschkonzerts gehört, neben Millionen anderen, auch Wilm Hosenfeld in Polen.

Montag, 2. Oktober, Warschau. Irgendwo scheint es eine phantastische Welt, eine Parallelwelt, zu geben: Ein Finne namens Taisto Mäki beispielsweise läuft in Helsinki die zehntausend Meter schneller als je ein Mensch vor ihm, und in Detroit schlägt Joe Louis, der Boxweltmeister, seinen Gegner Bob Pastor k.o. und bleibt Weltmeister. Der junge Frank Sinatra, so kann man lesen, hat mit Harry James' Big Band eine Platte aufgenommen: «All or nothing at all». Die deutsche Fußball-Nationalmannschaft unterliegt dem ungarischen Team in Budapest mit 1:5. Für derlei Dinge interessieren sich aber in Polen, wenn überhaupt, nur die deutschen Besatzungssoldaten.

Allerdings sind ihnen jetzt auch neue, bisher ungeahnte Freuden möglich. *Judenjagen*, vor allem. Zum ersten Mal sehen die Landser in Polen orientalische Juden mit langen Schläfenlocken, dichten Bärten und schwarzen, manchmal leicht schmuddeligen Kaftanen, die bis auf die Knöchel reichen. Man kann sich als Deutscher sogar – wenn man so weit gehen will – mit ihnen unterhalten, sie sprechen Jiddisch, und nur einige wenige kenntnisreiche Deutsche wissen, dass diese Sprache in etwa dem Mittelhochdeutsch entspricht, das Walther von der Vogelweide und Wolfram von Eschenbach sprachen – und schrieben. Die anderen glauben in diesen Gestalten zum ersten Mal solche Juden zu sehen, wie sie im «Stürmer» abgebildet sind. Echte Juden. Zu Hause wusste man ja zumeist nicht, wie man die Juden von den arischen Deutschen unterscheiden sollte.

Täglich finden Razzien statt. Natürlich geht es dabei nicht darum, bei den frommen Juden etwa nach Waffen zu suchen. Aber hier und da nach einem goldenen Ring, einer Taschenuhr, einer Geldbörse. Größer noch wird der Spaß, wenn man die Juden nicht nur beklaut, sondern obendrein demütigt. Die Soldaten haben bald bemerkt, dass man orthodoxe Juden besonders schmerzhaft demütigen kann, wenn man ihnen den Bart abschneidet. Großes Gejohle gibt es auch, wenn man eine brennende Zeitung an solch einen zotteligen Judenbart hält. Auch nichtjüdische Polen applaudieren bei diesen Szenen.

Beinahe jeden Tag bildet sich eine neue Form des Vergnügens heraus. *Wenn Lappen zum Aufwischen des Fußbodens nicht zur Hand waren*, notiert Marcel Reich, *dann wurde den Jüdinnen, zumal den gutaussehenden, befohlen, die Schlüpfer auszuziehen.* Ein Heidenspaß, allerdings nicht ganz neu, denn er war bereits in jenen Frühlingstagen in Wien erfunden worden, als man Österreich ans Deutsche Reich anschloss und endlich den dortigen Juden das Maul stopfen konnte. Auch das Reinigen von Fußböden mittels Zahnbürsten ist schon ein alter Hut aus dem Demütigungs-Repertoire, macht aber jedem Neuling enorm Spaß. *Den vielen Straßen-Razzien folgten schon im Oktober Überfälle auf die Wohnungen von Juden.*

War es im Oktober des vergangenen Jahres in der Spichernstraße in Berlin eine einzelne Polizistenfaust, die morgens an Marcels Tür geschlagen hat, so sind es diesmal Gewehrkolben, mit denen die Soldaten gegen Tore und Türen schlagen. *Von der Klingel machen derartige Besucher keinen Gebrauch.* Die Soldaten dringen, Gewehr im Anschlag, in die Wohnung der Reichs ein, schreien «Hände hoch!» und tun so, als wollten sie ein verborgenes Widerstandsnest ausheben. Dann, in ruhigem, aber unmissverständlichem Ton, fragen sie nach dem Zahngold von Alexander Reich und dem Schmuck der Mutter, Helene Reich. Nach wenigen Minuten ist der Überfall vorbei, die Soldaten schlagen ihr Gewehr an die nächste Tür.

Helene Reich ist erschrocken, will aber ihren zähen Glauben an die überlegene deutsche Kultur nicht aufgeben. Deutschland, das bedeutet für sie Ordnung und Gerechtigkeit. Gegen solche brutalen Willkürakte, sagt sie, werden sicherlich bald die militärischen Vorgesetzten einschreiten und ihnen ein Ende bereiten. Marcels Mutter wäre entsetzt, wenn sie wüsste, dass es gerade die «Vorgesetzten» sind, deren Brutalität viel weiter geht als alles, was ein Landserhirn sich ausdenken kann.

Freitag, 6. Oktober, Berlin. In einem Geheimerlass, den er am kommenden Morgen dem SS-Führer Heinrich Himmler übergeben wird, legt Hitler fest: Den Polen als rassisch minderwertigen Slawen wird nur insoweit ein Existenzrecht eingeräumt, als dies im Interesse der arischen Herrenrasse und des deutschen Anspruchs auf Lebensraum im Osten liegt. Zugleich werden umfangreiche Umsiedlungen eingeleitet, denn aus den vom Deutschen Reich eroberten Gebieten West- und Ostpreußen, Ostoberschlesien und Warthegau soll der *schädigende Einfluss von solchen volksfremden Bevölkerungsteilen* ausgeschaltet werden, *die eine Gefahr für das Reich und die deutsche Volksgemeinschaft bedeuten.* Diese «*Volksfremden*», meistens Polen, sollen nach Restpolen, dem Generalgouvernement, umgesiedelt werden, während zugleich die Rückwanderung von Volksdeutschen aus dem Ausland, besonders aus dem Baltikum und der Sowjetunion, in die soeben eroberten Gebiete organisiert werden soll. Unter «Volkstumspolitik» versteht er die systematische Versklavung der polnischen Bevölkerung, der Vernichtungscharakter des Kriegs zeigt sich von Anfang an ganz deutlich. Im Gefolge der Wehrmacht rücken eigens aufgestellte Einsatzgruppen der SS nach Polen ein und inhaftieren oder ermorden im Herbst 1939 Tausende Angehörige der polnischen Führungs- und Bildungsschicht, darunter auch viele Priester und beinahe alle Lehrer – dies in jenem westlichen Teil des Landes, der zur Eingliederung ins Deutsche Reich bestimmt ist. In diesem Gebiet leben auch ungefähr drei Millionen Polen jüdischen Glaubens. Die erste Terrorwelle der SS vermischt sich mit den wilden Racheakten und Aktionen des «Volksdeutschen Selbstschutzes», die viele tausend Polen das Leben kosten. Das angeblich «alte deutsche Land», zu 90 Prozent von Polen besiedelt, soll im Rahmen einer «ethnischen Säuberung» endlich «germanisiert» werden. Hitler hat schon seit Jahren die deutsche Bevölkerung davon überzeugt, dass es ein «Judenproblem» gibt, das früher oder später auf irgendeine Weise «gelöst» werden muss. Beim Novemberpogrom richtete sich der spärliche Protest nur noch gegen die Form, in der man gegen die Juden vorgeht, nicht aber gegen den Kampf gegen die Juden schlechthin.

6. Oktober, Krolloper, Berlin. Vor dem versammelten Reichstag hält Adolf Hitler eine Rede, in der er sich hauptsächlich an Großbritannien und Frankreich wendet. Er bietet ihnen einen Friedensvertrag an, sogar *die Wiederherstellung eines polnischen Staates*, eines Staates allerdings, *der in seinem Aufbau und in seiner Führung die Garantie bietet, dass weder ein neuer Brandherd gegen das Deutsche Reich entsteht, noch eine Intrigenzentrale gegen Deutschland und Russland gebildet wird.* Als weitere Bedingungen für den Frieden fordert Hitler die Schaffung einer Reichsgrenze mit Polen, die *den historischen, ethnographischen und wirtschaftlichen Bedingungen entspricht*, ferner die Lösung aller Minderheitenfragen. Außerdem erwartet er auch noch den internationalen *Versuch einer Ordnung und Regelung des jüdischen Problems*. Als seien das nicht schon genug Forderungen, will Hitler grundsätzlich eine vollständige Revision des Versailler Friedensvertrages von 1919 haben, ebenso die Rückgabe der deutschen Kolonien und die Aufhebung der Rüstungsbegrenzungen. Eine Propagandanummer.

Sonntag, 8. Oktober, Berlin. Beinahe jeden zweiten oder dritten Abend sitzt Joseph Goebbels mit dem Leiter seiner Filmabteilung, Dr. Fritz Hippler, zusammen. Der dreißigjährige SS-Hauptsturmführer und «Reichsfilmintendant» Hippler ist als direkter Untergebener des Ministers für das staatlich gelenkte Filmschaffen verantwortlich. Unter anderem ist er für die «Deutsche Wochenschau» zuständig und deshalb – neben Goebbels und Hitler selbst – der wichtigste Filmpolitiker des Dritten Reichs. Hippler und Goebbels betrachten, wie auch der Führer, den Film als das entscheidende Propaganda-Medium neben dem Radio. Als ästhetisches Grundmuster ihrer Arbeit haben sie das Prinzip der «Schwarzweißzeichnung» entwickelt: klare Freund-Feind-Verhältnisse, saubere Zuschreibung von Sympathie und Antipathie, unüberbrückbare Antagonismen; denn alle Nuancen, alle Zwischentöne nehmen der Propaganda ihre Durchschlagskraft.

An diesem Abend sprechen sie über den *Ghettofilm*, von dem sie seit langem fabulieren und der jetzt, mit dem Sieg über Polen, plötzlich möglich wird. Die Deutschen kennen «den Juden» ja leider meist nur als zivilisierten Westeuropäer, wissen aber fast nichts vom *Urzustand des ewigen Juden*, wie er sich in den Ghettos Polens *in Reinkultur* erhalten hat. Dieser Ghettofilm soll, wie Goebbels im Tagebuch notiert, *die schneidendste antisemitische Propaganda werden, die sich denken lässt*.

Hippler soll bei dem geplanten Film, der als strenge Dokumentation getarnt wird, selbst die Regie übernehmen. Sie sind sich schnell einig darüber, dass als Autor wohl nur einer in Frage kommt: Eberhard Taubert. Taubert war, obwohl ebenfalls erst Anfang dreißig, als Jurist bereits Ministerialbeamter und Richter und leitet jetzt das von Alfred Rosenberg gegründete «Institut zum Studium der Judenfrage» und daneben auch das Ressort «Aktivpropaganda gegen die Juden».

Mit Hippler und Taubert den Ghettofilm besprochen. Das Material dazu wird jetzt in Polen gedreht werden. Das soll ein Propagandafilm erster Klasse werden. Ich gebe dazu den Grundriss an. In 3–4 Wochen muss er fertig sein ... Diese Juden sind gar keine Menschen mehr. Mit einem kalten Intellekt ausgestattete Raubtiere, die man unschädlich machen muss.

Damit ist die Haltung des Films vorgegeben. «Der ewige Jude – ein Filmbeitrag zum Problem des Weltjudentums» wird, wie es Goebbels will, ein Propagandafilm erster Klasse, schmutzig, verlogen, rassistisch. Er ist ursprünglich vor allem für SS-Leute vorgesehen, die als Wachmannschaften im KZ und in Lagern ihren Dienst tun, aber auch für die Männer der Einsatzgruppen, die damit psychologisch auf die künftige Massenvernichtung dieser «Untermenschen», wie der Film sie zeigt, vorbereitet werden sollen. In suggestiven Szenen aus polnischen Ghettos, vor allem in Lódź (Litzmannstadt), werden Juden wie «Stürmer»-Karikaturen gezeigt: sorgfältig ausgesucht, ärmlich gekleidet, von Fliegen umschwärmt, verschmutzt und teilweise zahnlos, grinsen sie *tückisch* – in Wirklichkeit gedemütigt – in die Kameras, eine *vollkommen wertlose, schädliche, parasitäre Rasse*, die überall die «Wirts-Gesellschaften» zersetzt. Der Film setzt nicht nur verbal Juden mit Ratten und Schmeißfliegen gleich, sondern auch visuell. Die «ewige Wanderung der Juden» wird mit der Wanderung der Ratten verglichen: «Wo Ratten auftauchen, tragen sie Vernichtung ins Land, zerstören sie menschliche Güter und Nahrungsmittel», hat Taubert getextet und Goebbels redigiert, «sie sind hinterlistig, feige und grausam und treten meist in großen Scharen auf. Sie stellen unter den Tieren das Element der heimtückischen, unterirdischen Zerstörung dar – nicht anders als die Juden unter den Menschen.»

Dann sieht man das Schächten von Tieren durch jüdische Metzger, grausame Szenen voller Blut, sie zeigen «den Charakter einer Rasse, die ihre stumpfe Rohheit unter dem Mantel frommer Religionsausübung verbirgt». Nach der Uraufführung des Films im Ufa-Palast am Zoo, im November 1940, wird der Kritiker der «Deutschen Allgemeinen Zeitung» schreiben: «Das entsetzenerregendste Kapitel kommt am Schluss: das grausame, unmenschliche, barbarische Schächten von Schlachttieren. Es sind entsetzliche Bilder von einer Tierquälerei, wie sie schlimmer nicht gedacht werden kann.» In Lódź, wo Hippler die Ghetto-Sequenzen dreht, die ein angeblich «unverfälschtes Bild jenes stinkenden Pfuhls zeigen, von dem aus das Weltjudentum seinen ständig fließenden Zustrom erhält», in diesem Lódź werden, als «die ordnende Hand der deutschen Verwaltung eingreift und diesen Augiasstall ausmistet» («Film-Kurier»), zweihunderttausend Juden ins Vernichtungslager Chełmno (Kulmhof) *ausgesiedelt* und getötet.

Montag, 9. Oktober, Berlin. In der Neuen Reichskanzlei unterschreibt Hitler die «Weisung Nr. 6», diesmal zur Vorbereitung der Fälle «Rot» und «Gelb», das heißt für den Angriff auf die (neutralen) Benelux-Länder und auf Frankreich. Es ist klar, dass er sein eigentliches Ziel, den Krieg gegen die Sowjetunion, nicht aufgegeben, sondern nur verschoben hat. Aber *wir können Russland nur gegenübertreten, wenn wir im Westen frei sind. Mein Entschluss ist unabänderlich. Ich werde Frankreich und England angreifen zum günstigsten und schnellsten Zeitpunkt. Verletzung der Neutralität Belgiens und Hollands ist bedeutungslos. Kein Mensch fragt danach, wie wir gesiegt haben.*

Jetzt macht sich bei dem Fünfzigjährigen die alte melodramatische Vorstellung, er werde früh sterben müssen, wieder stärker bemerkbar, zugleich auch sein Glaube an die eigene Auserwähltheit. Immer wieder betont er *als letzten Faktor* und *in aller Bescheidenheit* seine eigene Person: *Sie ist unersetzbar. Weder eine militärische noch eine zivile Persönlichkeit könnte mich ersetzen [...]. Keine Kompromisse. Härte gegen sich selbst. Das Schicksal des Reiches hängt nur von mir ab.*

9. Oktober, Berlin. Die heutige Besprechung ist präzise vorbereitet. Viktor Brack und seine Mitarbeiter von der Kanzlei des Führers haben in den letzten Wochen hart und engagiert gearbeitet. Brack schlägt den versammelten Männern vor, eine halbstaatliche Sonderverwaltung einzurichten, um nun auch von der KdF als der tatsächlichen Zentrale der Aktion abzulenken. Diese zentrale Dienststelle, die «Reichsarbeitsgemeinschaft Heil- und Pflegeanstalten» (RAG), solle nach außen hin als selbständige Institution erscheinen. Unter der Leitung von Prof. Werner Heyde wird diese Einrichtung für die systematische Erfassung der künftigen «Patienten» zuständig sein. Außerdem müsse man eine Reihe weiterer Tarnorganisationen gründen, zum Beispiel die «Gemeinnützige Krankentransport GmbH» (Gekrat) mit der Aufgabe der Verlegung der Opfer in die Tötungsanstalten, dann die «Gemeinnützige Stiftung für Anstaltspflege» als offiziellem Arbeitgeber der etwa 400 geplanten Mitarbeiter und schließlich die «Zentralverrechnungsstelle Heil- und Pflegeanstalten» (ZVSt) zur Abwicklung der Kosten mit den Anstaltsträgern und sonstigen Beteiligten. Bei dieser wie bei vielen anderen Besprechungen in den Diensträumen der deutschen Bürokratie gibt sich auch die deutsche Sprache willenlos den Nazis hin.

Analog zu seinen jüngsten Erfahrungen mit den Gutachtern der Kinder-«Euthanasie» hat Viktor Brack eine Liste von etwa vierzig ärztlichen Gutachtern vorbereitet, die später anhand der Patientenbeschreibung auf Meldebögen darüber entscheiden werden, welche aus dem vorgesehenen Personenkreis der «Patienten» leben dürfen und welche sterben müssen.

Reichsärzteführer Leonardo Conti hat für diese Zusammenkunft einen Runderlass vorbereitet, in dem die in Frage kommenden Heil- und Pflegeanstalten aufgefordert werden sollen, auf diese eigens entwickelten Meldebögen über ihre Patienten detaillierte Angaben zu Krankheit und Arbeitsfähigkeit zu machen. Die einzelnen medizinischen und sozialen Kriterien dafür werden ebenfalls entwickelt: Schizophrenie, exogene Epilepsie, Enzephalitis, Schwachsinn, Chorea Huntington, Menschen mit seniler Demenz (wenn sie gar nicht mehr oder nur noch mit mechanischen Arbeiten beschäftigt werden können); außerdem Menschen, die seit mehr als fünf Jahren in Anstalten leben, «kriminelle Geisteskranke»; Patienten, die nicht «deutschen oder artverwandten Blutes» sind. Die Tötung dieser Menschen, so bestimmt ein auf den 1. September datierter Befehl Hitlers an Philipp Bouhler und Dr. Brandt,[12] darf nur von Ärzten vorgenommen werden.

Auch das Problem, ein «geeignetes Tötungsmittel» zu finden, ist schon halb gelöst. Der Chef des Reichskriminalamtes im Reichssicherheits-Hauptamt (RSHA), der SS-Gruppenführer Arthur Nebe, ist gebeten worden, dieser Frage einmal nachzugehen. Sein Mitarbeiter, der Leiter der chemisch-physikalischen Abteilung im Kriminaltechnischen Institut, Dr. Albert Widmann, schlägt die Verwendung von Kohlenmonoxid vor. Es sei geruchlos und rasch wirksam.

Dienstag, 10. Oktober, Schweinschied in der Nordpfalz. Die meiste Arbeit ist jetzt vorbei, die Ernte ist eingebracht. Willy Paulus hat wieder einmal Zeit, an seinen Bruder Robert zu schreiben, unter einer Feldpostnummer, denn wo Robert in diesen Wochen ist, das wissen sie nicht. Die neuesten Nachrichten aus dem Heimatdorf: Lenze Rudolf, ein Freund von Robert, ist bis auf weiteres von seiner Einheit beurlaubt worden und befindet sich seit mehreren Tagen zu Hause. Heinz Völker dagegen, der aus Meisenheim, ist als Leutnant bei den Kämpfen in Polen gefallen, *er war ja ein guter Freund von Dir, oder?* Die Situation mit den Pferden hat sich erheblich verbessert, sie haben jetzt ein paar Pferde von den Soldaten in Hundsbach, und wie verabredet wurde, *können wir dieselben bis zu einer unbestimmten Zeit behalten.*

Die neue Kartoffelmaschine macht sehr gute Arbeit. Nur geht eben die Herbstarbeit durch das schlechte Wetter nur langsam vonstatten. *Die Saat haben wir halb draußen. Bei uns geht es allen gut, nur Vater hat eine Halsentzündung. Hoffentlich kommen die Westmächte bald zur Vernunft und ein baldiger Frieden tritt ein. Sei recht herzlich gegrüßt von Deinem Bruder Willy.*

Donnerstag, 12. Oktober, Rehau in Oberfranken. Wenn es nur endlich mit dem Krieg zu einem Ende käme, denkt Nikolaus Köhler oft. Aber der Führer hat nach dem siegreichen Polenfeldzug nicht Frieden gemacht, und mit Frankreich und England befindet man sich im Krieg, auch wenn es bisher ein eigenartiger Krieg ist. Der Rentner Köhler, den alle hier in der Ziegelhütten-Siedlung, einem Stadtteil von Rehau, Nikol nennen, er hat nie einen größeren Krieg mitgemacht. Sicher, er war 1905 als Soldat der Kaiserlichen Schutztruppe in Afrika, in Deutsch-Südwest. Und da hat es ihn erwischt. Es waren nicht die *Neger*, es war ein viel bösartigerer Feind. Die Malaria. Noch jahrelang kamen die Schübe mit unverminderter Heftigkeit. Der Erste Weltkrieg brach aus, aber Nikol war zu krank, um noch einmal Soldat zu werden.

Jetzt ist sein Sohn Soldat, Wilhelm; er ist sogar Berufssoldat, mit guten Aussichten, bald Offizier der Wehrmacht zu werden. Wenn nur der Führer jetzt bald Frieden machen möchte. Mit der Tschechei, das war gut so. Jetzt ist die Grenze weg, die sie früher hier von den anderen deutschen Städten getrennt hat, von Asch und von Eger. Aber jetzt soll möglichst Frieden sein. Wer weiß, was sie sonst mit dem Wilhelm noch alles machen. Wo sie ihn hinschicken.

Nikol ist vierundsechzig, seine Frau Margarete, Gretl, ist ein paar Jahre jünger und geht noch in die Fabrik, in die Weberei am Ort. Tagsüber ist Nikol mit ihrer Tochter allein, mit Elsa. Denn er, Nikol, er ist es, der Elsa versorgt, weil die sich von keinem anderen versorgen lassen will, oben in ihrem Bett. Elsa ist sein Sorgenkind. Das Mädchen ist jetzt fast dreißig, und ihr Zustand wird nicht besser. Epilepsie. Damals in ihrer Kindheit hat man nicht viel davon gemerkt, aber jetzt ist es schlimm geworden. Krampfanfälle, die manchmal bis zur Bewusstlosigkeit gehen. Dann zerbeißt Elsa sich fast die Zunge. Anschließend ist sie oft tagelang verwirrt, lebt in einer Art Dämmerzustand, ist einfach nicht ansprechbar. Obwohl Nikol auch dann mit ihr redet. Er redet einfach immer weiter mit ihr.

Denn er weiß ja, dass Elsa ihn hört. Auch in ihren *Zuständen*.

Nikol hat gelesen, was der Staat in der letzten Zeit über diese kranken Menschen sagt. Dass es einfach zu teuer ist, sie alle am Leben zu erhalten. Und dass es sogar den Gesetzen der Natur widerspricht, das Kranke und Schwache und Hilflose so zu pflegen und zu erhalten. Aber Elsa kostet gar kein Geld, jedenfalls nicht das Geld des Staates, nur etwas von seiner Rente und von dem, was Gretl in der Fabrik verdient.

Das hat Nikol auch den beiden Männern gesagt, die ihn eigens wegen Elsa aufgesucht haben. Waren sie vom Kreis oder vom Gesundheitsamt oder von der Partei? Er weiß es nicht. Zweimal sind sie schon gekommen. Zuerst haben sie geschmeichelt, wie wunderbar Nikol sich aufopfere für das kranke Ding. Aber das müsse nicht so weitergehen, er werde doch auch langsam alt. Und da gebe es die speziellen Heime für solche Fälle. Und als Nikol sich stur stellte, haben sie ihm gedroht. Sie könnten auch anders, sagten sie, er werde schon sehen, er solle sich bloß nicht anmaßen, es besser zu wissen als die Behörden und der nationalsozialistische Staat.

Das hat Nikol gar nicht im Sinn, sich gegen irgendwen zu stellen, schon gar nicht gegen den Staat. Aber er wird das kranke Mädchen einfach nicht hergeben. Wenn sie es holen wollen, dann werden sie ihn schon mitnehmen müssen, er wird jedenfalls nicht von ihrer Seite weichen. Unter keinen Umständen. Und außerdem haben sie doch früher auch nichts dagegen gehabt, dass Elsa bei ihnen lebt. Was ist jetzt so anders geworden? Er weiß es jetzt noch nicht, aber die Männer werden nie wieder zu ihm kommen. Er und Gretl und Elsa – und sogar Wilhelm – werden den Krieg überleben.

Mitte Oktober, Görden bei Brandenburg an der Havel. In der Landesanstalt Görden wird die erste «Kinderfachabteilung» eingerichtet, wie sie Viktor Brack und seine Mitarbeiter von der Kanzlei des Führers im Auftrag Hitlers entwickelt haben – eine Einrichtung zur Tötung von geistig oder körperlich behinderten Kindern, die zuvor von Gutachtern des «Reichsausschusses zur wissenschaftlichen Erforschung von erb- und anlagebedingten schweren Leiden» für die Vernichtung freigegeben werden. Einer dieser Gutachter, der Jugendpsychiater Hans Heinze, tritt heute hier seinen Dienst als Leiter der Anstalt an. Die ersten Kinder sind schon hier, sie sind zur «Behandlung» freigegeben. Nach der späteren Aussage eines Kollegen von Heinze, des Oberarztes Walter Schmidt,[13] kommen etwa 95 Prozent der zugewiesenen Kinder mit der Ermächtigung zur «Behandlung» – das ist die Tarnbezeichnung für die angeordnete Tötung, die meist durch eine Medikamenten-Überdosis durchgeführt wird, bald aber auch durch Gas. Die restlichen Kinder werden zunächst weiter beobachtet und untersucht.

Die Opfer werden auch der wissenschaftlichen Forschung zur Verfügung gestellt, lebendig oder tot. Beispielsweise werden beim Direktor der Universitäts-Nervenklinik Heidelberg, Prof. Carl Schneider, einige dieser Kinder zunächst eine Zeitlang beobachtet, später, wenn sie getötet sind, entnimmt man ihre Gehirne und stellt sie Schneider in Heidelberg zur Verfügung. Auch der Abteilungsleiter für Hirnhistopathologie am Kaiser-Wilhelm-Institut, Prof. Julius Hallervorden, sammelt im Laufe der Zeit über 600 Gehirne von «Euthanasie»-Opfern. Er seziert auch Leichen von Kindern direkt in den Tötungsanstalten. Der «Vergasungsarzt» Heinrich Bunke von der «Kinderfachabteilung» Bernburg wird später im Kaiser-Wilhelm-Institut eigens für Gehirnsektionen ausgebildet.

Montag, 16. Oktober, Wegrow, Polen. Wilm Hosenfeld gehört zu den Menschen, die verstehen wollen. Und die deshalb nicht weggucken. Auf der Fahrt nach Wegrow – «ländliche Gegend, richtiges Polen» – hat er die Zerstörungen gesehen, «schöne Häuser, Fabriken, Bahnhöfe, alles liegt in Schutt und Asche», und in den Trümmern haust die Bevölkerung. Es gibt kaum Nahrungsmittel, keine Kohlen, die deutschen Truppen beschlagnahmen alles. Einmal, unterwegs, in Sokolow am Bahnhof um zehn Uhr morgens, wartet ein Zug mit Hunderten aus den eroberten Gebieten ausgewiesenen Polen, drei Tage stehen sie schon zusammengepfercht in ihrem Zug, Bauern, die man von einer Stunde auf die andere von ihren Höfen vertrieben hat. Sie haben nichts zu essen und nichts zu trinken in ihrem Zug.

Das Unglück schneidet Hosenfeld ins Herz. So also sieht die «Umsiedlung» aus, von der man so große Töne macht? «Warum reißt man die Menschen aus ihren Behausungen, wenn man nicht weiß, wo man sie unterbringen soll?», fragt er Annemarie brieflich.

Auch auf dem Bahnhof Lódź, bei einem kurzen Zwischenstopp, hat er etwas Erschütterndes gesehen: «Am Bahnhof stauten sich die Menschen, fast alles Juden, sie müssen am rechten Arm eine Binde tragen, schon die kleinen Kinder. Der deutsche Bahnschutz geht roh mit den Juden um, überhaupt wird der Jude weniger geachtet wie ein Stück Vieh. Mit Sack und Pack beladen steigen sie in die Züge, in Viehwagen werden sie zusammengepfercht, Türe zu, und dann stehen sie stundenlang. Wohin sie fahren, ist mir unbekannt.»

Aber er ahnt: «Da liegt System drin, man will diese Menschen krank, elend, hilflos machen, sie sollen umkommen. Woher ist dieser teuflische Plan, wer kann so mit Menschen umgehen?» Und immer öfter schämt er sich, deutscher Soldat zu sein: «Eine tiefe Traurigkeit legt sich mir in die Seele.»

16. Oktober, Schweinschied in der Nordpfalz. Das hat es in Schweinschied noch nie gegeben, ein Luftkampf am Himmel. *Wir waren alle am Aulenbühl und hörten plötzlich ein riesiges Getöse in der Luft, wir sahen uns unwillkürlich nach Deckung um.* Zuerst sahen sie einen weißen Streifen, dann hörten sie ein *Rattern*, wie MG-Feuer, und zwei bemannte Flieger stürzten in die Tiefe. Zwei Piloten sprangen mit Fallschirmen ab, aber den einen traf ein Stück von der Tragfläche des brennenden Flugzeugs, sodass der Mann abstürzte. Die Schweinschieder Männer rannten zu ihm hin. Er sagte auf Englisch, man solle doch bitte seine Eltern benachrichtigen, ehe er starb. Der deutsche Pilot überlebte. *Das ist der Krieg, lieber Robert, man sieht hier nur ernste Gesichter und jeder hört mit Spannung den Nachrichten im Radio zu.* Der Polenfeldzug ist vorbei und hat doch nicht den Frieden gebracht, immer mehr Männer aus dem Ort werden eingezogen, *wie lange noch, dann ist unser Dörfchen leer, Gott gebe, dass dieser Krieg bald sein Ende finden wird und wir uns gesund wiedersehen. Willy*

16. Oktober, Berlin. Durch den Krieg sind die Arbeitsbedingungen für Obersturmführer Eichmann schwieriger geworden, die *Auswanderung* kommt «fast zum Erliegen». Andererseits wird der Druck immer stärker, ausgehend von Hitler, der in seinen Reden jedes Mal ein höheres Niveau von Hass zeigt, über die Kanzlei des Führers, also Martin Bormann, und den obersten Chef der Polizei und der SS, Reichsführer Heinrich Himmler, und auch über die meisten anderen Zentralinstanzen von Partei und Staat. Himmler gibt diesen Druck weiter an Reinhard Heydrich, den Chef der Sicherheitspolizei und des SD, der an Gruppenführer Müller und Müller an Adolf Eichmann.

Eigentlich ist Eichmann in der Hierarchie der SS und der Gestapo ein verhältnismäßig kleines Licht. Die SS ist in zwölf «Hauptämter» aufgeteilt, eines davon ist das am 27. September gegründete Reichssicherheitshauptamt (RSHA), das wiederum aus sieben Abteilungen besteht, eine davon der Sicherheitsdienst (SD). Das Amt IV des SD ist die Geheime Staatspolizei (Gestapo), die Unterabteilung IV B ist zuständig für «Gegnerbekämpfung», und immer noch nicht sind wir auf der Ebene des Beamten Adolf Eichmann angekommen. Erst hier, in einer Unterabteilung von «Gegnerbekämpfung», in IV B 4, «Juden und Räumungsangelegenheiten», ist Adolf Eichmann der Chef. Sein Dienstsitz ist an der Kurfürstenstraße 116, «ein Haus, das früher irgendeiner jüdischen Institution gehörte» – also «arisiert» wurde: Marmorstiegen, große Säle, eigene Restauration. Von überall, aus Wien, aus Prag, zieht er «die fähigsten Leute» hier zusammen.

Noch hält man die Fiktion aufrecht, das «Problem» durch Vertreibung lösen zu können, doch Eichmann sieht als einer der Ersten, dass die *Auswanderung* unter den Bedingungen des Krieges nicht mehr möglich ist. Er denkt intensiv über «territoriale Lösungen» nach, also über jüdische Siedlungsgebiete im Osten, im eroberten Polen. «Hier witterten wir Morgenluft» (Eichmann in Jerusalem, 1960). Noch von Prag aus ist er nach Polen gefahren, tief nach Südosten, bis an den Fluss San, nach Nisko. Er sieht «ein riesiges Gebiet, Fluss, Dörfer, Märkte, kleine Städtchen», und er sagt sich, «warum soll man nicht diese Polen umsiedeln, wo ja sowieso so viel umgesiedelt wird, und dann Juden hier in ein großes Territorium geben» (das behauptet er gegenüber seinem Vernehmungsoffizier in Tel Aviv, Avner Less, Hauptmann der israelischen Polizei).

Vor knapp einer Woche, am 10. Oktober, hat Eichmann nach einer Konferenz in Kattowitz vermerkt: «Der Führer hat vorerst die Umschichtung von 300 000 Juden aus dem Altreich und aus der Ostmark angeordnet.» Am selben Tag erhielt Dr. Richard Löwenherz in Wien von Eichmann den Befehl, einen ersten Transport nach Polen, nach Nisko, zusammenzustellen: etwa 1200 kräftige Männer, vor allem Handwerker, Tischler, Zimmerleute, Techniker. Mitzunehmen sind holzverarbeitende Maschinen, Sägen, Beile ... Verpflegung für drei bis vier Wochen. Das Projekt läuft an, wird aber schnell gestoppt durch konkurrierende Machthaber, vor allem durch den Chef des «Generalgouvernements», Hans Frank, der sich dagegen verwahrt, Juden in sein Herrschaftsgebiet geschickt zu bekommen, während er doch gerade dabei ist, seine «eigenen Juden» loszuwerden. Eichmann: «Damit war der Traum von einer vorläufigen Regelung zu Ende. Summa summarum», sagt er, «war die Tätigkeit der Zentralstelle nur noch ein Harren und Würgen, Tendenz lustlos.»

Es ist der Moment, in dem das Undenkbare zwar nicht gedacht, aber doch instinktiv geahnt wird von diesem Spezialisten für «Judenfragen». Eichmann wird später sagen: «Es bedurfte keiner großen Geistesgröße, zu erkennen, wenn es so weitergehen würde, dass sich eine *Turbulenz* zeitigen würde, unter der ich mir zu jener Zeit noch nichts Richtiges vorstellen konnte. Aber irgendetwas musste ja geschehen.»

Irgendetwas, der Holocaust.

Sonntag, 29. Oktober, Euskirchen. Der Vater von Heinz ist in Zivil, aber Brünhildes wunderbarer Onkel trägt seine Uniform. Sie sind an diesem Sonntagnachmittag bei Brünhildes Onkel eingeladen. Sie essen jede Menge Kuchen, aber dann langweilt sich Heinz. «Komm», sagt Brünhilde, «ich zeig dir was.» Aus einem Fenster des ersten Stocks sehen sie über eine dünne Mauer hinweg in den Nachbarhof.

«Massenweise Juden», sagt Brünhilde.

Die Juden sitzen genau wie Deutsche da um einen Tisch herum und trinken Kaffee. Nach einiger Zeit öffnet Brünhilde das Fenster und schreit aus Leibeskräften: «Judenschweine!» Heinz schreit auch schnell noch: «Judenschweine!» Dann gehen sie auf Tauchstation unter die Fensterbank. Sie kichern. Jetzt schnellen sie wieder hoch und schreien: «Jüd, Jüd, Jüd, hepp, hepp, hepp – hätt en Nas wie en Wasserschepp!»

Eines ist jedenfalls klar, die Juden sind ganz anders als andere Menschen. Sie tun einfach, als hörten sie nichts. Sie blicken nicht mal hoch. Brünhildes Onkel ruft: «Kinder, macht doch nicht so'n Krach hier!» Da hat Brünhilde eine neue Idee, eine bessere. Sie gehen über den Hof und klettern auf die Mauer zum *Judenhof.* Da stockt dem Jungen beinahe der Atem. Brünhilde lässt sogar die Beine in den Judenhof baumeln. Heinz setzt sich rittlings auf die Mauer und lässt seine Beine lieber nur in den deutschen Hof baumeln, um jederzeit abspringen zu können.

Da kommt ein Jude näher, ein großer Mann. Er lächelt und sagt: «Nun, Brünhildchen, wie geht's dir heute?» Brünhilde schreit laut: «Was geht Sie das an, Sie Judenschwein!» Der Mann hört auf zu lächeln und dreht sich um.

Dienstag, 31. Oktober, Paris. Simone de Beauvoir nimmt an der Gare de l'Est denselben Frühzug nach Nancy, mit dem Sartre vor fast zwei Monaten Paris verlassen hat. Sie ist fest entschlossen, ihn zu treffen, obwohl ein solches Treffen eigentlich verboten und beinahe unmöglich ist. Der Krieg, der für Frankreich noch gar nicht stattfindet, ist trotzdem schon im Alltag deutlich spürbar. Am Lycée Molière, der Schule, an der sie Philosophie lehrt, musste sie sich, mitten in den Ferien, eine Gasmaske anpassen lassen. Kreuzworträtsel, die sie in der Métro zu lösen pflegt, sind verboten, sie könnten ja Geheimcodes für deutsche Spione enthalten. Das Ärgerlichste ist, dass die Cafés geschlossen sind – und die Kinos.

In einem codierten Brief – nach einem Buchstabencode, den sie vorher verabredet haben – hat ihr Sartre mitgeteilt, wo er Dienst tut: in der meteorologischen Abteilung einer Artillerieeinheit in Elsass-Lothringen. Sein Posten sei ganz bestimmt «der ungefährlichste in der ganzen Armee», hat er ihr geschrieben. Und er hat sie ermahnt, tapfer zu sein und «nicht allzu traurig».

Sie ist zum nächstbesten Polizeirevier gegangen, um eine Genehmigung für den Besuch ihres «Verlobten» zu beantragen, doch der Beamte sagte ihr, das sei unmöglich, und im Falle eines Zuwiderhandelns würde nicht nur sie, sondern auch er streng bestraft. Sie betrat ein anderes Polizeirevier und erklärte verzweifelt, sie müsse dringend ihre «todkranke Schwester» aus einem Dorf im Elsass holen, damit sie in Paris behandelt werden könne. Gerade als es mit dieser Masche zu klappen schien, kam ein neuer Brief Sartres, in dem er schrieb, seine Einheit werde an einen unbekannten Ort verlegt. Tage später kam der codierte Hinweis, er sei nun in Brumath, einem Dorf im Nordwesten von Straßburg. Also ein drittes Polizeirevier, dieselbe Geschichte von der sterbenden Schwester, ein neuer Passierschein. Doch da das Schuljahr inzwischen begonnen hat, brauchte sie noch einen Arzt, der sie für fünf Tage krankschrieb.

Jetzt sitzt sie endlich im Zug.

Ihr Tagebuch aus dieser Zeit (das sie für ihren Memoiren-Band «In den besten Jahren» verarbeitet hat) lässt eine Gefühlsintensität spüren, die Simone de Beauvoir sonst kaum jemals zeigt. Sie erzählt, welche Hindernisse es zu überwinden gab und wie sie sie unbeirrbar überwand, in Nancy und Straßburg, ehe sie jetzt auf der Dorfstraße von Brumath auf einen bärtigen Mann in schäbigem Drillich zuläuft, der seine Pfeife aus dem Mund nimmt, um sie in die Arme zu schließen.

Fünf Tage und Nächte haben sie füreinander.

Sartre hat sich in den vergangenen acht Wochen sehr verändert. Was er voller Hass und Empörung seit langem unvermeidlich auf sich zukommen sieht, das *Erwachsenwerden*, das schreckliche *Mannesalter* – jetzt ist es passiert. «Vor dem Krieg verstand ich mich einfach als Individuum», wird er später sagen, «ich sah keinerlei Verbindung zwischen meiner individuellen Existenz und der Gesellschaft, in der ich lebte. Ich war *nichts als ein Mensch*, das heißt der Mensch, der sich kraft der Unabhängigkeit seines Denkens der Gesellschaft entgegenstellt, der der Gesellschaft nichts schuldet und über den die Gesellschaft nichts vermag, weil er frei ist.» Jetzt spürt er zum ersten Mal, wie er Simone erzählt, die «Versuchung, mein Schicksal in einem unermesslichen kollektiven Schicksal zu verlieren und aufzulösen – eine Versuchung, der man widerstehen muss».

Nach der Begegnung, noch im Zug, notiert Simone im Tagebuch: «Ich möchte mein Leben tätig leben, nicht in Form einer Selbstanalyse.»

Mittwoch, 8. November, München. Es ist ein Totenkult. Die Schlüsselwörter sind Blut und Opfer, Heldenmut und Hingabe. Die Toten von damals sind nicht umsonst gestorben, sondern für alle, die hier versammelt sind, sogar für ganz Deutschland. Sie haben schon damals, vor sechzehn Jahren, an den Führer geglaubt, als sie freudig ihr Leben gaben für die nationalsozialistische Idee. Dunkelheit, Fackeln und Trommeln: faschistischer Götzendienst.

Ungefähr 1500 führende Nationalsozialisten sind an diesem Abend im Großen Saal des Bürgerbräukellers versammelt, Göring, Goebbels, Himmler, Ribbentrop, Heß, Bouhler und alle anderen, die im System Rang und Namen haben. Es ist genau so gekommen, wie der Arbeiter Georg Elser es vorausgesehen hat: Hitler hat den Krieg, den er immer gewollt hat, jetzt herbeigeführt. Polen ist längst besiegt, aber man befindet sich im Kriegszustand mit dem Westen, mit England und Frankreich, auch wenn dieser Krieg noch nicht wirklich entbrannt ist. Man kann diesen Krieg mit dem Westen auch schwer vermitteln. In Frankreich und England trifft man weder auf eine minderwertige Rasse, die es zu vernichten gilt, noch auf unendlich leere Räume, die das deutsche Volk besiedeln kann.

Hitler steht in der Nähe der großen Säule und hält seit 20 Uhr seine große Rede. Dieses Mal geht es ihm darum, die noch immer nicht besonders kriegsbegeisterte Bevölkerung auf die kommenden

Schlachten einzuschwören. Der Führer und Reichskanzler ist zwar außerordentlich populär. Aber das Volk neigt eher dazu, die ungeheuren Erfolge der letzten Jahre, den Anschluss Österreichs, die Einverleibung des Sudetenlandes, auch die Zerschlagung des polnischen Staates zu genießen und sich jetzt mit dem Erreichten erst einmal zufriedenzugeben und vielleicht einen immer noch möglichen Frieden mit England und Frankreich zu schließen. Massenhafter Defätismus also. Hitler redet dagegen an, attackiert vor allem England.

Exakt um 21.20 Uhr explodiert die Bombe in der Säule hinter Hitlers Rednerpult. Die Säule knickt weg, die riesige Decke stürzt herab, Staubwolken, Gesteinsbrocken, Schreie, Panik. Die meisten glauben zunächst an einen englischen Bombenangriff. Sieben hohe NS-Führer sind sofort tot, sechzig weitere werden durch die herabstürzenden Mauerteile schwer verletzt. Einige von ihnen sollen später im Krankenhaus sterben.

Aber Hitler lebt. Völlig unerwartet – und ganz anders als in den vergangenen Jahren – hat er seine Rede schon kurz nach 21 Uhr plötzlich beendet und den Saal verlassen, mit ihm die allerhöchsten Männer des Staates. Hitler und Goebbels sitzen im Sonderzug des Führers in Richtung Berlin. Erst auf dem Bahnhof Nürnberg wird ihnen ein Telegramm überreicht. Explosion im Bürgerbräukeller, das ganze Gewölbe heruntergestürzt. Ein Attentat! *Der Führer und wir alle sind wie durch ein Wunder dem Tode entronnen*, notiert Goebbels im Tagebuch. *Wäre die Kundgebung programmgemäß durchgeführt worden, dann lebten wir alle nicht mehr. Der Führer [...] steht doch unter dem Schutz des Allmächtigen. Er wird erst sterben, wenn seine Mission erfüllt ist.*

Joseph Goebbels sieht sofort, wie er dieses missglückte Attentat, dessen Urheber niemand kennt, umwandeln kann in einen quasireligiösen Beweis für das Walten überirdischer Mächte, deren Werkzeug auf Erden der Führer ist. Diese Mächte haben ihn errettet, damit er sein Werk zu Ende bringen kann: Vorsehung, Auserwähltheit, der Führer im Stand einer einzigartigen Gnade. Der äußere Rahmen: Fackelmärsche, Aufbahrung der Toten unter der Hakenkreuzfahne, alle Fahnen auf Halbmast, Zehntausende Parteigenossen zu einer

Trauerfeier, die über alle Sender des Großdeutschen Rundfunks übertragen wird. Da es sich wieder einmal gezeigt hat, dass der Führer unter dem Schutz der Vorsehung steht, muss auch der Krieg des Führers gottgewollt sein.

Am nächsten Tag wird Elser an der schweizerischen Grenze festgenommen. Er hat in seinen Taschen Schrauben, Federn und andere merkwürdige Metallteile, auch Aufzeichnungen über den Bau eines Zeitzünders. An seiner Jacke trägt er das Abzeichen des Rotfrontkämpferbundes. Eigenartig – aber warum soll jemand, der aus München kommt, nicht auch eine Postkarte mit dem Bild des Bürgerbräukellers bei sich tragen? Erst als im Radio die Nachricht vom versuchten Attentat auf den Führer gesendet wird, fängt man an, den Festgenommenen mit anderen Augen zu sehen. Die Verhöre beginnen, die Einschüchterung, die Folter.

Georg Elser hält das nicht lange durch.

In der Nacht vom 13. auf den 14. November wird er alles gestehen und auch seine Motive erklären. Aber niemand glaubt, dass er das Attentat als Einzelner plante und durchführte. Hitler und Goebbels hoffen, über Elser herauszufinden, dass der britische Geheimdienst hinter dem Attentat steht. Aber «herauszuholen ist aus ihm gar nichts», notiert Goebbels.

Schließlich wird Elser ins KZ Sachsenhausen überstellt.[14]

Samstag, 11. November, Mont-de-Marsan, Aquitaine. Man feiert das Ende der *Grande Guerre*, damals, am 11. November 1918. Einundzwanzig Jahre ist das her. Die Jungens tragen Käppis mit der Trikoloren-Kokarde, marschieren auf und ab und singen dabei ein Lied, das sie von den elsässischen Flüchtlingen gelernt haben: *Vous n'aurez pas l'Alsace et la Lorraine, car malgré vous, nous resterons Français. Vous pourrez bien germaniser la plaine, mais notre cœur vous ne l'aurez jamais* (Ihr werdet Elsass und Lothringen nicht kriegen, weil wir Franzosen bleiben. Ihr mögt vielleicht die Steppe germanisieren, aber unsere Herzen werdet ihr niemals bekommen).

Die Flüchtlinge sind gleich zu Beginn des Kriegs aus jenem

schmalen Gebiet zwischen der Maginot-Befestigung und der Grenze zu Deutschland evakuiert worden. Neben Raymonds Haus wohnt die Familie Schoettel aus Mulhouse, mit drei Kindern. Raymond freundet sich mit den Jungen Jacques und Pierre an, aber die Schwester der beiden, die blonde fünfzehnjährige Marcelle, hält ihn einstweilen sehr auf Distanz.

Der Krieg ist immer noch weit weg. Hauptsächlich findet er im Radio und in der Wochenschau statt. Raymond Lescastreyres geht oft ins Kino. Im September hat es nur drei oder vier Wochenschauen gedauert, und die Deutschen hatten Polen besiegt. Sind es etwa doch Übermenschen?

Raymond lebt bei seiner Mutter und arbeitet jetzt in seinem erlernten Beruf als Stenotypist am städtischen Gericht. Er stenographiert Verhöre von Angeklagten, die sich des *Defaitismus* schuldig gemacht haben, manchmal sogar mit öffentlichen Aufrufen zum Ungehorsam, zur Desertion. Einmal gibt es einen Sabotageakt in der örtlichen Waffenfabrik. Klar, das sind die Kommunisten. Ihr oberster Parteichef, Maurice Thorez, hat es sogar vorgezogen, nach Moskau zu flüchten, statt für sein Vaterland zu kämpfen. Die Sowjetunion ist jetzt mit Deutschland verbündet, und die meisten Kommunisten haben den Kampf gegen den Faschismus eingestellt.

Außer ein paar kleinen Scharmützeln, Zwischenfällen bei Patrouillengängen, geschieht an der französisch-deutschen Grenze nichts. Das Leben geht normal weiter. Das neue Lied von Tino Rossi heißt «Serenade sans espoir», hoffnungsloses Lied, und eine junge Sängerin namens Edith Piaf singt «Je n'en connais pas la fin». Auf dem Flugplatz von Mont-de-Marsan werden viele Piloten ausgebildet, die abends in der Stadt herumlaufen und Mädchen suchen. Einige Übungsmaschinen sind sogar abgestürzt, heißt es. Ansonsten ist es tatsächlich ein komischer Krieg, *drôle de guerre*.

Die schöne Marcelle hat ihm jetzt doch versprochen, mal mit ihm ins Kino zu gehen, vielleicht schon morgen Abend.

Anmerkungen

Erstes Kapitel: Die Iden des März

1 Nach dem Krieg wird Weizsäcker sagen, er sei nur «durch göttliche Vorsehung» der Gefahr entkommen, die deutsche Atombombe zu bauen. Die Gnade bestand darin, «dass es nicht gegangen ist» – die deutsche Kriegswirtschaft konnte die erforderlichen Ressourcen nicht zur Verfügung stellen. Andernfalls hätte Hitler wohl über die Bombe verfügt.

2 Eugen Burg wird im November 1944, im Alter von 73 Jahren, im KZ Theresienstadt ermordet. Hansi Burg wird 1946 nach Deutschland zurückkommen. Albers lebt mit ihr zusammen in Garatshausen bis zu seinem Tod im Juli 1960.

3 Es ist vermutlich nur dem frühen Tod Joes zuzuschreiben, der im Krieg als Pilot abstürzt, dass Jack schließlich statt seiner ins Weiße Haus einzieht.

4 Die Kinder sollen ihre Eltern niemals wiedersehen. Vergeblich bemühen sich die Hirschbergers um eine Ausreise, Pässe und Visa werden aber nicht mehr ausgestellt. Im Oktober 1940 holt die Gestapo das Ehepaar ab und verschleppt es nach Südfrankreich, in das Lager Gurs. Im August 1942 werden Sigmund und Jenny Hirschberger von dort nach Auschwitz deportiert und ermordet.

Zweites Kapitel: Teufelstrank

1 Acht Tage nach Beginn des deutschen Angriffs auf Frankreich, am 18. Mai 1940, wird Pétain nach Paris zurückgerufen und zum Vizepräsidenten ernannt. Ende Juni, nach der französischen Niederlage, ist er es, der den Waffenstillstand mit Deutschland unterzeichnet. Als Präsident der Kollaborationsregierung von Vichy wird er nach der Befreiung Frankreichs zum Tode verurteilt, dann aber von de Gaulle zu lebenslanger Haft begnadigt. Er stirbt 1951 in der Verbannung, fünfundneunzig Jahre alt.

2 Ein Jahr später, im April 1940, nach dem Überfall Deutschlands auf Dänemark und Norwegen, zieht Brecht weiter nach Finnland, 1941 reist er über Moskau und Wladiwostok nach Kalifornien.

3 Schmeling und Louis wurden Freunde und blieben es bis zum Tod des Amerikaners.

Drittes Kapitel: Der Mai ist ferne

1 Bruno Apitz setzt André Hoevel später in seinem Roman «Nackt unter Wölfen» ein literarisches Denkmal.

2 Hölderlin: «April und Mai und Julius sind ferne, ich bin nichts mehr, ich lebe nicht mehr gerne.»

3 Mit eigenartigen Empfindungen liest man die folgende Sachaussage: «Beim Einsatz von Zyklon B sind Unfälle extrem selten. Aus Auschwitz ist nur ein einziger Unfall bekannt. Dort wurde eine Person mit leichten Vergiftungserscheinungen ins Krankenrevier eingeliefert» (Wikipedia).

4 Friedl Roth wird im Jahr 1940, vermutlich am 15. Juli, von Ärzten getötet – als Opfer der sogenannten Euthanasie.

5 Herbert Karliner wird es später schaffen, dorthin zu gelangen.

6 Gebt mir eure Müden, eure Armen,
Eure geknechteten Massen, die frei zu atmen begehren,
Die bemitleidenswerten Abgelehnten eurer gedrängten Küsten;
Schickt sie mir, die Heimatlosen, vom Sturme Getriebenen,
Hoch halt' ich mein Licht am gold'nen Tore!

7 Michael Fröhlich, Ilses Vater, wird zusammen mit den anderen Siegburger und Troisdorfer Juden am 18. Juli 1942 deportiert und sechs Tage später, sofort nach der Ankunft, in Maly Trostinez bei Minsk (Weißrussland) von der SS erschossen.

8 1957 erhält Gustav Schröder das Große Verdienstkreuz für Verdienste um Volk und Land. Der Staat Israel ehrt ihn durch die Aufnahme in den Kreis der «Gerechten unter den Völkern» in Yad Vashem.

9 Henry Lewis, heute Eigentümer einer Hotelkette in New York, ist überzeugt, dass er und sein Bruder Werner ihr Leben nur der beherzten Entscheidung des Boxers verdanken (Robert Wiesbord und Norbert Heterich von der University of Rhode Island in der Zeitschrift «History Today»).

10 Zu seinen Werken in der Nazi-Zeit gehören u. a. die Filmmusiken zu «Feuertaufe» (Film über den Einsatz der Luftwaffe im Polenfeldzug), zum Euthanasie-Film «Ich klage an», zum Durchhaltefilm «Kolberg», außerdem viele Propagandalieder, darunter «Marschlied deutscher Grenadiere», «Lied vom deutschen U-Boot-Mann», «Bomben auf Engelland», «Panzer rollen in Afrika», «Von Finnland bis zum Schwarzen Meer» (mit der von Goebbels selbst geschriebenen Zeile «Führer befiehl, wir folgen dir»). Schultze war der «Schlagerlieferant für den totalen Krieg» (Volker Kühn).

Nach dem Krieg schrieb Norbert Schultze weiter Schlager (u. a. «Nimm mich mit, Kapitän, auf die Reise», «Kleine weiße Möwe»), Filmmusiken (u. a. «Die Mädels vom Immenhof», «Das Mädchen Rosemarie»), machte aber auch

Karriere als Verbandspräsident der Bühnenkomponisten und im Aufsichtsrat der GEMA.

11 «Junge, bleib nicht mit dem Rad hier stehen, du machst mir die Kuh verrückt.»

Viertes Kapitel: Nervenkrieg

1 Es ist bis heute nicht klar, wie viele Nächte Georg Elser mit dieser Arbeit zugebracht hat, wahrscheinlich waren es um die dreißig. Er muss sehr einsam gewesen sein. Und sehr entschlossen.

2 In seinen Memoiren sagt Einstein später, er habe sich wohl zu leichtfertig für die Unterzeichnung des Briefes gewinnen lassen.

3 Der Abwurf der beiden Bomben auf Hiroshima und Nagasaki, am 6. und 9. August 1945, bei dem mehrere hunderttausend Menschen getötet wurden, erscheint dennoch als eines der großen Verbrechen gegen die Menschheit.

4 Bis Mai 1945 werden in Deutschland 400 000 Menschen, etwa ein Prozent der Bevölkerung im fortpflanzungsfähigen Alter, zwangsweise sterilisiert.

5 Sofort nach dem Ende des Zweiten Weltkriegs, 1945, wird in Algerien der nationalistische Aufstand für die Unabhängigkeit des Landes beginnen.

6 Jakob und Frieda werden ihr ganzes Leben in der Schweiz verbringen, als Schweizer Bürger.

7 Am 26. Juni 1942, ein Jahr nach Hitlers Überfall auf die Sowjetunion, werden Annemarie und André Hoevel gemeinsam mit Margarete und Jakob Noetzel wegen «Vorbereitung eines hochverräterischen Unternehmens und Verbrechens gegen die Verordnung über außerordentliche Rundfunkmaßnahmen» zum Tode verurteilt. Die vier kommunistischen Widerstandskämpfer werden am 28. August 1942 im Gefängnis Frankfurt-Preungesheim geköpft.

8 Fjodor Danilowitsch Toroptschenko wird am 23. September 1947, nach zehn Jahren Haft, freigelassen. Da er in seiner ukrainischen Heimat keine Stelle findet, kehrt er als «freier Arbeiter» zurück nach Kansk, wo er in der Holzindustrie arbeitet.

Fünftes Kapitel: Marschmusik

1 Es ist nicht bekannt, welche Häftlinge aus welchen Gefängnissen oder KZs für diese Aktion ausgewählt wurden.

2 «Mutter Courage» wird erst im April 1941 im Zürcher Schauspielhaus uraufgeführt, mit Therese Giehse in der Titelrolle.

3 Freud starb vor seinen Schwestern: Adolfine verhungerte im Lager Theresienstadt, die drei anderen wurden 1942 in Auschwitz ermordet.

4 Wahrscheinlich handelt es sich bei dem von Naujocks beschriebenen Mann

um den Oberschlesier Franciszek (Franz) Honiok, der bei der Gestapo als «polenfreundlich» bekannt war. Nach anderen Quellen sind mehrere Männer, Häftlinge aus Konzentrationslagern, mit Giftspritzen getötet und mit Schüssen zusätzlich verletzt worden.

5 Alfred Naujocks ist auch der Urheber der Idee, im Krieg die britische Wirtschaft mit gefälschten Banknoten zu überschwemmen; er war auch für die Herstellung der Blüten verantwortlich. Im besetzten Dänemark war er führend im ‹Gegenterror› tätig, bei dem mindestens hundert Dänen ermordet wurden. Im Oktober 1944 lief er während der Ardennen-Kämpfe zu den Amerikanern über. Er lebte, ohne von der deutschen Justiz je zur Rechenschaft gezogen zu werden, bis zu seinem Tod 1966 in Hamburg.

Sechstes Kapitel: C'est la guerre!

1 Günter Grass hat die Eroberung der polnischen Post in seinem Roman «Die Blechtrommel» geschildert. Einer seiner Onkel aus dem kaschubischen Zweig der Familie gehört zu den Ermordeten.

2 Roman Polanski lässt in seinem Film «Der Pianist», der das Leben und Überleben Szpilmans schildert, diesen deutschen Angriff auf den Warschauer Sender gleich am ersten Tag des Kriegs erfolgen.

3 Wahrscheinlich handelt es sich bei dem Opfer um Johann Heinen aus Dessau. (Nürnbg. Dok. NO-150)

4 Nachdem de Gaulle sich beim Angriff der deutschen Truppen im Mai 1940 großartig bewährt hat, wird er am 6. Juni als Staatssekretär Mitglied der Regierung. Als sich Marschall Pétain anschickt, den Waffenstillstand zu unterschreiben, fliegt de Gaulle am Morgen des 17. Juni 1940 nach England, um von dort aus den Widerstand gegen die Besatzungsmacht zu organisieren.

5 Kennedys Examensarbeit wird 1940, nachdem der Krieg auch im Westen entbrannt ist, als Buch erscheinen: «Why England Slept» (Warum England schlief), es wird nach dem Kriegseintritt der USA ein Bestseller.

6 Sechzig Jahre später, im September 1999, wird für August Dickmann eine Gedenktafel in der KZ-Gedenkstätte Sachsenhausen angebracht.

7 «Ich werde warten, Tag und Nacht, immer werde ich warten auf deine Rückkehr.»

8 Am 10. Januar 1940 wird auf Druck des französischen Militärs der «Alger républicain» verboten. Im März geht Camus nach Paris, wo er zunächst einen kleinen Hilfsjob beim «Paris-Soir» bekommt. Es ist die Zeit des drôle de guerre.

9 1942 werden «Der Fremde» und «Der Mythos des Sisyphos» in Paris veröffentlicht, Camus wird, neben Sartre, der strahlende Komet am Himmel der

französischen Literatur; Camus arbeitet weiter journalistisch, er schließt sich dem Widerstand an und redigiert 1944 die Untergrund-Zeitung «Combat».

10 Mina Blechner wird am 20. November 1941 zusammen mit über tausend Münchner Bürgern jüdischen Glaubens deportiert und fünf Tage später, in der litauischen Hauptstadt Kaunas, bei einer Massenerschießung ermordet.

11 Nach dem Krieg werden Dr. Bruno Tesch und sein Prokurist Karl Weinbacher im sog. Hamburger Testa-Prozess zum Tode verurteilt, da sie nach Meinung des Gerichts das Zyklon B «mit vollem Bewusstsein, dass das erwähnte Gas so benutzt werden wird» (nämlich zur Tötung von Häftlingen) geliefert haben. Die Verteidigung bringt das übliche Argument vor: Hätte Tesch nicht mit der SS kooperiert, hätte es ein anderer getan. Am 16. Mai 1945 werden beide Angeklagten hingerichtet («the sentences were confirmed and carried out into effect», wie es im Protokoll heißt).

12 Dr. Karl Brandt wird vor dem amerikanischen Gerichtshof in Nürnberg am 20. August 1947 zum Tode verurteilt und am 2. Juni 1948 in Landsberg am Lech hingerichtet. Auch Viktor Brack wird zum Tode verurteilt und hingerichtet. Die meisten anderen Beteiligten werden niemals angeklagt und gehen straffrei aus. Philipp Bouhler wird am 19. Mai 1945 von den Amerikanern verhaftet. Auf der Fahrt in das Internierungslager Dachau verübt er mit Hilfe einer Blausäure-Kapsel Selbstmord.

13 Oberarzt Dr. Walter Schmidt leitet ab 1940 die «Kinderfachabteilung» der Landesheilanstalt Eichberg.

14 1944 wird Georg Elser, dem nie der Prozess gemacht wurde, ins KZ Dachau verlegt. Am 9. April 1945, als die amerikanischen Truppen auf Dachau vorrücken, wird der Mann, der es beinahe geschafft hätte, Hitler auszuschalten, von SS-Männern durch Genickschuss getötet.

Quellen und Literatur

Editorische Notiz:

Die Schreibweisen der verwendeten Zitate wurden den Regeln der reformierten Rechtschreibung angeglichen.

Allgemein:

Carl J. Burckhardt: Meine Danziger Mission 1937–1939. Zürich / München 1960
Galeazzo Ciano: Tagebücher 1939 / 1943. Bern 1946
Joachim Fest: Hitler. Eine Biographie. Berlin 1973
Joachim Fest: Das Gesicht des Dritten Reiches. Profile einer totalitären Herrschaft. 11. Auflage, München / Zürich 1993
Elke Fröhlich (Hg.): Die Tagebücher von J. Goebbels. 1923–1941. 14 Bde. München 1987
Sebastian Haffner: Der Teufelspakt. Reinbek 1968
Henri Roger Paucker (Hg.): Literatur im Dritten Reich. Stuttgart 2001
William Shirer: A Berlin Diary. London 1941
Albert Speer: Erinnerungen. Berlin 1969
Joachim von Ribbentrop: Zwischen London und Moskau. Erinnerungen. Leoni 1953
Joseph Wulf (Hg.): Theater und Film im Dritten Reich. Gütersloh 1964

Quellen / Literatur zu den einzelnen Personen und Ereignissen:

Albers, Hans: Christoph Funke: Hans Albers. Berlin 1972; Joachim Cadenbach: Hans Albers. Berlin 1975; Uwe-Jens Schumann: Hans Albers – seine Filme, sein Leben. München 1980; Hans-Christoph Blumenberg: In meinem Herzen, Schatz … Die Lebensreise des Schauspielers und Sängers Hans Albers. Frankfurt am Main 1981; Carl Zuckmayer: Geheimreport. Hg. von Gunther Nickel und Johanna Schrön. Göttingen 2002
Andersen, Lale: Lale Andersen: Leben mit einem Lied. Autobiographie. München 1981; Arne Krone: «Lales Leben nach ‹Lili Marleen›». Nordsee-Zeitung, 23. August 2008
«Athenia» / U 30: Cay Rademacher: Drei Tage im September – die letzte Fahrt der Athenia 1939. Hamburg 2009

Beauvoir, Simone de: In den besten Jahren. 30. Auflage, Reinbek 1969; Der Lauf der Dinge. 24. Auflage, Reinbek 1970; Die Zeremonie des Abschieds und Gespräche mit Jean-Paul Sartre. August–September 1974. Reinbek 1983; Deirdre Bair: Simone de Beauvoir. Eine Biographie. München 1990; Madsen Axel: Jean-Paul Sartre und Simone de Beauvoir. Die Geschichte einer ungewöhnlichen Liebe. Reinbek 1982

Blechner, Oskar: United States Holocaust Memorial Museum: «The voyage of the St. Louis». New York o. J., Materialien verfügbar unter www.ushmm.org/museum/exhibit/online/stlouis; «Ich lebe! Das ist ein Wunder Gottes». Das Schicksal einer Münchner Familie während des Holocaust, Jüdisches Museum München 2001; siehe auch www.blechner.com

Brack, Viktor: Ronald Smelser / Enrico Syring (Hg.): Die SS. Elite unter dem Totenkopf. Paderborn 2000; Alexander Mitscherlich, Fred Mielke: Medizin ohne Menschlichkeit. Dokumente des Nürnberger Ärzteprozesses. 16. Auflage, Frankfurt am Main 2004; Ernst Klee: Was sie taten – was sie wurden. Ärzte, Juristen und andere Beteiligte am Kranken- oder Judenmord. Frankfurt am Main 1986

Brecht, Bertolt: Werner Hecht: Brecht-Chronik. Frankfurt am Main 1997; Hannah Arendt: Bertolt Brecht. In: dies.: Menschen in finsteren Zeiten. München 2001, S. 237–283; Reinhold Jaretzky: Bertolt Brecht. Reinbek 2006; Marianne Kesting: Bertolt Brecht mit Selbstzeugnissen und Bilddokumenten. Reinbek 2003; Ernst Schumacher: Leben Brechts. Leipzig 1984; Günter Gläser (Hg.): Bertolt Brecht Briefe. Frankfurt am Main 1981

Brod, Max: Bernd W. Wessling: Max Brod. Ein Porträt. Stuttgart, Berlin, Köln, Mainz 1969; Werner Kayser: Max Brod. Hamburg 1972; Schalom Ben-Chorin: Erinnerungen an Max Brod aus drei Jahrzehnten. In: Zeitschrift für die Geschichte der Juden, Heft 1 (1969), S. 1–10; Volker Weidermann: Das Buch der verbrannten Bücher. Köln 2008 (zu Brod S. 126–129)

Camus, Albert: Weder Opfer noch Henker. Hg. von der Internationale der Kriegsdienstgegner / innen. Berlin 1991; Morvan Lebesque: Albert Camus in Selbstzeugnissen und Bilddokumenten. Reinbek 1960; Herbert R. Lottman: Camus. Eine Biographie. Hamburg 1986; Heiner Feldhoff: Paris, Algier. Die Lebensgeschichte des Albert Camus. Weinheim 1991; Heiner Wittmann: Albert Camus. Kunst und Moral. Hg. von Dirk Hoeges. Frankfurt am Main 2002

Chamberlain, Arthur Neville: Ian R. Grimwood: Hoping for the best but preparing for the worst. London 1998; Peter Bell: Chamberlain, Germany and Japan, 1933 / 34. Houndmills, Basingstoke, Hampshire 1996

Churchill, Winston: Peter Alter: Winston Churchill (1874–1965). Stuttgart 2006; John Charmley: Churchill. Das Ende einer Legende. Berlin 1997; Joachim Fest: Unzeitgemäßer Held seiner Zeit. Winston Churchill. In: ders.: Aufgehobene Vergangenheit. Portraits und Betrachtungen. München 1983, S. 215–238; Sebastian Haffner: Winston Churchill. Reinbek 1984; Christian Graf von Krockow: Churchill. Eine Biographie des 20. Jahrhunderts. Hamburg 1999

Dickmann, August: Günter Morsch / Astrid Ley (Hg.): September 1939. Erschießung von August Dickmann. In: dies.: Das Konzentrationslager Sachsenhausen 1936–1945. Schriftenreihe der Stiftung Brandenburgische Gedenkstätten, Bd. 23. Berlin 2008; Johannes Wrobel: Die öffentliche Hinrichtung des Zeugen Jehovas August Dickmann am 15. September 1939 im KZ Sachsenhausen. Manuskript eines Vortrags am 18. September 1999 in der KZ-Gedenkstätte und Museum Sachsenhausen, als PDF verfügbar unter www.jwhistory-net/archiv/wrobel/pdf/wrobel-sachsenhausen1999.pdf

Eichmann, Adolf: Hannah Arendt: Eichmann in Jerusalem. Ein Bericht von der Banalität des Bösen. München 1986; David Cesarani: Adolf Eichmann. Bürokrat und Massenmörder. Berlin 2004; Karl Jaspers zum Eichmann-Prozess. Ein Gespräch mit Luc Bondy. In: Der Monat, Jg. 13 Heft 152 (1961); Robert M. W. Kempner: Eichmann und Komplicen. Zürich u. a. 1961; Jochen v. Lang (Hg.): Das Eichmann-Protokoll. Tonbandaufzeichnungen der israelischen Verhöre. Wien 1991; Avner W. Less (Hg.): Schuldig. Das Urteil gegen Adolf Eichmann. Frankfurt am Main 1987; Michael A. Meyer / Avraham Barkai / Michael Brenner / Mordechai Breuer / Paul R. Mendes-Flohr / Michael Graetz / Steven M. Lowenstein: Deutsch-jüdische Geschichte in der Neuzeit. München 1997

Einstein, Albert: Jürgen Neffe: Einstein. Reinbek 2005; Thomas Bührke: Albert Einstein. München 2004; Horst Ziegelmann: Albert Einstein – Leben und Werk. Norderstedt 2005; siehe auch www.einstein-albert.org

Elser, Georg: Johann Georg Elser: Autobiographie eines Attentäters. Der Anschlag auf Hitler im Bürgerbräu 1939. Hg. von Lothar Gruchmann. Stuttgart 1989; Hellmut G. Haasis: «Den Hitler jag' ich in die Luft.» Der Attentäter Georg Elser. Eine Biographie. Berlin 1999; Georg-Elser-Arbeitskreis Heidenheim (Hg.): Georg Elser. Gegen Hitler – gegen den Krieg. 2. Auflage, Heidenheim 2003; Georg-Elser-Gedenkstätte Königsbronn (Hg.): Die Akte Elser. Königsbronn 2000

Franco y Bahamonde, Francisco: Juan Pablo Fusi Aizpurúa: Franco. Spanien unter der Diktatur 1936–1975. München 1992; André Bachoud: Franco. Barcelona 2000; Stanley G. Payne: El régimen de Franco. 1936–1975. Madrid 1987; Javier Tusell: La dictadura de Franco. Barcelona 1996

Freud, Sigmund: Peter Gay: Freud. Eine Biographie für unsere Zeit. Frankfurt am Main 2006; Lisa Fischer/Regina Köpl: Sigmund Freud. Wiener Schauplätze der Psychoanalyse. Wien 2005; Max Schur: Sigmund Freud. Frankfurt am Main 1982

Fröhlich, Ilse: «Erschütternder Abschiedsbrief entdeckt. Der Tod der Ilse Fröhlich». Stadtarchiv Siegburg, 7. 11. 2007, auf der Homepage der Stadt Siegburg; «Selbstmord am Strand». Generalanzeiger Bonn, 12. September 2003; «Reise nach Ahlbeck für einen Tod im Strandkorb». Ostseezeitung Greifswald, 12. September 2003

Gaulle, Charles de: Peter Schunk: Charles de Gaulle – ein Leben für Frankreichs Größe. Berlin 1998

Hemingway, Ernest: The Spanish War. London 1938; The Fifth Column and Four Stories of the Spanish Civil War. New York/London 1989; For Whom the Bell Tolls. New York 1940; Georges-Albert Astre: Ernest Hemingway in Selbstzeugnissen und Bilddokumenten. Reinbek 1983; Carlos Baker: Hemingway. The Writer as Artist. Princeton 1972

Hippler, Fritz: Fritz-Bauer-Institut: «Cinematography of the Holocaust». Frankfurt am Main o. J.; Joseph Wulf (Hg.): Theater und Film im Dritten Reich. Gütersloh 1964

Hirschberger, Julius und Hermann: «Spuren des Nationalsozialismus». In: Zeitschrift für die Geschichte des Oberrheins. Heft Nr. 144; Schülergruppe des Heisenberg-Gymnasiums: «Das Schicksal jüdischer Lidellschüler». In: Stadtarchiv Karlsruhe (Hg.): Gedenkbuch für die Karlsruher Juden. Karlsruhe o. J.; siehe auch http://www.karlsruhe.de/Aktuell/Stadtzeitung02/sz0503.htm; Shila Behjat: «Kindertransporte im Dritten Reich». Spiegel-Online, 10. März 2009

Hoevel, André und Anneliese: Mahnmal für die Opfer des Nationalsozialismus in Koblenz: Dauerausstellung «Opfer des Nationalsozialismus aus Koblenz und Umgebung» im Kurt Esser-Haus, Markenbildchenweg 38; Joachim Hennig: Widerstand gegen den Nationalsozialismus im Koblenzer Raum. In: Jahrbuch für westdeutsche Landesgeschichte, 31. Jg. 2005, S. 381–423

Hosenfeld, Wilm: Thomas Vogel: «Ich versuche jeden zu retten». Das Leben eines deutschen Offiziers in Briefen und Tagebüchern. München 2004; siehe auch: http://www.hosenfeld.de/pianist.htm und http://www.shoah.dk/Hosenfeld/ – The story of Wilm Hosenfeld

Höß, Rudolf: Rudolf Höß. Kommandant in Auschwitz. Hg. von Martin Broszat. 18. Auflage, München 2002; Andrzej Gass: Auschwitz-Kommandant Rudolf Hoess am Galgen. In: Focus Historia 1 (2007), mit Fotografien von Stanisław Dąbrowiecki; siehe auch www.auschwitz.org.pl/new/; Robert Merle:

Der Tod ist mein Beruf. Berlin 1957; Staatliches Museum Auschwitz-Birkenau: Akten zum Höß-Prozess im Staatlichen Museum Auschwitz-Birkenau, Bd. 23; Wolfgang Benz / Barbara Distel / Angelika Königseder: Der Ort des Terrors. Geschichte der nationalsozialistischen Konzentrationslager. München 2006

Kennedy, John Fitzgerald: Why England Slept. New York 1940 (Erweiterung von JFKs Abschlussarbeit in Harvard); Thomas C. Reeves: A Question of Character. A Life of John F. Kennedy. New York 1991; Richard J. Whalen: Der Kennedy-Clan. Joseph P. Kennedy und seine Söhne. Düsseldorf 1965; Seymour M. Hersh: Kennedy. Das Ende einer Legende. Hamburg 1998

Kennedy, Joseph P.: Biographie auf www.jfklibrary.org (englisch); «How Joe Made his Son President» auf www.ytedk.com (englisch); siehe auch: «http://de.wikipedia.org/wiki/Joseph_P._Kennedy»; «Kennedy-Besuch». In: Der Spiegel. Heft 26 (1963)

Kind K.: Udo Benzenhöfer: «Kindereuthanasie» im Dritten Reich. Der Fall «Kind Knauer». In: Deutsches Ärzteblatt 95/19 (1998); Udo Benzenhöfer: Der Fall Leipzig (alias Fall «Kind Knauer») und die Planung der NS-«Kindereuthanasie». 2008, PDF-Datei verfügbar unter www.kgu.de/zgw/ifg/kindkpub08/homepage; Ernst Klee (Hg.): Dokumente zur «Euthanasie». Frankfurt am Main 1985

Köhler, Nikolaus: Private Aufzeichnungen, im Besitz von Elisabeth Köhler, Bad Münstereifel

Küpper, Heinz: Simplicius 45. Köln 1962, Neuauflage Weilerswist 2000

Leander, Zarah: Es war so wunderbar. Mein Leben. Hamburg 1973; Micaela Jary: Ich weiß, es wird einmal ein Wunder gescheh'n. Das Leben der Zarah Leander. Berlin 2001; Ulrike Sanders: Zarah Leander – Kann denn Schlager Sünde sein? Köln 1988

Leonhard, Wolfgang: Die Revolution entlässt ihre Kinder. 22. Auflage, Köln 2005; Anmerkungen zu Stalin. Berlin 2009

Lescastreyres, Raymond: Die Erinnerungen von Raymond Lescastreyres sind nur im Internet veröffentlicht (www.duhamel.bz), der englischsprachige Link ist: http://www.duhamel.bz/memories/index.htm

Lewis, Henry und Werner: Jessica Almond: «Max ist ganz tief in unseren Herzen». Wie Max Schmeling zwei jüdischen Jungen in Potsdam das Leben rettete. Ein Exklusiv-Gespräch mit Henry J. Lewis. Welt am Sonntag, 5. Dezember 2004; Baruch Tenembaum: «Arischer Champion und Retter von Juden». Hagalil, 9. November 2001

Mann, Klaus: Joachim Heimannsberg, Peter Laemmle und Wilfried F. Schoeller (Hg.): Tagebücher 1931–1949. Reinbek 1994

Mann, Thomas: Tagebücher 1937–1939. Frankfurt am Main 2003; Klaus Harpprecht: Thomas Mann. Eine Biographie. Reinbek 1995; Klaus Schröter: Thomas Mann in Selbstzeugnissen und Bilddokumenten. Reinbek 2005; Hans Wißkirchen: Die Familie Mann. Reinbek 1999; Inge Jens / Walter Jens: Frau Thomas Mann. 8. Auflage, Reinbek 2003

Naujocks, Alfred: Jürgen Runzheimer: «Die Grenzzwischenfälle am Abend vor dem deutschen Angriff auf Polen». In: Wolfgang Benz / Hermann Graml (Hg.): Sommer 1939. Die Großmächte und der europäische Krieg. Stuttgart 1979, S. 107–147; Eidesstattliche Erklärung Naujocks. In: Walther Hofer: Die Entfesselung des Zweiten Weltkrieges. Frankfurt am Main 1967, S. 327 f.; siehe auch www.h-ref.de/krieg/polen/gleiwitz/ueberfall-sender-gleiwitz.php

Paulus, Lina: Briefe an Sophie und Robert Paulus, im Besitz von Ulrich Paulus, Reichshof

Pétain, Philippe: Paul Webster: Pétain's Crime. London 1990; siehe auch http://www.marechal-petain.com/versionallemande/sommaire.htm

Polnische Post, Danzig: Dieter Schenk: «Die Post von Danzig. Geschichte eines deutschen Justizmords». Reinbek 1995; Günter Grass: Die Blechtrommel. Darmstadt / Neuwied 1959; siehe auch Wochenschau-Archiv: Ufa-Tonwoche Nr. 470, 6. 9. 1939

Reich-Ranicki, Marcel: Mein Leben. München 1999; Uwe Wittstock: Marcel Reich-Ranicki. Geschichte eines Lebens. München 2005

Roth, Joseph: Wilhelm von Sternburg: Joseph Roth. Eine Biographie. Köln 2009; Volker Weidermann: Die Hölle regiert! Stefan Zweig und Joseph Roth – eine Freundschaft in Briefen. In: ders.: Das Buch der verbrannten Bücher. Köln 2008, S. 232–240; Soma Morgenstern: Joseph Roths Flucht und Ende. Erinnerungen. Lüneburg 1994; Gesellschaft zur Förderung jüdischer Kultur und Tradition, München: «Joseph Roth in Paris, 1925 bis 1939», Ausstellungskatalog, München 2009; siehe auch http://josephroth.de/

Sartre, Jean-Paul: Der Ekel. Hamburg 1949; Briefe an Simone de Beauvoir 1 (1926–1939). Reinbek 1984; Annie Cohen-Solal: Sartre 1905–1980. Reinbek 2002; Christa Hackenesch: Jean-Paul Sartre. Reinbek 2001

Schmeling, Max: Dorothea Friedrich: Max Schmeling und Anny Ondra. Berlin 2001; Martin Krauß: Schmeling. Die Karriere eines Jahrhundertdeutschen. Göttingen 2005; David Margolick: Beyond Glory. Joe Louis Vs. Max Schmeling, and a World on the Brink. New York 2005; «Der Führer bittet zum Tee». Hamburger Abendblatt, 9. Februar 2005

Schmidt, Paul: Statist auf diplomatischer Bühne 1923–1945. Erlebnisse des Chefdolmetschers im Auswärtigen Amt mit den Staatsmännern Europas.

Von Stresemann und Briand bis Hitler, Chamberlain und Molotow. München 2005

Schröder, Gustav: Heimatlos auf hoher See. Berlin 1949; Hans Herlin: Die Tragödie der «St. Louis». 13. Mai – 17. Juni 1939. Mit Dokumenten. München 2001; Georg Reinfelder: MS «St. Louis». Die Irrfahrt nach Kuba – Frühjahr 1939. Kapitän Gustav Schröder rettet 906 deutsche Juden vor dem Zugriff der Nazis. Teetz 2002; Dimitri Ladischensky: «Kreuzfahrt in den Tod». Spiegel Online, 14. Juli 2006; siehe auch: United States Holocaust Museum: The Voyage of the St. Louis, unter http://www.ushmm.org/museum/exhibit/online/stlouis/

Schultze, Norbert: Mit dir, Lili Marleen. Zürich/Mainz 1995; Volker Kühn: Mit den Wölfen geheult. Unterhaltung und Kabarett im Dritten Reich. Berlin 2006

Schumann, Horst: Ernst Klee: Euthanasie im NS-Staat. Die Vernichtung lebensunwerten Lebens. Frankfurt am Main 1983; Thomas Schilter: Psychiatrieverbrechen im Dritten Reich. Die Karriere Horst Schumanns. In: Internationale Zeitschrift für Geschichte und Ethik der Naturwissenschaften, Technik und Medizin. Heft 1 (1998); Stanisław Klodzinski: Sterilisation und Kastration durch Röntgenstrahlen im Auschwitz-Lager. Verbrechen Horst Schumann. In: Internationales Auschwitz-Komitee (Hg.): Unmenschliche Medizin. Warschau 1969; siehe auch Harvard University: Brief an Heinrich Himmler. unter http://nuremberg.law.harvard.edu/

Semprún, Jorge: Schreiben oder Leben. Paris 1994; Franziska Augstein: Von Treue und Verrat – Jorge Semprún und sein Jahrhundert. München 2008; Wilfried F. Schoeller: Jorge Semprún. München 2006

Stalin, Josef W.: Klaus Kellmann: Stalin. Eine Biographie. Darmstadt 2005; Simon Sebag Montefiore: Stalin. Am Hof des roten Zaren. Frankfurt am Main 2005

Strauß, Franz Josef: Die Erinnerungen. Berlin 1989; Werner Biermann: Strauß. Aufstieg und Fall einer Familie. Berlin 2006; Stefan Finger: Franz Josef Strauß – ein politisches Leben. München 2005

Szpilman, Władysław: Władysław Szpilman: Das wunderbare Überleben – Warschauer Erinnerungen 1939 – 1945. München 1998; Władysław Szpilman: Der Pianist. Mein wunderbares Überleben. München 2002; siehe auch http://www.szpilman.net/home.html

Tesch, Bruno: Jürgen Kalthoff/Martin Werner: Die Händler des Zyklon B. – Tesch & Stabenow. Eine Firmengeschichte zwischen Hamburg und Auschwitz. Hamburg 1998; zum Testa-Prozess siehe: The United Nations War Crimes Commission: Law Reports of Trials of War Criminals. Volume I,

London, HMSO, 1947, veröffentlicht auch unter http://www.ess.uwe.ac.uk/WCC/zyklonb.htm

Tibbets, Paul Warfield: «One hell of a big bang» – Interview mit Tibbets. The Guardian, 6. August 2002; Richard Goldstein: «Paul W. Tibbets. Pilot of Enola Gay dies at 92». New York Times, 2. November 2007

Toller, Ernst: Eine Jugend in Deutschland. Autobiographie. Amsterdam 1936; Briefe aus dem Gefängnis. Amsterdam 1935; Richard Dove: Ernst Toller. Ein Leben in Deutschland. München 1993; Wolfgang Rothe: Ernst Toller in Selbstzeugnissen und Bilddokumenten. Reinbek 1996

Toroptschenko, Fjodor Danilowitsch: Lagerhaftbericht von Fjodor Danilowitsch Toroptschenko, aufgezeichnet am 24. Juli 1992 von W. S. Birger, «Memorial»-Gesellschaft, Krasnojarsk, verfügbar unter www.memorial.krsk.ru/deu/index.htm

Weidmann, Eugène: Roger Colombani: «L'affaire Weidmann». Paris 1989

Weizsäcker, Carl Friedrich von: Till Bastian: High Tech unterm Hakenkreuz. Von der Atombombe bis zur Weltraumfahrt. Leipzig 2005; «Ich wollte erkennen, ob Atombomben möglich sind», Gespräch mit C. F. von Weizsäcker, unter http://censis.informatik.uni-hamburg.de/publications/Art_M_Schaaf_Weizsaeck.pdf

Wicki, Bernhard: Richard Blank: Jenseits der Brücke. Bernhard Wicki. Ein Leben für den Film. Berlin 1999; siehe auch http://www.wicki-film.de/index.htm